Leadership mit Synercube

Anatoly Zankovsky · Christiane von der Heiden

Leadership mit Synercube

Eine dynamische Führungskultur für
Spitzenleistungen

2., neu bearbeitete Auflage

Anatoly Zankovsky
Psychologisches Institut
Russische Akademie der Wissenschaften
Moskau, The Moscow Area, Russland

Christiane von der Heiden
Synercube GmbH
Leverkusen, Deutschland

ISBN 978-3-662-58372-2   ISBN 978-3-662-58373-9   (eBook)
https://doi.org/10.1007/978-3-662-58373-9

Die Deutsche Nationalbibliothek verzeichnet diese Publikation in der Deutschen Nationalbibliografie; detaillierte bibliografische Daten sind im Internet über http://dnb.d-nb.de abrufbar.

Springer Vieweg

Springer Vieweg ist ein Imprint der eingetragenen Gesellschaft Springer-Verlag GmbH, DE und ist ein Teil von Springer Nature
Die Anschrift der Gesellschaft ist: Heidelberger Platz 3, 14197 Berlin, Germany

Geleitwort

Als im Juli 2013 die Boeing einer asiatischen Luftverkehrsgesellschaft beim Anflug auf San Francisco verunglückte, da waren sich die Experten rasch einig: Ursächlich für das Unglück war vor allem die Kommunikations- und Führungsstruktur im Cockpit. Die Auswertung der Aufzeichnungen aus der Flugzeugkanzel ergab, dass die Gefahrensituation, die der Führungscrew im Cockpit deutlich bewusst war, nicht mit den Methoden des Teammanagements im Sinne einer optimalen Ausschöpfung der vorhandenen personellen Ressourcen bewältigt wurde. Stattdessen hat der Chefpilot auf Basis eines einseitigen, auf Befehl und Gehorsam gründenden Führungsstils, also „top-down", kommuniziert – ein Führungsverhalten, wie es in vielen Ländern Asiens üblich ist.

Der Crash in San Francisco bestätigt die Ergebnisse einer Studie des Flugzeugherstellers Boeing, dass Länder, in denen eher autoritär geführt wird, in den Statistiken über Flugzeugabstürze überproportional vertreten sind.

Diese Erkenntnisse deuten darauf hin, dass selbst in der hochtechnisierten Welt des Luftverkehrs kulturelle Einflussfaktoren eine ernst zu nehmende Rolle spielen. Aus namhaften Studien (GLOBE, Hofstede, Thomas, Trompenaars) geht hervor, auf welch vielfältige Weise der Faktor Kultur menschliches Verhalten beeinflusst. Vor diesem Hintergrund ist es erklärlich, dass in den Verhaltenswissenschaften die „Cultural Studies" einen immer größeren Raum einnehmen.

Es ist das Verdienst von Anatoly Zankovsky, das Phänomen Kultur nunmehr auch für die Theorie der Führung fruchtbar gemacht zu haben.

Als Professor für Sozialpsychologie an der renommierten Russischen Akademie der Wissenschaften in Moskau sowie durch Forschungsaufenthalte in Deutschland und Japan hat er sich über Jahrzehnte hinweg mit der Theorie und Praxis des Führungsverhaltens auseinandergesetzt. Darüber hinaus verfügt er über langjährige Erfahrungen beim Führungstraining im internationalen Kontext.

Die von Zankovsky entwickelte Theorie der Führung basiert auf dem gruppendynamischen Ansatz von Blake/Mouton, die bereits Mitte des zwanzigsten Jahrhunderts ein zweidimensionales Führungsmodell entwickelt haben. Dieses Modell beinhaltet „Leistungsorientierung" und „Menschenorientierung" als zentrale Führungsdimensionen, die in ihren jeweiligen Ausprägungen in einem Verhaltensgitter abgebildet werden.

Als Ergebnis seiner umfangreichen empirischen Forschung ergänzt Zankovsky dieses zweidimensionale Verhaltensgitter um die Dimension „Kulturelle Orientierung" und entwickelt somit das ursprüngliche Führungsgitter (Managerial Grid) zum Führungswürfel (Synercube) weiter.

Führung ist dreidimensional: Dies ist die Quintessenz des neuen Führungsmodells, mit dem die vielfältigen Führungsprozesse sehr viel besser sichtbar gemacht werden können als bisher.

Darüber hinaus ermöglicht die Erweiterung der Führungsdimensionen um den Faktor Kultur neue Herangehensweisen bei der Analyse und Beschreibung von Führungsverhalten im interkulturellen Kontext. Somit stellt die von Zankovsky entwickelte Führungstheorie auch für das Fachgebiet „Interkulturelles Management", das im Zeitalter der zunehmenden internationalen wirtschaftlichen Verflechtung immer mehr an Bedeutung gewinnt, einen weiterführenden Ansatz dar.

Der Führungswürfel steht im Mittelpunkt eines umfassenden Trainingssystems, bei dem Ergebnisorientierung, Menschenorientierung sowie Werte- und Kulturorientierung als zentrale Bestandteile der Führung vermittelt werden.

Nicht zu Unrecht gilt die Führungspsychologie als eines der komplexesten Gebiete der modernen Sozialpsychologie. Mit seinem dreidimensionalen Ansatz leistet Anatoly Zankovsky einen bedeutenden Beitrag zur Weiterentwicklung der Führungstheorie. Hierfür gilt ihm Dank und Anerkennung.

Osnabrück   Prof. Dr. Hans-Wolf Sievert
den 16. Oktober 2014

Vorwort der 2. Auflage

Die Unternehmen müssen verstärkt auf disruptive und wenig vorhersehbare Veränderungen reagieren. Die Wissenschaft hat zu dieser Thematik neue Erkenntnisse gewonnen. Die Werteorientierung spielt dabei mehr denn je die entscheidende Rolle. Multikulturelle Zusammenarbeit oder der Umgang mit verschiedenen Generationen und den daraus resultierenden unterschiedlichen und zum Teil sich widersprechenden Anforderungen sind nur zwei Herausforderungen, deren Annahme ein gemeinsames, fundiertes und klares Werteverständnis bedarf.

Neue Organisationsformen verlangen nach neuen Entscheidungsprozessen. Die Orientierung am Zweck der Organisation und die verteilte Autorität durch flachere Hierarchien, verlangen nach mehr Selbstorganisation und Selbststeuerung. Das im Buch beschriebene diagogische Lernen erweist sich hier als besonders geeignet für Konfliktlösungen, für Feedback und für Selbststeuerungsprozesse.

Die Definitionen der aus den wissenschaftlichen Untersuchungen als relevant hervorgegangenen Unternehmenswerte wurden ergänzt um klare Beschreibungen und Darstellungen der Auswirkungen dieser Werte für den langfristigen Unternehmenserfolg.

Dort, wo es angebracht war, wurden Begriffe durch heute gebräuchliche Termini ersetzt. Nicht zuletzt wurde der Inhalt des Buches gestrafft und ein Glossar hinzugefügt.

Leverkusen   Dr. h.c. Christiane von der Heiden
September 2018

Inhaltsverzeichnis

Leadership in einer sich wandelnden Welt

1

1.1 Leadership: gestern, heute, morgen

Leadership und die damit verbundenen Herausforderungen sind heute die beliebtesten Themen in Gesellschaft und moderner Organisation. Die sog. „Leadership-Epidemie" hat alle Kontinente erfasst und ist in alle Bereiche des menschlichen Lebens eingedrungen: Studium, Sport, Wissenschaft, Kunst und auch Familienbeziehungen. Firmen streben nach führenden Marktpositionen, politische Parteien verbinden ihre Hoffnungen mit dem Erscheinen neuer charismatischer Leader, Führer demokratischer Staaten sowie grausame Diktatoren nehmen den Titel „Leader", mit dem sie von Journalisten belohnt werden, wohlwollend an. Manche Staaten und Völker sind auch bereit, sich zum Leader für die ganze Welt auszurufen.

Leadership ist Untersuchungsinhalt unterschiedlichster Sozialwissenschaften. Jede der Wissenschaften versucht, Leadership auf eigene Art zu erfassen. Traditionell wird als Leader das Gruppenmitglied bezeichnet, das bei der Lösung einer gemeinsamen Aufgabe in den Vordergrund tritt und die Führung übernimmt. Dabei ist der Leader aktiver, beteiligter und beeinflusst die Entscheidungsprozesse stärker. Die anderen Gruppenmitglieder akzeptieren den Leader, d. h. sie bauen Beziehungen auf, die die Rollen eindeutig vorgeben: Der Leader führt, die anderen lassen sich führen.

Das Problem des Organisations-Leadership ist zum ersten Mal in den zwanziger bis dreißiger Jahren des 20. Jahrhunderts aufgetreten. Verursacht wurde es durch die Notwendigkeit, die fachlichen und sachlichen Fähigkeiten der Manager zu erweitern. Wir erkennen den Beitrag anderer Wissenschaften zur Lösung dieses Problems an, müssen jedoch anmerken, dass die Psychologie den entscheidenden Beitrag dazu geleistet und sehr aktiv auf die Bedürfnisse von Organisationen reagiert hat. Die psychologischen Untersuchungen von Leadership haben den Status einer anerkannten wissenschaftlichen

© Springer-Verlag GmbH Deutschland, ein Teil von Springer Nature 2019
A. Zankovsky und C. von der Heiden, *Leadership mit Synercube*,
https://doi.org/10.1007/978-3-662-58373-9_1

Richtung gewonnen, beginnend mit den Büchern von Kurt Lewin und Lippitt (1938). Es wurden zahlreiche Labor- und Feldstudien durchgeführt, Theorien entwickelt, ausführliche Monografien geschrieben und Seminare und Trainings konzipiert.

Besonders erfolgreich wurde der behavioristische Standpunkt, in dessen Rahmen Grundfaktoren identifiziert wurden, die die Effizienz von Führungsverhalten bewirken (Winkler 2010; Zankovsky 2000; Kouzes und Posner 2010). Das alles hat ermöglicht, wirksame Verhaltenstechnologien zur Bildung und Entwicklung effektiver Leadership-Fertigkeiten zu schaffen, die in den fünfziger bis neunziger Jahren des vergangenen Jahrhunderts zu einer bedeutenden Effizienzsteigerung und Professionalisierung der Führungskräfte beigetragen haben (Misumi 1984; Blake und Mouton 1985; Hersey und Blanchard 1982).

Wir erkennen die Erfolge von Wissenschaft und Praxis ohne Zweifel an, stellen jedoch fest, dass viele Organisationen zurzeit vor dem Problem stehen, ihre Führungspositionen nicht adäquat besetzen zu können.

Bei der Internet-Suche nach Begriffen wie z. B. „Leadership-Gap" bietet Google über 200 Mio. Links an! Die Statistik zeigt, dass Top-Manager ihre hohe Position alle 2,5 bis 4 Jahre wechseln, d. h. zweimal häufiger als Manager in den vergangenen Jahrzehnten. In den letzten Jahren hat sich die Zahl der Rücktritte der Geschäftsführer vervierfacht. Dabei wurden sie früher meistens wegen schlechter Ergebnisse entlassen, heute dagegen in der Regel wegen mangelnder Führungsfähigkeiten. Ein Viertel der Top-Positionen ist vakant, da keine passenden Kandidaten vorhanden sind. Viele Firmen sind über den andauernden Mangel an geeigneten Bewerbern besorgt, was sie mit der „Leadership-Krise" verbinden.

Nicht zufällig hat Warren Bennis (1989), Wirtschaftswissenschaftler und einer der Vordenker in Führungsfragen, konsterniert gefragt: „Wo sind denn die Leader? Warum gibt es heute keine echten Führungskräfte mehr? Alle wahren Leader, die ich kannte, gehören der Vergangenheit an. Wo sind denn die heutigen Leader? Sie sind zwischen den Fließbändern in der Produktionslandschaft verloren gegangen. Statt Menschen zu motivieren, sind sie nur imstande einzuschüchtern, indem sie verlangen, die Realität „wie-sie-ist" zu akzeptieren. Wir brauchen ‚echte Leader' – wir brauchen sie jetzt. Wir brauchen sie auch, weil die Qualität der Führungskräfte schlechter geworden ist, da Probleme heute so deutlich wie nie geworden sind. Sowenig ein Mensch imstande ist, ohne Gehirn zu leben und zu agieren, genauso wenig kann die Gesellschaft ohne Leader auskommen."

Warum ist der Mangel an echten Leadern im 21. Jahrhundert besonders stark zu spüren? Der Hauptgrund ist unseres Erachtens mit den grundlegenden Veränderungen der letzten 20 Jahre verbunden. Vielseitigkeit und Dynamik dieser Veränderungen in unterschiedlichen Lebensbereichen sind so stark, dass uns die vorherigen Entwicklungsetappen der Menschheit langsam und unkritisch erscheinen.

Der Microsoft-Gründer B. Gates (2008) schrieb: „Für die früheren Epochen der wirtschaftlichen Entwicklung waren die langfristigen Perioden der Stabilität kennzeichnend, die durch kurze Perioden der revolutionären Änderungen unterbrochen wurden. Die Evolutionstheoretiker nennen diesen Prozess ‚stockendes Gleichgewicht'.

Heute schafft der elektronische Datenaustausch ein sich ständig änderndes Geschäftsumfeld. Diesen Zustand könnte man als – ‚stockendes Chaos' bezeichnen – den Zustand ständigen Brodelns, bei dem es nur kurze Pausen gibt. Das Tempo der Änderungen ist sehr hoch und ruft große Besorgnis hervor."

Einige dieser Veränderungen tangieren sowohl die Grundsätze der Organisation, als auch die bisher bekannten Anforderungen an Leader. Die wichtigsten davon sind:

1. Das Umfeld der Organisation. Fortschreitende Globalisierung hat die ganze Welt durch Entwicklungen der internationalen, staatlichen und gesellschaftlichen Institutionen und Geschäftsgrundsätze verändert.
2. Die Organisation. Ein hoher Grad an Unbestimmtheit und fehlende Stabilität fordern der Organisation höchste Dynamik, Agilität und Flexibilität ab. Die Organisation wird virtueller, wobei Inhalt und Form der führenden Funktionen (z. B. das Controlling) einer Veränderung bedürfen.
3. Die Art der Arbeit. Die Arbeit selbst ist komplexer und intellektueller geworden. Die Teilnehmer des Arbeitsprozesses sind heute stärker voneinander abhängig.
4. Multikulturelles Personal. Die Vielfältigkeit an Kulturen und Religionen erfordert neue Fertigkeiten in Zusammenarbeit und Kommunikation sowie auch persönliche Kultur und hohe Werte.
5. Meinungsunterschiede und Individualisierung. Mitarbeiter einer Organisation neigen immer weniger zu widerspruchloser Gehorsamkeit und blinder Toleranz. Die Vielfalt individueller Meinungen und Standpunkte erfordert neue Methoden der Personalarbeit.
6. Verständnis von Leadership in den modernen Sozialwissenschaften. Es gibt einen deutlichen Trend zum Übergang von den behavioristischen Modellen (wie soll sich ein Leader verhalten?) zu einem persönlichen Paradigma (warum verhält sich der Leader so und nicht anders?). Es sind neue Leadership-Theorien erschienen: Transformationale Führung, Transaktionale Führung, Authentische Führung, Dienende Führung, Empowerment, Leader-Member-Exchange und Passive Führung (Schumacher 2014), um nur einige zu nennen.
7. Die Rolle des Leaders in der Organisation. Leadership ist kein Gruppenprozess mehr; es ist ein Prozess, der die Tätigkeit und die Ziele der Organisation im Ganzen bestimmt, d. h. Leadership wird zum Organisations-Leadership. Die Verantwortung und der Preis für einen Fehler sind heute viel höher.

Es ist bekannt, dass dramatische Änderungen bei den meisten Menschen das Gefühl fehlender Bereitschaft zur Veränderung, Hilflosigkeit, Überraschung und Frust auslösen. Unter diesen komplexen Umständen ein Leader zu bleiben, ist anspruchsvoll und wahrscheinlich für viele Führungskräfte eine zu große Herausforderung.

Wie kann man bei kontinuierlichem Wandel zum Leader werden und Leader bleiben? Wie soll dabei das Modell von effektivem Leadership aussehen? Wo können die Leader Ressourcen finden, um den neuen Forderungen in vollem Maße zu entsprechen? Welche Leadership-Stile und Fähigkeiten sind besonders gefragt?

Allem Anschein nach können die Leadership-Modelle, die in der zweiten Hälfte des 20. Jahrhunderts erfolgreich waren, den heutigen Ansprüchen nicht mehr in vollem Maß genügen; es bedarf dringend der Entwicklung neuer Modelle.

1.2 Die Welt verändert sich – und mit ihr Leadership und Organisationen

Das Thema „Change" ist zurzeit so populär und umfassend, dass man unwillkürlich auf den Gedanken kommt, dass Veränderungen eine neue, wenig untersuchte Erscheinung seien, der die Menschheit erst heute begegnet ist. Tatsächlich haben Veränderungen uns schon immer begleitet und werden uns auch in Zukunft begleiten. Wir können die Veränderungen in der Natur und in der menschlichen Entwicklung beobachten, genauso wie bei sozialen Gruppen und Organisationen, bei denen sich Struktur, Prozesse, Mitarbeiter und Ziele kontinuierlich verändern (Laloux 2015). Mit anderen Worten: das Leben ändert sich kontinuierlich von Beginn an.

Die enorme Geschwindigkeit des heutigen Fortschritts setzt keinesfalls die Gesetzmäßigkeiten der Entwicklung und Änderung im Leben außer Kraft, die von Denkern und Wissenschaftlern wahrgenommen wurden. Schon der griechische Philosoph Heraklit (520–460 v. Chr.) hat gesagt: „Alles fließt", und Sokrates (469–399 v. Chr.) hat zum ersten Mal auf die Notwendigkeit verwiesen, Widersprüche und Gegensätze als eine Quelle für Veränderung zu sehen.

Den wichtigsten Beitrag dafür hat der Philosoph Georg Friedrich Wilhelm Hegel (1770–1831) geleistet. Im Mittelpunkt seiner Dialektik steht der Widerspruch. Der Widerspruch wird als „Motor", als ein interner Entwicklungs- und Änderungsimpuls wahrgenommen.

Nur das dialektische Denken und die dialektische Sichtweise bei der Analyse der Naturereignisse, des gesellschaftlichen Lebens und des Bewusstseins erlauben es, die tatsächlichen Gesetzmäßigkeiten, die Antriebskräfte und deren Entwicklung aufzudecken.

Wandel innerhalb der Organisation ist bereits seit mehr als 50 Jahren Gegenstand wissenschaftlicher Untersuchungen im Fachgebiet der Organisationsentwicklung geworden. Change ist immer ein Ergebnis der Widersprüche, die innerhalb jedes Prozesses, jeder Entscheidung und jedes Ereignisses existieren. Diese Widersprüche sind die Basis für die innere Entwicklung jedes Systems.

Die Effizienz einer Organisation wird von drei Elementen beeinflusst:

1. Top-Management/Unternehmer
2. Mitarbeiter
3. Umfeld (wirtschaftlich, politisch, sozial)

Das Zusammenwirken dieser drei Elemente bestimmt das Überleben, die Integration und Entwicklung der Organisation. Die Hauptaufgaben sind:

1. Optimierung der inneren Prozesse und Strukturen und
2. Anpassung der Organisation an das Umfeld.

Die erste Aufgabe ist die Lösung der Widersprüche innerhalb der Organisation, die zweite die Lösung der Widersprüche zwischen der Organisation und dem Umfeld. Die Lösung der inneren Widersprüche hat dabei die höhere Priorität. Eine Anpassung der Organisation an das Umfeld ist erst dann möglich, wenn die internen Konflikte überwunden sind und die Organisation als eine integrierte, zielgerichtete Gemeinschaft fungiert. Die Fähigkeit der Organisation, die Herausforderungen des Umfelds anzunehmen, ist davon abhängig, wie erfolgreich die Leader die erste Aufgabe erfüllt haben.

Im Prozess des Zusammenwirkens der drei Elemente entstehen Widersprüche, die auch die Richtung der Veränderungen und der Entwicklung der Organisation angeben. Jedes von diesen Elementen nimmt an, dass die Organisation so geführt wird, dass alle davon profitieren bzw. als Minimum keine negative Auswirkung auf die Zielerreichung empfinden. Die Ziele der drei Elemente können dabei völlig übereinstimmen, teilweise übereinstimmen oder gar nicht übereinstimmen.

Kann die Führung die Organisationsziele so angeben oder wählen, dass die Erwartungen aller um die Organisation herum befriedigt werden? Nehmen wir als Beispiel die Erwartungen der Unternehmer, der Mitarbeiter, der Umweltschützer und der staatlichen Institutionen. Die ersten möchten den maximalen Gewinn erwirtschaften, u. a. durch die Reduzierung aller nicht produktiven Kosten und Minimierung der Steuern. Für die zweiten sind Gehalt, soziale Sicherheit, Sozialleistungen, ein gutes Arbeitsverhältnis und die Möglichkeit, gefördert zu werden, wichtig. Die meisten Mitarbeiter werden Kostenreduzierungen in diesen Bereichen nicht zustimmen. Für die dritten ist der Umweltschutz das Wichtigste. Sie werden Kostenreduzierung bei Umweltschutzmaßnahmen sowie deren Bezeichnung als „nicht produktiv" nicht akzeptieren. Die staatlichen Institutionen betrachten eine Organisation in erster Linie als eine Einnahmequelle für Steuern.

Im Zusammenhang mit der Globalisierung hängt die Effektivität einer Organisation von vielen nicht geschäftlichen Faktoren oder Ressourcen ab. Wir können bestätigen, dass die moderne Organisation zu einer Arena der Gegensätze und Widersprüche einer großen Zahl von internen und externen Organisationsfaktoren geworden ist, die die Lebenskraft und Entwicklung der Organisation beeinflussen.

Das alles führt dazu, dass die Schlüsselkompetenz einer modernen Führungskraft die Fähigkeit ist, grundsätzliche Widersprüche innerhalb und außerhalb der Organisation zu identifizieren und auf optimale Weise zu überwinden und dadurch den Veränderungsprozess der Organisation sicherzustellen. Wenn die Führung dazu nicht imstande ist, kann sie die Veränderungen nicht vorhersehen oder beeinflussen. In diesem Fall werden die Veränderungen als unerwartete Ereignisse, Krisen und destruktive Konflikte wahrgenommen. Deshalb werden das Erkennen der Widersprüche und das Verständnis der Dialektik des Organisationslebens zum ersten Schritt für effektive Führung und Change Management.

1.3   Die Organisation als kontinuierlicher Widerspruch

Die Widersprüche des Organisationslebens befinden sich in der Regel so lange nicht im Fokus des Managements, bis sie sich in einen destruktiven Konflikt verwandeln. Erst danach beginnt das Management nach Ursachen zu forschen und entdeckt in der Regel eine lange und komplizierte Historie versteckter oder offensichtlicher Widersprüche, die bis dahin unbeachtet blieben. Wenn es nicht zu einem offenen Konflikt kommt, glauben die meisten Mitarbeiter, dass alles in Ordnung ist und keine Widersprüche existieren. Kein Wunder, dass die Frage nach Konflikten oft mit einem Satz beantwortet wird: „Wir haben keine Konflikte in unserem Unternehmen/in unserem Team". Wenn wir jedoch verborgene, destruktive Konflikte und unkontrollierte Veränderungen vermeiden wollen, müssen wir bedenken, dass jede Organisation ein System kontinuierlicher Widersprüche und Konflikte ist. Konflikte und Widersprüche bestehen z. B. zwischen:

- dem gemeinsamen Unternehmensziel und den individuellen Zielen der Mitarbeiter
- dem Organisationsleben und dem Privatleben der Mitarbeiter (Work-Life-Balance)
- der Belohnung der individuellen Ergebnisse und der Teamarbeit
- Delegation an Dritte und eigenen Aufgaben
- Organisationskultur und Organisationsänderungen
- der formellen und informellen Organisation
- Fokus auf Ergebnisse und Fokus auf Menschen
- Streben nach Gewinn und ethischen Normen

Wie zuvor beschrieben ist die erstrangige Aufgabe für das Überleben der Organisation die Optimierung der inneren Prozesse und Strukturen. Die Überwindung der Konflikte und Widersprüche bewirkt weitere Veränderung und Entwicklung. Aufgrund des Systems der Organisationskonflikte stehen die beiden Hauptelemente der Organisation im Fokus: das Top-Management/der Unternehmer und die Mitarbeiter. Wir erkennen die Wichtigkeit der Anpassung der Organisation an das Umfeld an, möchten jedoch anmerken, dass ausschließlich das kooperative Zusammenwirken der beiden Hauptelemente der Organisation deren einheitliche und zielgerichtete Existenz gewährleisten kann.

Auf der psychologischen Ebene erscheint dieser Widerspruch als zwei gegensätzliche Trends: zentripetal und zentrifugal. Der erste regt den Menschen zur Organisation, zur Zusammenarbeit, zur Suche nach gemeinsamen Zielen und Interessen an. Im Rahmen dieses Trends ist die Organisation für den Menschen ein Instrument zur Befriedigung seiner Bedürfnisse. Er arbeitet in der Organisation und folgt deren Zielen, wofür er die Mittel für seinen Lebensunterhalt, für Wohlstand und Entwicklung bekommt. Der zweite Trend lässt den Menschen dem Organisationsdruck ausweichen, weil die fehlende Möglichkeit, ausschließlich eigenen Wünschen und Plänen zu folgen, bei den meisten Menschen ein Gefühl des Protests hervorruft. Sie weichen dem organisierten Zusammenwirken mit anderen Menschen zum Erreichen der ihnen fremden Ziele aus.

Diesen Widerspruch gibt es in jeder Organisation und er bedroht deren Existenz. Nur wenn die zentripetalen Kräfte größer als die zentrifugalen sind, wenn das Streben nach Integration dominiert, kann die Organisation ein einheitliches gesundes System bleiben. Wie kann jedoch Integration über die Desintegration oder Zusammenarbeit über Individualismus siegen?

1.4 Macht als Organisationsprozess zur Überwindung von Konflikten und Widersprüchen

Charakteristisch für jede Art von Organisation ist die Existenz eines gemeinsamen Ziels. Das gemeinsame Ziel liegt den strukturellen und funktionalen Charakteristiken der Organisation zugrunde. Die Ziele der beiden Hauptelemente, Top-Management/Unternehmer und Mitarbeiter, können kompatibel, teilweise kompatibel oder nicht kompatibel sein. Wie wird ein gemeinsames Ziel herausgebildet, das Orientierung für alle Mitarbeiter bietet? In der Regel wird das gesamte Ziel durch das Top-Management bzw. den Unternehmer bestimmt und ist im Endeffekt individuell oder gehört einer kleinen Gruppe. Wie wird aber das einzelne, individuelle Ziel zu einem gemeinsamen? Wie kann dieses gemeinsame Ziel eine stabile Orientierung für die individuellen Ziele der Mitarbeiter sein, selbst wenn diese Ziele nicht zusammenpassen und sich manchmal sogar widersprechen?

Wenn das gemeinsame Ziel mit den individuellen Zielen, Stimmungen und Interessen nicht zusammenfällt oder ihnen sogar entgegensteht, kann man mit einer effektiven Organisationstätigkeit nicht rechnen. Ein Ziel kann nur dann zum Gesamtziel der Organisation werden, wenn es sich auf eine Kraft bzw. einen Prozess stützt, der die Priorität des gemeinsamen Ziels über individuelle Ziele der Mitglieder stellt. Dabei müssen die zentripetalen Kräfte Priorität über die zentrifugalen Kräfte bekommen. Ist das nicht der Fall, hat selbst das beste und produktivste Ziel kaum Chancen, gegen andere Vorhaben und Pläne zu gewinnen. Und umgekehrt kann eine absurde und schlechte Idee die guten, durchdachten Pläne schlagen, wenn sie sich auf einen Prozess stützt, der ihr Priorität gewährt. Das individuelle Ziel kann nur dann zu einem gemeinsamen Organisationsziel werden, wenn ihm Vorzug und Vorherrschaft vor Zielen der anderen Individuen gegeben wird.

So ist die erste und notwendige Bedingung für die Existenz und die Entwicklung der Organisation nicht nur das gemeinsame Ziel, sondern auch die Kraft, die einem individuellen Ziel den Status des Gesamtziels verleihen kann. Diese Kraft ist die Organisationsmacht, ein Prozess, der eine stabile Dominanz des gemeinsamen Ziels über die individuellen Ziele der Mitarbeiter erreicht und eine breite Palette organisatorischer und persönlicher Mittel dafür nutzt (Zankovsky 2000).

Die Evolution der Organisationsformen, angefangen von primitiven bis zu den mo-dernsten, kann man als Entwicklung von Macht und Machtmitteln betrachten, die die Herrschaft des gemeinsamen Ziels über individuelle Ziele der Organisationsmitglieder gewinnen.

Heute sieht die Organisationsmacht viel attraktiver aus. Sie lässt dem Individuum mehr Freiheit und verfügt über vielfältige Mittel zur Veränderung des Verhaltens der Mitarbeiter, ohne direkte Gewalt auszuüben. Dabei bleibt das Wesen der Macht unverändert: eine stabile Vorherrschaft des Ziels eines Menschen über die Ziele Anderer mit allen zur Verfügung stehenden Mitteln zu erreichen.

Die Vorstellung, dass Macht Diktatur bedeutet und deren Fehlen Demokratie, ist eine Ideologie und gehört nicht zum realen Leben einer Organisation. Der Machtprozess ist für die autoritärste und für die demokratischste Organisation gleichermaßen erforderlich, wenn sie tatsächlich nach Ziel- und Ergebniserreichung strebt.

Die moderne Organisation nutzt sechs Arten von Macht bzw. Machtressourcen (French und Raven 1959; Raven 1965, 1992) für die Konfliktlösung zwischen dem allgemeinen Ziel der Organisation und den individuellen Zielen der Mitarbeiter:

1. Macht der Gewalt (Bestrafung/Sanktion)
   Diese Art von Macht gründet auf Angst. Das Individuum ordnet sich der Macht aus Angst vor den möglichen negativen Folgen unter. Diese Macht wird durch die Anwendung (bzw. Gefahr der Anwendung) von psychischer Gewalt, Bußgeldern, Freiheitsstrafe, Entzug der Befriedigung der Grundbedürfnisse und auch Entzug des Lebens ausgeübt. Auf Teamniveau kann der Teamleader Macht ausüben, indem er jemanden abmahnt oder rügt, den Mitarbeiter bestraft, ihn auf eine weniger interessante Position transferiert.
2. Macht der Förderung (Belohnung)
   Menschen sind bereit, ihr Verhalten zu ändern, wenn sie eine bessere Befriedigung ihrer Bedürfnisse erwarten können: Sie werden ein höheres Gehalt bekommen, befördert werden, Anerkennung genießen, eine Auszeichnung bzw. eine Prämie bekommen. Deshalb besitzt derjenige, der das Recht und die Möglichkeit hat, die Vergabe von Wohltaten zu kontrollieren, eine reale Macht und kann das Verhalten der Menschen beeinflussen, wenn diese Vorteile für sie von Wert sind.
3. Positionsmacht (Status, Hierarchie)
   Die Unternehmensleitung gewährt dem Manager die Möglichkeit, das Verhalten der Mitarbeiter zu beeinflussen und setzt auch die Pflicht der Mitarbeiter voraus zu gehorchen, sowie ihr Einverständnis, sich führen zu lassen. Diese Macht ist durch das ganze System der rechtlichen Normen, Arbeitsplatzbeschreibungen und Vorschriften gefestigt, deshalb nennt man diese „legitime", d. h. gesetzliche Macht.
4. Informationsmacht
   Menschen brauchen wichtige Informationen über die Organisation. Der Manager kontrolliert den Zugang seiner Mitarbeiter dazu. Wenn er den Informationsfluss reguliert, auch über falsche Informationen, kann er ihr Verhalten beeinflussen. Die Tätigkeit der

Menschen, ihre Motivation und innere Einstellung sowie auch ihre Entscheidungen hängen in bedeutendem Maß von der Informationsunterstützung ab und derjenige, der den Zugang zu Informationen kontrolliert, verfügt über reale Macht.

5. Macht der Erfahrung (Kompetenz)
Der Mitarbeiter, der über grundlegende fachliche Kenntnisse und Fähigkeiten verfügt, hat reale Macht. Durch seine Hände bzw. seinen Kopf werden Maschinen in Gang gesetzt oder zum Stehen gebracht, rechtliche Normen befolgt bzw. verletzt, die Gesundheit der Menschen wieder hergestellt bzw. ruiniert. Je bedeutender und unersetzlicher die Kenntnisse und Fähigkeiten des Mitarbeiters sind, desto größer ist seine Macht. Je höher spezialisiert die Tätigkeit ist, desto wichtiger wird die Rolle des Experten in der Organisation.

6. Ausstrahlungsmacht
Der Wunsch des Individuums, einem anderen Menschen ähnlich zu sein, sein Benehmen nachzuahmen, seine Gedanken zu übernehmen, seine Ziele und Pläne als wertvoll anzuerkennen – das alles gibt einer charismatischen Person reale Macht, um die Vorstellungen, inneren Einstellungen und das Verhalten anderer Menschen zu ändern. Wenn ein Manager über Ausstrahlung verfügt und als Vorbild gesehen wird, werden seine Mitarbeiter die von ihm gesetzten Ziele als eigene wahrnehmen.

Der Einsatz der Machtressourcen garantiert nicht die Effizienz des Teams oder deren soziale Ausrichtung. Da Macht ein Werkzeug zur Wahrung der Vorherrschaft eines Ziels über andere Ziele ist, kann diese Macht zur Erreichung beliebiger Ziele genutzt werden, die grundsätzlich im Rahmen der Organisationsressourcen zu erreichen sind. Deshalb widmet sich der nächste Teil dem Problem von Ausrichtung und Inhalten der Ziele, zu deren Erreichen das Team gegründet wurde und agiert.

1.5 Leadership als Mittel zur Überwindung des grundsätzlichen Organisationswiderspruchs durch persönliche Machtressourcen

Die Betrachtung von Leadership im Zusammenhang mit dem Machtsystem innerhalb der Organisation eröffnet neue Möglichkeiten, den grundsätzlichen Widerspruch der Organisation zu untersuchen. Beide – Macht und Leadership – haben den gleichen Fokus: Die einheitliche Ausrichtung der Ziele und des Verhaltens der Organisationsmitglieder. Der Zwang dazu ist nicht sehr deutlich zu spüren, jedoch implizit vorhanden. Wenn die Führungskraft ein Problem erkannt hat und Macht ausüben muss, kann sie zwischen verschiedenen Machtressourcen auswählen. Die Machtressourcen können in drei Kategorien eingeteilt werden: organisatorische, persönliche und organisatorisch-persönliche. Zur ersten gehören Bestrafung/Sanktion, Belohnung und hierarchische Position, zur zweiten Kompetenz und Ausstrahlung, zur dritten Information (McGregor 2005).

Diese Einteilung der Machtressourcen erlaubt es, den Unterschied zwischen Manager und Leader neu zu betrachten. In einer Führungsposition hat man die organisatorische Macht, mit Bestrafung, Belohnung und aus seiner Position heraus zu handeln. Im Idealfall verfügt die Führungskraft auch über die beiden persönlichen Machtressourcen Kompetenz und Ausstrahlung. Charisma und fachliche Kompetenz kann man nur durch eigene Bemühungen erwerben. Die Informationsmacht hat einen organisatorischen und persönlichen Charakter, weil man sie nur ausüben kann, wenn man ausreichende kommunikative Kompetenz besitzt, auch wenn der Zugang zu wichtigen Informationen vorhanden ist. Die Nutzung der drei letztgenannten Machtressourcen macht aus dem Manager einen Leader.

1.6   Von der Dialektik des Konfliktes zur Dialektik der Kooperation und Konkurrenz

Auf der Verhaltensebene ergibt sich dialektisches Handeln in erster Linie durch die Fähigkeit, Widersprüche in Konfliktsituationen zu erkennen und zu überwinden. Die meisten Menschen glauben, dass Konflikte eine rein negative Erscheinung seien. Das ist wenig verwunderlich, da die negative, destruktive Erscheinung des Konfliktes unsere Aufmerksamkeit auf die aufgedeckten Widersprüche lenkt. Dabei entdecken wir oft, dass diese Widersprüche viel früher entstanden sind und gar nicht neu sind.

Dieser Aspekt des Konflikts wird normalerweise als destruktiv beschrieben, da er zu Unstimmigkeiten und Ungereimtheiten führt. Man geht davon aus, dass Konflikte die Qualität der Zusammenarbeit verschlechtern. Ein destruktiver Konflikt ist durch einen hohen Grad an Emotionen gekennzeichnet und führt zu zwischenmenschlichen Problemen, wobei die Ursache oft in den Hintergrund tritt. Die Zahl der am Konflikt Beteiligten und der Konflikt selber wachsen.

Man muss jedoch verstehen, dass die Entwicklung in der Organisation eine innere und äußere Stimulierung erfordert. Wenn alles scheinbar ruhig und stabil, aber nicht effektiv genug ist, wird das durch die Mehrheit dennoch bevorzugt. Ein Konflikt bringt die inneren Widersprüche ans Licht und zeigt das Potenzial für Entwicklung deutlich. Dialektisch gesehen, ist ein Konflikt ein Signal, die Widersprüche zu erkennen, sie konstruktiv zu lösen und das Problem tiefer zu analysieren. Wenn wir Probleme, Meinungsverschiedenheiten und widersprüchliche Entscheidungen als solche anerkennen, dann trägt das zur Entwicklung der Kooperation innerhalb der Organisation und dadurch auch zur effektiven Konfliktlösung bei.

R. Dahrendorf (1992) hat bemerkt, dass Konflikte vernünftig gelöst werden müssen, dann wird die schöpferische Kraft, die in Konflikten steckt, der Entwicklung der sozialen Strukturen dienen. Konflikte können zur besseren Entscheidungsfindung beitragen, verborgene und unbeachtete Probleme aufdecken, Aufmerksamkeit auf unterschiedliche Meinungen lenken, zu neuen Ideen und konstruktiver Kritik anregen und dadurch die Entwicklung fördern.

Die zwei Seiten des Konfliktes – die konstruktive und die destruktive, sind dialektisch eng miteinander verbunden, wobei die destruktive Seite den Impuls zur Suche nach konstruktiven Lösungen gibt. Dieser Leitsatz wird besonders wichtig und anschaulich, wenn wir erkennen, dass die zwei Seiten des Konfliktes die Widersprüche in der Zusammenarbeit widerspiegeln, wo Kooperation und Konkurrenz gleichzeitig existieren. Die konstruktive Seite des Konfliktes entspricht der Kooperation und die destruktive der Konkurrenz.

Dabei entsteht eine paradoxe Situation: bei einer Konfliktlösung legen wir viel mehr Wert auf die Kooperation als konstruktiven Aspekt. Gleichzeitig dominiert in der modernen Management-Theorie und der gelebten Praxis die Meinung, dass gerade die Konkurrenz zum wichtigsten Antrieb der Organisationsentwicklung wird. In der wirtschaftswissenschaftlichen Theorie gibt es einen Bereich „Konkurrenzwesen", bei dem die Wettbewerbssituation der Organisationen betrachtet wird. Einer der Begründer des Konkurrenzwesens, Professor M. Porter (1990, 1998) von der Harvard-Universität, hat darauf verwiesen, dass der Wettbewerbsvorteil des Unternehmens die Basis für dessen erfolgreiche Markttätigkeit bildet. Die moderne Betriebswirtschaft kennt zwar viele unterschiedliche Richtungen und Lehrmeinungen, sieht jedoch meistens Konkurrenz als eine der wichtigsten an.

Die Dominanz des Wettbewerbs als Grundmechanismus für Veränderungen basiert unseres Erachtens auf der Evolutionstheorie von Charles Darwin (1975; Denton 1986; Erwin 2000; Lewin 1980).

Psychologen verwenden für diese zwei Arten des Zusammenwirkens unterschiedliche Begriffe. Neben Kooperation und Konkurrenz spricht man auch von Zusammenarbeit und Rivalität, Konsens und Konflikt, Anpassung und Opposition, Assoziation und Dissoziation.

M. Deutsch (1994) bestätigt, dass der Grundunterschied zwischen Konkurrenz und Kooperation in der Zielsetzung liegt. Im Sozialleben kann das Individuum erst dann sein Ziel erreichen, wenn alle anderen Gruppenmitglieder ihr Ziel auch erreicht haben („Win/Win"-Approach). Dabei führt die Kooperation dazu, dass:

- die Handlungen des Einzelnen von den Handlungen der anderen abhängig sind;
- jeder Mensch eine Verstärkung seiner Rolle durch Kooperation bekommt;
- die kollektive Sicherheit in der Zielerreichung ansteigt.

Bei der Konkurrenz schließt das Erreichen des Ziels durch ein Individuum die Zielerreichung durch andere Individuen aus („Win/Lose"-Approach). Dadurch kann die Vorstellung entstehen, dass gerade die Kooperation und nicht die Konkurrenz als Antrieb für Veränderungen und Entwicklung auftritt, was jedoch falsch ist. Konkurrenz und Kooperation stehen als wechselseitige Beziehung von mindestens zwei Personen innerhalb eines gemeinsamen Bezugsrahmens. Sie verfügen gleichzeitig über starke und schwache Seiten. Wenn die Konkurrenz vorherrscht, dann führt der ununterbrochene

Wettbewerb zur Dissonanz der Wechselbeziehung. Wenn jedoch die Kooperation vorherrscht, dann führt das zu unvertretbaren Kompromissen und zur Stagnation. Der Übergang von der Konkurrenz zur Kooperation und zurück trägt zur Entwicklung des kooperativen Zusammenwirkens innerhalb der Konkurrenz bei und auch andersherum zur Entwicklung der Konkurrenz innerhalb der Kooperation, wodurch neue Möglichkeiten für Veränderung und Entwicklung entstehen.

Beim Übergang eines destruktiven Konfliktes in einen konstruktiven bzw. beim Übergang von Konkurrenz zu Kooperation tritt das Problem in den Vordergrund, welche Absicht hinter den Handlungen steckt. Auch wenn diese Absicht einen habsüchtigen, asozialen oder kriminellen Charakter hat, kann das Zusammenwirken dennoch effektiv sein und Konflikte können effektiv überwunden werden. Manchmal kommen die dahinter liegenden Absichten erst spät ans Licht. Nicht zufällig macht man sich in den Unternehmen teilweise schon seit Jahrzehnten über ethische Geschäftsnormen Gedanken.

Ob ein Konflikt konstruktiv oder destruktiv ist, ob es um Kooperation oder Konkurrenz geht, es sind Formen des Zusammenwirkens. Die Absichten dahinter werden durch das Firmenumfeld, das Management und die Unternehmenskultur bestimmt. Deshalb sollten Konflikte und Zusammenwirken auch im Rahmen eines idealen Modells betrachtet werden, das zum effektiven und harmonischen Zusammenwirken aller Untersysteme beitragen könnte.

1.7   Lernmethode Diagogik

Widersprüche sind die Triebkraft für Veränderungen. Deshalb ist die Identifizierung, Analyse und Überwindung der Organisationswidersprüche zu einem der wichtigsten Themen für effizientes Leadership geworden. Wenn ein Manager über Fertigkeiten zur Identifizierung und Analyse der Widersprüche innerhalb der Organisation verfügt, bekommt er die Möglichkeit, nicht nur die Konfliktsituationen effektiv zu überwinden, sondern auch ein Team effizient zu führen und die notwendigen Veränderungen umzusetzen. Diese Skills gehören heute zu den wichtigsten Kompetenzen der Führungskräfte.

Die Art, wie Konflikte erkannt und gelöst werden, sollte nicht nur zum Inhalt von Seminaren, sondern auch zur Lernmethode selbst werden. Lernmethoden, bei denen Konfliktüberwindung Teil der Aufgabenstellung ist, bezeichnen wir als „Diagogik".

Das Denken und Verhalten innerhalb der Organisation ist durch deren Regeln, Normen, Standards und Traditionen bestimmt. Es sind die organisatorisch vorgegebenen Handlungsweisen zur Überwindung der Widersprüche auf eine streng festgelegte Art. Die Mitarbeiter wissen, wann sie zur Arbeit erscheinen sollen und wie und zu welchem Termin ein Bericht fertig gestellt und vorgelegt werden sollte (z. B. die Bilanz). Das Gleiche beobachten wir im Lernprozess. Wenn der Lehrer eine Aufgabe stellt und anweist, wie diese erledigt werden soll, dann führt die Erfüllung der Aufgabe nicht zu einer diagogischen Problemlösung. Die Studenten können an wissenschaftlichen

Arbeiten aktiv teilnehmen, aber erst wenn sie die Art der Zusammenarbeit und die auftretenden Konflikte selbstständig untersuchen, sprechen wir von Diagogik.

Die Kraft zur Veränderung liegt in der Zusammenarbeit der Gruppe. Bereits Ende der vierziger Jahre des letzten Jahrhunderts wurde festgestellt, dass die Gruppentherapie bei Soldaten, die an Kampfhandlungen teilgenommen haben, weitaus erfolgreicher verlief, als die individuelle Therapie, da die Gruppentherapie über größere therapeutische Ressourcen verfügt. Positive Veränderungen erfolgten schneller und mit mehr persönlichem Bezug.

Die Erforschung von Gruppenprozessen zeigt, dass in Fällen, in denen ein Pädagoge oder ein Trainer ein traditionelles Lernmodell verwendet, die Lernenden bewusst oder unbewusst vier verschiedene Haltungen einnehmen können:

1. Abhängigkeit: Die Lernenden fühlen sich abhängig von ihrem Lehrer und versuchen, mit ihm eine gute Beziehung aufzubauen und sich ihm gegenüber positiv einzustimmen.
2. Konfrontation: Sie lehnen die Autorität des Lehrers ab, indem sie ihn als Gegner oder als Konkurrenten betrachten.
3. Vermeidung: Sie streben Isolation an, indem sie die Autorität als unnötig und unwirksam für sich sehen.
4. Kumpanei: Sie versuchen sich mit anderen zu verbünden, um die potenziellen Bedrohungen zu meistern und sich gegenseitig Halt zu geben.

Damit wählt jeder Lernende nicht nur ein Verhaltensmodell, sondern auch eine Überwindungsstrategie. Anders gesagt, Gruppenprozesse im Allgemeinen, oder Gruppenlernen im Speziellen werden durch unvermeidbares und andauerndes Lösen von Konflikten umgesetzt. Es fehlt in der Regel eine Kooperationsstrategie. Sie ist die einzige Strategie, die effektive Gruppenhandlungen ermöglicht und Situationen verhindert, bei denen eine Partei verliert („Win/Lose").

Untersuchungen haben ergeben, dass in Fällen, in denen ein Pädagoge oder Trainer seine Wirkung auf eine Gruppe beschränkt, eine „unbewusste Gruppenspannung" entsteht. Diese wird durch die Unfähigkeit, konventionelle Verhaltens- und Konfliktlösungsmodelle zu finden, hervorgerufen. Daraus können neue Sichtweisen entstehen und der Konflikt kann überwunden werden. Eine Gruppe kann auf diesem Weg mit neuen Verhaltensmodellen experimentieren. Hier beginnt die wahre Veränderung der individuellen Handlung und der Gruppenhandlung, die von neuen Erkenntnissen und Veränderungen geprägt ist.

Das Übertragen der Verantwortung auf eine Gruppe schafft ein neues Modell von Gruppenverhalten, das die aktuellen Geschehnisse in der Gruppe zeigt. Die Gruppe öffnet sich und findet verdeckte Ressourcen, mit denen sie jedem Teammitglied ermöglicht, sein Potenzial zu erkennen. Genau dann äußert sich dieses Potenzial sowohl für die Gruppe, als auch für jedes ihrer Mitglieder, was durch eine durchdachte und langfristige Veränderung im Ganzen erkennbar wird.

Genauso kann festgestellt werden, dass Menschen in der Regel ihrem eigenen Verhalten gegenüber nicht objektiv sind, selbst wenn sich dieses negativ äußert und ein Hindernis für eine effektive Tätigkeit ist. Die Strategien zur Lösung innerer und äußerer Konflikte (Abhängigkeit, Konfrontation, Vermeidung und Kumpanei) verhindern, dass eine Person sich und ihr Verhalten objektiv einschätzen kann. Sie schaffen Barrieren für Entwicklung und Lernen, indem sie verschiedene Formen der Selbsttäuschung annehmen. Sie reichen von dem Leugnen von Tatsachen über das Filtern von Informationen und Konstruieren von Gründen bis hin zur Vereinfachung. Gibt ein Pädagoge oder ein einzelner Mitarbeiter Feedback, wird das Feedback abgelehnt oder heruntergespielt. Gibt jedoch eine Gruppe das Feedback, nimmt die Person das sehr ernst und empfindet starke Motivation zur Veränderung. Das eröffnet einen großen Spielraum, eine einzelne Arbeitsgruppe bis hin zur ganzen Organisation als Schlüssel für kontinuierliche Veränderung jedes Mitarbeiters zu nutzen.

Entscheidend bei dieser Veränderung ist der Verzicht auf eine Autoritätsperson beim Gruppenlernen. Unabhängig davon, wie wenig direktiv sich ein Pädagoge verhält, er bleibt eine Machtfigur, sogar mächtiger, als ein harter Top-Manager, da der Pädagoge versteckten Einfluss hat. Es müssen also Lernbedingungen geschaffen werden, unter denen die Gruppen ihren Entwicklungs- und Veränderungsprozess selbst steuern können. Eine Theorie beschleunigt den Lernprozess, indem sie das Gruppenlernen auf Kernprozessen des Verhaltens aufbaut, ohne diese Kernprozesse zu bewerten. Die Existenz einer Theorie gibt der Gruppendynamik Struktur und Halt, sodass ein Einmischen des Trainers unnötig wird und die Gruppe unabhängig vom Trainer arbeiten kann. In diesem Zusammenhang wird die Theorie nicht nur als theoretisches Wissen genutzt, sondern als Instrument zur Schaffung eines strukturierten Lernumfeldes herangezogen.

So kann die Theorie auch in den Prozess der Unternehmensentwicklung integriert werden. Die wichtigsten diagogischen Lernkomponenten sind:

1. Vorläufiger Erwerb von Theorie (Vorbereitung), um im Lernprozess ein gemeinsames Verständnis über richtiges Verhalten zu kreieren, was gegenseitiges Lernen ermöglicht.
2. Regelmäßige Reflexion der Gruppenhandlungen auf der Grundlage vorläufig festgelegter Kriterien für die Bewertung des gemeinsamen Fortschrittes.
3. Schaffung einer Atmosphäre konstruktiven Gruppenwettbewerbs im Rahmen gemeinsamer Unternehmensziele.
4. Schaffung von Bedingungen für einen Dialog und Klärung individueller Werte und Einstellungen.

Das Ziel der Diagogik liegt darin, dass auf Grundlage einer allgemeinen Theorie und bei fehlendem Einfluss eines Trainers durch Kooperation und konstruktive Konfliktlösung ein Umfeld geschaffen wird, in dem Individuen und Gruppen nicht nur einzelne Lernergebnisse erzielen, sondern ein System persönlicher Einstellungen und Orientierungen erwerben, das in die Unternehmenskultur eingebettet ist.

Die einzigartige Lernatmosphäre, die Konkurrenz und Kooperation zugleich beinhaltet, ermöglicht, die Qualität im Denken und im Führungsverhalten zu verändern.

D. h. einen optimalen Führungsstil zu erreichen und eine neue Art des Denkens zu erlernen, die als wissenschaftliches, kritisches und dialektisches Denken bezeichnet wird.

Literatur

Online-first publizierter Zeitschriftenartikel mit DOI

Winkler I (2010) Contemporary leadership theories, contributions to management sciences. Springer, Berlin. https://doi.org/10.1007/978-3-2158-1

Bücher

Bennis W (1989) Why leaders can't lead. Jossey-Bass, San Francsisco
Blake R, Mouton J (1985) The managerial grid III: the key to leadership excellence, 3. Aufl. Gulf, Houston
Dahrendorf R (1992) Der moderne soziale Konflikt. Essay zur Politik der Freiheit. DVA, Stuttgart, S 392, 394
Darwin C (1975) On the origin of species: a facsimile of the first edition. Harvard University Press, Cambridge
Denton M (1986) Evolution: a theory in crisis. Adler & Adler, Bethesda
French J, Raven B (1959) The bases of social power. In: Cartwright D (Hrsg) Studies in social power. University of Michigan, Institute for Social Research, Ann Arbor, S. 150–167
Gates B (2008) Business at the speed of thought, 2. Aufl. Penguin, London
Kouzes J, Posner B (2010) The truth about leadership. Jossey-Bass, San Francisco
Laloux F (2015) Reinventing Organizations. Ein Leitfaden zur Gestaltung sinnstiftender Formen der Zusammenarbeit. Vahlen, München
McGregor D (2005) The human side of enterprise. McGraw-Hill, New York
Misumi J (1984) The behavioral science of leadership (aus dem Japanischen). Yuchikaku, Tokio
Porter M (1990) The competitive advantage of nations. Free Press, New York
Porter M (1998) On competition. Harvard Business School, Boston
Raven B (1965) Social influence and power. In: Steiner I, Fishbein M (Hrsg) Current studies in social psychology. Holt, New York
Zankovsky A (2000) Organizational psychology. Flinta, Moscow

Zeitschriftenartikel

Deutsch M (1994) Constructive conflict resolution: principles, training and research. J Soc Issues 50(1):13–32
Erwin D (2000) Macroevolution is more than repeated rounds of microevolution. Evol Dev 2:78–84

Hersey P, Blanchard K (1982) Leadership style: attitudes and behaviors. Train Dev J 36:50–52
Lewin R (1980) Evolutionary theory under fire. Science 210:883
Lewin K, Lippitt R (1938) An experimental approach to the study of autocracy and democracy: a preliminary note. Sociometry 1:292–380
Raven B (1992) Power/interaction model of interpersonal influence: French J und Raven B thirty years later. J Soc Behav Pers 7(2):217–244

Master Thesis

Schumacher S (2014) Leadership dimensions: an empirical integration. Master Thesis, Universität Osnabrück, Osnabrück

Synercube – die wissenschaftliche Theorie für effektives Zusammenwirken in der Organisation

2.1   Die Organisation als offenes System

Jede Organisation stellt die Gesamtheit der Komponenten und deren Zusammenhänge dar, die als Einheit fungieren (Katz und Kahn 1966). Um diese Gesamtheit zu erhalten, benötigt die Organisation **Ressourcen** (Information, Energie, Geldmittel, Personal, Ausrüstung u. a. m.), die von außen in die Organisation hineinfließen und die für die Tätigkeit der Organisation nötig sind. Im Laufe der Tätigkeit gestaltet bzw. transformiert die Organisation Ressourcen in **Ergebnisse:** Produkte, Waren, Dienstleistungen, Informationen usw., die dann nach außen (Markt, Kunden) abfließen, um Gewinn zu erwirtschaften. Der Gewinn erlaubt es, neue Ressourcen zu erschließen und den Transformationszyklus zu wiederholen. Jede Organisation ist damit ein offenes System, das mit dem Umfeld, indem es sich bewegt, zusammenwirkt (s. Abb. 2.1: Organisation als offenes System).

Überleben und Wachstum der Organisation hängen von einem günstigen Verhältnis zwischen den genutzten Ressourcen und den erzielten Ergebnissen ab. Für die Existenzsicherung muss die Organisation mindestens genauso viel erhalten, wie sie für die Ressourcen, den Umgestaltungsprozess und das Funktionieren der Organisation selbst aufgewendet hat. Wenn die Ergebnisse es nicht erlauben, die genutzten Ressourcen zu reproduzieren, verliert die Organisation Stabilität und Widerstandsfähigkeit. Dementsprechend wird die Effizienz des Wandlungsprozesses zur entscheidenden Bedingung für das Überleben einer Organisation. Die Historie des Unternehmertums zeigt, dass sogar große Unternehmen mit starken Ressourcen wegen ineffektiver Umgestaltungsprozesse und mangelhafter Ergebnisse gescheitert sind. Umgekehrt konnten erfolgreiche Unternehmen durch eine effektive Nutzung der Ressourcen, auch bei deren Mangel, hervorragende Ergebnisse erzielen.

Die Ursache liegt in der Komplexität des Umgestaltungsprozesses, der technische, menschliche und organisatorische Faktoren beinhaltet. Lange hat man geglaubt, dass

© Springer-Verlag GmbH Deutschland, ein Teil von Springer Nature 2019
A. Zankovsky und C. von der Heiden, *Leadership mit Synercube*,
https://doi.org/10.1007/978-3-662-58373-9_2

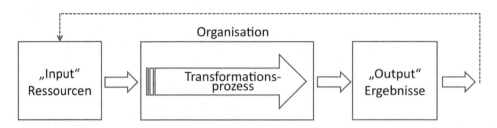

Abb. 2.1 Organisation als offenes System

das mangelhafte Niveau der technischen Entwicklung ursächlich sei und sich mit der
Weiterentwicklung der technischen Einrichtungen lösen ließe. Später wurde jedoch klar,
dass die entscheidenden Probleme nicht durch technische Aspekte, sondern durch das
Zusammenwirken der Mitarbeiter verursacht werden.

Auf den ersten Blick erscheint die Aufgabe, das Zusammenwirken zu gestalten,
ein- fach: dem Mitarbeiter werden seine Aufgaben kommuniziert, geeignete Arbeitsbedingungen geschaffen und Ausrüstung und Werkzeuge zur Verfügung gestellt. Dies
war lange die Einstellung der Manager. Der Fokus lag auf Ressourcen, Ergebnissen und
Technologien. Die Qualität des Zusammenwirkens blieb unberücksichtigt, was oft zu
Problemen in den Unternehmen führte.

2.2   Phänomene der Zusammenarbeit

Die meisten Aufgaben können ausschließlich durch Kooperation erfüllt werden. Wenn
Menschen zusammenwirken, können sie Ergebnisse erreichen, die der Einzelne nie
erreichen könnte. Selbst wenn der Mensch sehr begabt, fleißig, intelligent und stark ist,
kann er die bedeutenden Ziele alleine kaum erreichen.

Denkt man z. B. an die ägyptischen Pyramiden oder die Chinesische Mauer, wun-
dert man sich wie Menschen ohne moderne Technik, ausschließlich durch gemeinsame
Anstrengungen so etwas erreichen konnten.

Auch in Zeiten des schnellen technologischen Wandels ist das Zusammenführen der
Bemühungen einzelner Menschen von großer Bedeutung. Jeder Manager muss zur Zielerreichung die Leistungen der Mitarbeiter einer Gruppe, einer Abteilung bzw. der Organisation koordinieren und zusammenführen. Man glaubt bis heute, dass die Arbeit in der
Gruppe die Effizienz jedes Mitarbeiters positiv beeinflusst. Allein die Anwesenheit anderer Menschen, die an der gleichen Aufgabe arbeiten, aktiviert den Menschen und erhöht
seine Leistung. Dies zeigt auch die arithmetische Formel: $1 + 1 > 2$ bzw. $2 + 2 > 4$. Das
wird als Synergie bezeichnet.

Es gibt allerdings wissenschaftliche Untersuchungen, die das progressive Wachstum der Leistung mehrerer Menschen verneinen. Maximilian Ringelmann hat Ende des
19. Jahrhunderts den dramatischen Fall der individuellen Effizienz bei einer kollektiven

Zusammenarbeit präsentiert. Ringelmann verglich in seiner Untersuchung die individuelle und Gruppenleistung beim Heben einer Last über einen Flaschenzug. Dabei erwartete Ringelmann, dass die Gruppenleistung mindestens der Summe der individuellen Leistungen entspricht. In den Gruppen von 2 bis 8 Menschen wurde jedoch eine lineare Reduktion der Gruppenleistung festgestellt. In der Gruppe aus 2 Menschen entsprach der Verlust der individuellen Leistung 7 %, aus 3 Menschen 15 %, aus 8 Menschen 51 %. Im letzten Fall hat das Individuum mehr als die Hälfte seiner individuellen Leistung durch die Zusammenarbeit verloren (Steiner 1972; Ingham et al. 1974; Kravitz und Martin 1986).

Moderne, ähnlich aufgebaute Untersuchungen zeigen die gleiche Gesetzmäßigkeit: In der Gruppe wird die individuelle Leistung reduziert. Wir sehen uns also mit einem psychologischen Phänomen konfrontiert, das die Zusammenarbeit negativ beeinflusst.

Die Wissenschaftler erklären dieses Phänomen durch Motivationsfaktoren: Der Mensch glaubt, dass seine Bemühungen in der Gruppe nicht spürbar sind. Émile Durkheim hat bemerkt: „Die Gruppe denkt, fühlt und handelt unterschiedlich im Vergleich zu der Denkweise, den Gefühlen und den Handlungen einzelner Mitglieder. Wenn wir ausschließlich das Individuum betrachten, werden wir das Gruppenverhalten nicht verstehen können" (Durkheim 1924, 1950).

Die Gruppe bildet und entwickelt sich und handelt nach eigenen spezifischen Gesetzen, die aus der Psychologie des Einzelnen nicht erklärbar sind. Die Psychologie hat viele Angaben über Gruppenverhalten gesammelt, die nicht nur den paradoxen Effekt von Ringelmann erklären, sondern auch die Zusammenarbeit bedeutend verbessern können.

Die Gruppenziele und formellen Anforderungen an Gruppenstruktur und Gruppenfunktion werden durch das breite Organisationssystem angegeben. Gleichzeitig verfügen Gruppenerscheinungen und -prozesse über eigene Gesetzmäßigkeiten und Spezifika. Die Gruppen befinden sich in einem ununterbrochenen Änderungsprozess, wobei unterschiedliche Etappen der Entwicklung identifiziert werden. Abb. 2.2 stellt diese vier Etappen dar.

Etappe I „Forming" bezeichnet die Gruppenbildung bzw. formelle Vereinigung der Individuen. Miteinander nicht bekannte oder nur wenig bekannte Menschen werden in einer formellen Gruppe vereinigt. Diese Etappe ist durch einen hohen Grad an Unbestimmtheit über Gruppenziele, -struktur und -führung gekennzeichnet. Die Gruppenmitglieder lassen

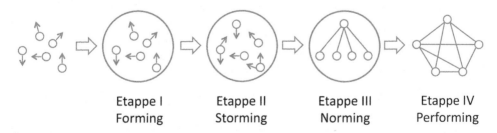

| Etappe I | Etappe II | Etappe III | Etappe IV |
| Forming | Storming | Norming | Performing |

Abb. 2.2 Etappen der Gruppenentwicklung

„Testballons" steigen, wobei sie versuchen, ihre Rollen zu bestimmen und die der Situation adäquate Verhaltensweise zu wählen. Die Etappe endet, sobald die Individuen sich als Gruppenmitglieder wahrnehmen.

Etappe II „Storming" ist eine Form des Intragruppen-Konflikts. Die Individuen akzeptieren die Gruppe als Ganzes, leisten jedoch der Kontrolle über die Gruppenmitglieder Widerstand. Dabei werden die Tätigkeitsformen identifiziert und verteilt. Entscheidungen werden durch die Mehrheit getroffen, wobei die Meinungen der Minderheit ignoriert werden. Daneben entsteht ein Kampf um die Führung. Am Ende dieser Etappe entsteht in der Gruppe eine deutliche Hierarchie.

In Etappe III „Norming" werden die engeren Zusammenhänge, Gemeinsamkeiten und Werte gestaltet. Dabei erfährt die Gruppe eine Festigung. Die Gruppenmitglieder kennen sich, die Arbeitsweise der anderen und deren persönliche Besonderheiten. Die Rollen und Funktionen jedes Gruppenmitglieds sind festgelegt. In der Gruppe herrscht eine starke Identifikation. Die Etappe endet mit der Bildung einer klaren Gruppenstruktur und Kenntnis darüber, was das richtige Verhalten der Gruppenmitglieder ist. Im Großen und Ganzen wird die Gruppenatmosphäre in dieser Etappe besser, die Spannungen aus den früheren Etappen sinken und das Ziel der gemeinsamen Tätigkeit rückt in den Vordergrund.

Etappe IV „Performing" stellt die Handlung dar. In dieser Etappe wird die Gruppe zu einer psychologischen Einheit, die Gruppenstruktur wird durch alle Mitglieder akzeptiert und äußerst funktionell. Die Gruppenmitglieder sind aktiv auf das Gruppenziel ausgerichtet, sie streben nach Selbstentwicklung und sind bereit, zum Wohl der ganzen Gruppe tätig zu sein. Das Erreichen dieser Etappe bedeutet das Erreichen von Synergie. Die Gruppenmitglieder gleichen Unterschiede in den Handlungen aus und verstehen, welchen Wert der Beitrag jedes Gruppenmitglieds für das Ergebnis hat.

Die Atmosphäre in der Gruppe wird warm und freundschaftlich, die Gruppenmitglieder fühlen sich abgesichert und sind stolz auf die Zugehörigkeit zu der Gruppe. Es erfolgt eine tiefere Integration der Gruppe: nicht nur die Gruppenwerte, sondern auch die Handlungswerte werden durch die Individuen akzeptiert. Die Zusammenarbeit gewinnt an Bedeutung und wird zur Basis für die Gruppenexistenz. Erst in dieser Etappe erreichen wir die Veränderung von der Gruppe zum Team, das nicht nur effektiv handelt, sondern auch jedem Mitglied die Befriedigung seiner Bedürfnisse gewährt, einschließlich des Bedürfnisses der Selbstachtung und der Selbstverwirklichung.

Der Weg von einer Etappe zur anderen ist nicht genau bestimmt. Wenn man auf neue Widersprüche und Probleme stößt, entsteht auch die Gefahr des Rückfalls auf die Etappe des Intragruppen-Konflikts. Wenn man in der Etappe des „Storming" zu lange verharrt, können Bedingungen für den Zerfall der Gruppe entstehen. Dabei sinkt die Zusammenarbeit dramatisch und es entstehen „Untergruppen" von Individuen, die anscheinend andere Ziele verfolgen. Zwischen diesen „Untergruppen" entsteht Wettbewerb und Kampf um die Macht, was die Effizienz der Gruppe insgesamt stark reduziert. Wenn die Gruppe diesen Desintegrationsprozess nicht überwindet, wird daraus ein langer destruktiver Konflikt, der letztlich mit dem Gruppenzerfall endet. Wenn die Gruppe und ihr Leader die Krise überwunden haben, beginnt die konstruktive Gruppenentwicklung von neuem.

Im realen Gruppenleben laufen einige Etappen in der Regel parallel oder auch entgegengesetzt ab. Man sollte sich der unterschiedlichen Etappen jedoch bewusst sein und sie als Schema für die Gruppendynamik betrachten.

Erst in den dreißiger und vierziger Jahren des 20. Jahrhunderts hat man begriffen, dass die Menschen in Gruppen anders handeln als einzeln. Die weltbekannten Hawthorne-Experimente, durchgeführt in Chicago Ende der zwanziger, Anfang der dreißiger Jahre des 20. Jahrhunderts unter Führung von Elton Mayo (1933), haben zum Verständnis der Mechanismen des Zusammenwirkens in der Organisation beigetragen (Roethlisberger und Dickson 1939). Anfangs sollten die Experimente den Einfluss der physischen Bedingungen auf die Leistung messen. Dabei wurde festgestellt, dass deren Einfluss geringer ausfällt, als ursprünglich angenommen. Es wurden Faktoren entdeckt, die die Wissenschaft früher nicht berücksichtigt hatte. In einem der Experimente hat man die Leistung von zwei Arbeitsgruppen verglichen: die eine Gruppe arbeitete unter normalen Arbeitsbedingungen und die zweite unter ständiger Kontrolle und Beobachtung durch den untersuchenden Wissenschaftler, der die Tätigkeit der Gruppe, deren Leistung, Fehler und Arbeitsbedingungen registrierte. Im Laufe der zweieinhalb Jahre der Untersuchung wuchs die Leistung der zweiten Gruppe ununterbrochen. Das psychologische Klima der Gruppe entwickelte sich ebenfalls positiv. Fehltage wegen Krankheit waren dagegen bis auf ein Drittel der in der Gesamt-Organisation üblichen Fehlzeiten gesunken.

Da die Arbeitsbedingungen der zweiten Gruppe identisch mit der anderen waren, kam man zu der Schlussfolgerung, dass die Produktivitätssteigerung und das günstige Klima in der Gruppe durch die erhöhte Aufmerksamkeit seitens des Managements hervorgerufen wurden. Die Gruppenmitglieder fanden die Teilnahme am Experiment interessant und nahmen ihre Arbeit als etwas Wichtiges wahr. Das Experiment selbst empfanden sie als aufrichtiges Interesse an ihrer Arbeit.

Beim Experiment wurde auch herausgefunden, dass die Leistung nur wenig durch individuelle Motivation, Fachkenntnisse, Fähigkeiten und Fertigkeiten beeinflusst wurde. Man entdeckte, dass die Arbeiter ihre Produktivität nicht individuell, sondern in der Gruppe erhöht hatten. Die Leistung war eng an die Gruppennorm gebunden und diese „normale" Gruppennorm wurde nicht durch das Management, sondern durch die Gruppe selbst bestimmt. Die Gruppe hatte eigene Leistungs- und Verhaltensnormen, die sich von den üblichen Normen stark unterschieden.

Die Hawthorne-Experimente haben demonstriert, dass Gruppenprozesse untersucht und geführt werden sollten, um die Leistung zu erhöhen und dass die Sorge um die Menschen und die Beachtung ihrer Emotionen und Gefühle viel stärkere Auswirkungen auf ihr Verhalten haben als die materielle Belohnung in jedweder Form. Diese Experimente haben auch zum ersten Mal die Widersprüche zwischen den vorgegebenen Organisationszielen und den informellen Gruppenzielen aufgedeckt.

Seit dieser Zeit untersucht die Wissenschaft Gruppenprozesse gründlich um effektive Methoden zur Optimierung des Gruppenzusammenwirkens durch Einfluss der Führung zu identifizieren. Das Zusammenwirken in der Organisation ist eine wichtige Komponente des Umgestaltungsprozesses. Abb. 2.3 stellt den Umgestaltungsprozess vereinfacht dar.

Abb. 2.3 Das Modell des
Zusammenwirkens in der
Organisation

R $\Rightarrow$ I $\Rightarrow$ O

Ressourcen   Interaktionen   Output

Das Modell des Zusammenwirkens in der Organisation enthält drei Komponenten: **R** (Ressourcen), **I** (Interaktionen) und **O** (Output) als Ergebnisse.

R (Ressourcen) sind der Ausgangspunkt für das Zusammenwirken. Dazu gehören Geldmittel, Informationen, Energie, Rohstoffe, Materialien, Ausrüstung und menschliche Ressourcen als persönliche Eigenschaften der Mitarbeiter, deren Ausbildung, Fertigkeiten, Kenntnisse, Erfahrung, Begeisterung und Commitment.

I (Interaktionen) bezeichnen das Zusammenwirken. Interaktion umfasst jede Art von Verhalten und Handlungen sowie das Verhältnis der einzelnen untereinander oder zur Gruppe mit Auswirkung auf den Umgestaltungsprozess. Es geht um die Nutzung und Veränderung der Ressourcen, um Ergebnisse zu erreichen. Dazu gehören die Form der Kommunikation und der Zusammenarbeit mit dem Ziel, mit den vorhandenen Ressourcen anspruchsvolle Ergebnisse zu erreichen. Interaktionen bestimmen, wie effektiv die Menschen im Team zusammenarbeiten.

O (Output) bezeichnet die Ergebnisse, die Folgen der Tätigkeit: Produkte, Dienstleistungen, Kenntnisse, Innovationen, Abschlüsse. Ergebnisse können unterschiedlich sein, sie spiegeln die Effizienz der Nutzung der **R** (Ressourcen) und der **I** (Interaktionen) wider.

Wir legen den Fokus in erster Linie auf die sogenannte **I-Zone** (Interaktions-Zone). Die Qualität der I-Zone bestimmt, wie effektiv die Menschen die Ressourcen „R" in Ergebnisse „O" umwandeln.

Wenn in der I-Zone falsch gehandelt wird, werden die meisten Ressourcen nicht effektiv genutzt bzw. verschwendet. Ungelöste Konflikte verhindern, dass Menschen ihre eigenen Schwächen sehen und als Ursache des Problems erkennen. Die vorhandenen Ressourcen werden nicht effektiv genutzt, wenn die Mitarbeiter ein negatives Verhalten seitens der Kollegen oder der Führung befürchten. Wenn die Kollegen untereinander Konflikte haben, denken sie nicht an das Ergebnis, sondern an Verteidigung und Rechtfertigung. Sie werden versuchen nachzugeben, sich hinter etwas zu verstecken oder mit der Arbeit aufzuhören. Eine ungesunde Atmosphäre unterdrückt Leistung, da die Menschen kein Risiko tragen wollen, wenn sie die Unterstützung und das Verständnis der Kollegen nicht spüren. Falsches Zusammenwirken führt zu negativen Konsequenzen in der Tätigkeit der Organisation.

Wenn jedoch das Zusammenwirken in der **I-Zone** richtig gestaltet wird, dann wachsen Vertrauen und Respekt in der Belegschaft und die Ressourcen können in vollem Maße genutzt werden. Individuelle Anstrengungen, die bei falscher Interaktion mehr auf Rechtfertigung oder das Vertuschen von Schwächen gerichtet sind, werden auf die Zusammenarbeit und die Suche nach neuen Lösungen und Entscheidungen über mögliche Risiken ausgerichtet. Wenn man die entstehenden Probleme aufrichtig und offen diskutiert, dann haben die Mitarbeiter keine Angst vor negativen Konsequenzen und können nach optimalen Lösungen suchen. Eine offene, auf Unterstützung gerichtete

Atmosphäre erhöht das Niveau der Adhärenz (Befolgen von Standards) und trägt zum optimalen Ergebnis bei. Die Adhärenz erlaubt den Mitarbeitern, herausfordernde Aufgaben zu übernehmen, nach Neuem zu suchen und das Neue zu schaffen, ohne Vorwürfe anderer befürchten zu müssen.

Synergie wird erreicht, wenn die Ressourcen **R** in der **I-Zone** reproduziert werden. Wenn alle Mitarbeiter offen und aufrichtig zusammenwirken, werden die gemeinsamen Ergebnisse die Leistung der einzelnen übertreffen. Synergie ist dann erreichbar, wenn die Gruppe die Ziele gemeinsam definiert und alle individuellen Ressourcen für deren Erreichen einsetzt. Synergie erfordert hohen gegenseitigen Respekt und Achtung sowie ständiges und konstruktives Überwinden von Konflikten.

Wenn die Organisation die Ressourcen, die Zahl der Mitarbeiter bzw. Investitionen steigert, führt das nicht linear zur Steigerung des Outputs. Jede Organisation steht vor der Herausforderung, den Effekt von Ringelmann in der I-Zone ständig zu überwinden und konsequent Synergie anzustreben.

Es gibt eine Reihe von organisatorischen, persönlichen und psychologischen Gründen, warum die **I-Zone** nicht im Fokus des Managements liegt. Die wichtigsten sind:

1. Die Laufbahn eines Managers in der modernen Organisation hängt in erster Linie von den Kennzahlen für Ressourcen und Output (Ergebnisse) ab. Die effektive Nutzung der Ressourcen und die Qualität der Ergebnisse sind kritische Einflussfaktoren.
2. Mit dem Erreichen hoher Ergebnisse ist oft eine Überlastung des Managers verbunden. Überlastung und Zeitmangel geben dem Manager keine Möglichkeit, der I-Zone genug Aufmerksamkeit zu widmen, da sich der Fokus vom Prozess auf das Resultat verschiebt.
3. Aufgrund seiner individuellen, psychologischen Besonderheiten und unterschiedlichen Lebenserfahrungen und Kompetenzen hat jeder Mitarbeiter eigene Vorstellungen von der idealen Gestaltung der I-Zone. Dadurch fehlt eine gemeinsame Vorstellung von der Zusammenarbeit. Hindernisse auf dem Weg zur effektiven Zusammenarbeit sind die Folge.
4. Fehlendes Verständnis der Gesetzmäßigkeiten des Gruppenzusammenwirkens in der I-Zone.

2.3   Suche nach Führungsinstrumenten der Gruppeneffizienz

Eine der wichtigsten Führungsaufgaben ist die Gestaltung der Gruppe, deren Entwicklungsrichtung und Zusammenarbeit mit anderen Abteilungen. Wenn man den Leadership-Stil kennt, kann man mit Bestimmtheit vorhersehen, wie das Zusammenwirken in der I-Zone aussehen wird und zu welchen Ergebnissen es führt.

Das Problem der Führung stand bei Psychologen zum ersten Mal Ende der dreißiger Jahre des vorigen Jahrhunderts im Fokus, als die Untersuchungen von Kurt Lewin und dessen Kollegen veröffentlicht wurden (Lewin und Lippitt 1938). Seitdem wurden psychologisch fundierte Führungsansätze als unabhängiges wissenschaftliches Feld betrachtet. Diverse Experimente führten zu neuen Führungstheorien (Parygin 1973; Bennis und Nanus 1985; Conger 1990; Locke 1991; Vroom 1973; Vroom und Jago 1978; Yammarino und Bass 1990; Yukl 1994; Blake und Mouton 1964; Fiedler 1967; Hersey und Blanchard 1993; Stogdill 1974).

Die Untersuchungen von Lewin und die Ergebnisse der Hawthorne-Experimente haben zur Entwicklung und breiten Nutzung des verhaltensorientierten Herangehens an Leadership geführt. Diese Herangehensweise zielt darauf ab, die Faktoren zu identifizieren, die für das Verhalten eines Leaders wesentlich sind. Im Ergebnis dieser ausführlichen Untersuchungen wurden zwei grundlegende Verhaltensfaktoren entdeckt, die für die Effizienz des Leadership-Verhaltens wichtig sind. Darauf aufbauend wurde das Zwei-Faktoren-Modell des Leadership-Verhaltens in den Werken vieler Psychologen entwickelt. Obwohl diese Faktoren inhaltlich nahe beieinander liegen, wurden sie unterschiedlich benannt: die an den Mitarbeiter oder an der Arbeit orientierte Führungsweise (Likert 1961); Strukturierung der Tätigkeit und das Interesse an den Menschen (Bass 1960; Fleischman und Harris 1962); Orientierung an den Menschen und Orientierung an der Aufgabe (Blake und Mouton 1964); Orientierung an der Aufgabe und Orientierung an der Situation (Hersey und Blanchard 1982; Fiedler 1967; Reddin 1970); direktive und teilnehmende Führung (Bass 1990); unterstützende oder auf die Ergebnisse zielende Führung (Filley et al. 1976); Leadership, orientiert am Leiter oder an den Untergebenen (Tannenbaum und Schmidt 1973); Orientierung an der Kontrolle oder an der Hinzuziehung der Mitarbeiter (Lawler 1992) und Orientierung an der Tätigkeit bzw. Unterstützung der Mitarbeiter (Misumi und Shirakashi 1966; Misumi 1972, 1985).

Besonders umfangreich wurde diese Herangehensweise von Robert R. Blake und Jane S. Mouton (1964) realisiert, die auf der Grundlage der angegeben Faktoren ein Koordinatensystem für die Bewertung effektiver Führung entwickelt haben. Dieses Koordinatensystem bildete sich aus zwei Faktoren, die als dessen Achsen fungieren: die Achse der Ergebnisorientierung und die Achse der Menschenorientierung.

Ausrichtung auf das Ergebnis Der Begriff „Ergebnis" umfasst jede Form der Konsequenz, kurzfristig und auch langfristig. Der Grad der Ausrichtung ist auf der horizontalen Achse von der minimalen (1) bis zur maximalen Ausprägung (9) dargestellt. Der Grad der Ausrichtung auf das Ergebnis drückt sich in Handlungen auf dem Weg zum Organisationsziel aus: Planung, Kontrolle, Koordination, Druck auf die Mitarbeiter, damit diese ergebnisorientiert handeln. Zum Beispiel fordert eine Führungskraft, die stark an Ergebnissen orientiert ist, permanent Berichte über die geleistete Arbeit, kontrolliert die Arbeit und unternimmt alles für die qualitative und termingerechte Erfüllung der Arbeit.

Ausrichtung auf die Menschen Die Menschenorientierung (vertikale Achse) kann auch unterschiedlich ausgedrückt werden: von niedrig (1) bis hoch (9). Sie stellt die Qualität des Verhältnisses der Führungskraft zu den anderen Menschen dar. Ein hohes Niveau an Menschenorientierung bedeutet, dass die Führungskraft die Meinungen, Gedanken und

Gefühle der Menschen begreifen und berücksichtigen und sich um deren Entwicklung und Zufriedenheit kümmern möchte. Ihre aufrichtige Sorge um die Mitarbeiter macht diese sicherer, erzeugt Vertrauen und erlaubt eine offene und ehrliche Kommunikation.

Die durchgeführten Untersuchungen haben gezeigt, dass der effektivste Stil 9.9 ist, der hohe Leistungsorientierung mit hoher Menschenorientierung vereint. Das Führungs-Modell von Blake und Mouton hat sich als sehr effektiv erwiesen und wurde seither in den Programmen der Organisationsentwicklung genutzt, zuletzt noch intensiv in Ländern mit geringerer Erfahrung im Bereich der Organisationsentwicklung, wie im Nahen Osten und in Ostasien (Larson et al. 1976, S. 628 ff.; Nystrom 1978, S. 325 ff.).

Wie bereits in Kap. 1 erwähnt, haben Globalisierung und dramatische Veränderungen der Arbeitsweise und der Organisationswelt zu einer grundlegenden Änderung der Rolle der Führungskraft in der Organisation geführt. Dabei wurde die Entwicklung einer neuen, modernen Behandlung des Führungsverhaltens besonders akut.

2.4   Vom Gruppenleadership zum Organisationsleadership

Die oben erwähnten Zwei-Faktoren-Modelle des Leadership sind Modelle des Gruppenleadership in einer hierarchischen, bürokratischen Organisation, in einem stabilen vorherzusagenden Umfeld.

Da die Welt sich jedoch ständig ändert, instabil und widersprüchlich ist und Agilität erfordert, gerät der Leader in eine komplizierte Situation, in der sich neue Fragen ergeben: Welche Entscheidung muss in dieser einzigartigen Situation getroffen werden? Was nützt in einem sich ständig ändernden Umfeld mehr? Wessen Interessen sind von höherer Priorität: die des Staates, der Gesellschaft, der Kunden, des Unternehmens, der Gruppe oder des Individuums? Welche Ziele sollen für das Unternehmen bzw. die Gruppe gesetzt werden?

Ausrichtung auf Ergebnis und Menschen sind ohne Zweifel auch heute wichtig, aber sind sie für eine effiziente Führung noch ausreichend? Kann man sich heute auf das Ergebnis fokussieren, wenn das Ergebnis und dessen Wert nicht ganz klar sind? Kann man sich um die Menschen effektiv sorgen, wenn die Kulturen, ethnischen Gemeinschaften, Lebensvorstellungen und individuellen Unterschiede so vielfältig sind?

Führung ist heute nicht mehr nur ein Gruppenprozess. Führung wird zum Organisationsprozess, der die Tätigkeit und die Ziele des Unternehmens im Ganzen bestimmt. Das ändert unser Verständnis von Führung und verwandelt diese in eine Form von Organisationsmacht, die durch persönliche Ressourcen und Informationen realisiert wird und bei der die moralische Werteausrichtung an Bedeutung gewinnt.

Die Ausrichtung des Leaders auf Werte ist ein wichtiger Bestandteil der inneren Struktur seiner Persönlichkeit.

Ausrichtung auf Werte Die Werteorientierung ermöglicht das Unterscheiden zwischen Wesentlichem und Unwesentlichem. Sie ist eine Art Achse des Bewusstseins,

die die Beständigkeit der Persönlichkeit bestimmt und dem Verhalten Kontinuität verleiht. Das kommt in der Ausrichtung der Bedürfnisse und Interessen zum Ausdruck.
Daher ist die Werteausrichtung der wichtigste Faktor, der die Motivation einer Person regelt (s. Abb. 2.4: Das Drei-Dimensionen-Modell des Leadership). Gleichzeitig
gibt die Werteorientierung Auskunft darüber, inwieweit sich die persönlichen Werte
der Führungskraft – also, das was sie innerlich antreibt, motiviert und prägt – mit den
Werten des Unternehmens im Einklang befinden.

Der moralische Inhalt der Ziele, die der Leader den Mitarbeitern vorgibt und die seine
Ausrichtung, seine Persönlichkeit und seine Werte bestimmen, ist entscheidend. Sehr tra-
gisch ist der Fall, wenn ein kompetenter Leader negative Denkweisen besitzt und sein
Unternehmen in eine Sackgasse bzw. zur Selbstvernichtung treibt. Noch frisch sind die
skandalösen Zusammenbrüche der größten amerikanischen Unternehmen des Finanz-
sektors, deren Leader eigene Interessen verfolgten und eigene Fehler geheim hielten,
sodass diese Unternehmen Konkurs anmelden mussten und auch die amerikanische Wirt-
schaft erheblichen Schaden nahm.

Werteausrichtung und moralische Einstellung des Leaders gewinnen insbesondere
bei der informationstechnischen Globalisierung an Bedeutung, wo Unternehmen unter
scharfer Konkurrenz und in großer Unsicherheit handeln, oft ohne feste Orientierung für
ihre Tätigkeit (Creusen et al. 2013; Schumacher 2014).

Je höher die Position des Managers in der Unternehmenshierarchie ist, desto wichtiger und entscheidender werden die Aspekte sein, die sich auf die Werte konzentrieren.
Organisations-Leadership beinhaltet eine wertorientierte Führung, bei der der Manager
nicht nur die Führungsfunktionen erfolgreich erfüllen, sondern auch hohen moralischen
Ansprüchen genügen sollte. Das bedeutet, dass das Modell des Organisations-Leadership
dreidimensional sein muss. Nicht nur Verhaltensfaktoren, sondern auch eine Werteausrichtung gehören unbedingt dazu.

Abb. 2.4 Das Drei-
Dimensionen-Modell des
Leadership

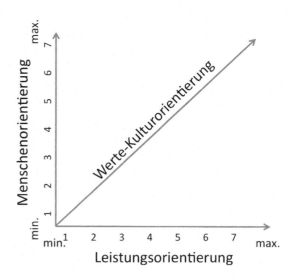

2.5 Organisations-Leadership und Unternehmenskultur

Individuelle Wertesysteme bilden sich unter unterschiedlichen Lebensbedingungen und je nach Erziehung einer Person. Sie sind widersprüchlich, nicht homogen und hierarchisch aufgebaut: Der Mensch kann die einen Werte zugunsten von anderen aufgeben und die Reihenfolge ihrer Realisierung bestimmen. Die menschlichen Werte sind umfangreich. Manche Menschen richten sich auf geistige Werte aus. Sie versuchen, das Kulturerbe der Menschheit zu erschließen und Antworten auf Ewigkeitsfragen zu finden. Andere richten sich aus auf das jenseitige Leben und dessen Werte – auf Gott, die Erlösung. Für wiederum andere sind die irdischen Werte von Bedeutung. Der Mensch als Persönlichkeit bestimmt sein Wertesystem selbst, obwohl nicht alles vom Menschen selbst abhängig ist, da vieles durch Kultur, Zeitgeist und Erziehung geprägt wird.

Die Abstimmung unterschiedlicher individueller Wertesysteme von Mitarbeitern in einem Unternehmen wird zu einer schweren Aufgabe. Vorrangig ist dabei die Abstimmung der individuellen Wertesysteme durch die Führungskraft mit den allgemeinen Zielen und der Mission des Unternehmens und der gewünschten Unternehmenskultur. Jede Kultur gründet auf einem bestimmten Wertesystem. Diese Werte bestimmen die Ausrichtung des Menschen und der Gesellschaft, die Ziele und Ideale, die Lebensweise und den Sinn des Lebens und sie regeln das menschliche Verhalten.

In einer Organisation besitzt die Kultur viele Funktionen. Eine der wichtigsten ist, die Organisationserfahrung aufrechtzuerhalten und zu reproduzieren, sie weiterzugeben und zu bereichern. Die kommunikative Funktion der Unternehmenskultur bestimmt die Bedingungen und Mittel der Kommunikation selbst. Die Kultur produziert spezifische Regeln und Kommunikationswege, die der Tätigkeit des Unternehmens entsprechen sollen. Die normative Funktion der Unternehmenskultur unterhält die Ordnung und bringt die Tätigkeit unterschiedlicher Abteilungen, Gruppen und Individuen in Übereinstimmung mit den spezifischen Organisationsbedürfnissen und Interessen. Die Kultur trägt zur Bildung der Normen, Standards und Verhaltensregeln bei. Sie bringt Sinn in die Tätigkeit der Menschen, was besonders wertvoll für die Arbeitsteilung ist.

Die Unternehmenskultur erfüllt noch eine weitere, wichtige Funktion: die Sozialisierung des Mitarbeiters im Unternehmen, seine Aneignung der Normen, Werte, Sozialfertigkeiten und Eigenschaften der Organisation.

In der Unternehmenskultur gibt es zwei Ebenen, die übliche und die spezialisierte Kultur. Die übliche Kultur ist das Beherrschen von Kenntnissen, Sitten, Normen, Fertigkeiten, die der Mensch im Arbeitsalltag benötigt. Wird ein Mitarbeiter eingestellt, zeigt das, dass er das übliche Niveau der Unternehmenskultur bereits erreicht hat. Auf der spezialisierten Ebene wird die soziokulturelle Erfahrung gespeichert. Die Grundwerte des Unternehmens, die den organisatorischen Grundkern bilden, werden kumuliert.

Die beiden Ebenen sind eng miteinander verbunden und beeinflussen einander; zwischen ihnen läuft ein ununterbrochener Austausch von kulturellen Informationen. Der Austausch erfolgt durch Verbindungskanäle wie Unternehmensrichtlinien, die Mission des Unternehmens und Grundsätze der Organisationsentwicklung. Hauptgewicht hat jedoch die Führung, die über die Macht verfügt.

Die bedeutendsten Werte der Organisation treten als Ideale auf. Ideale sind Werte der Vollkommenheit, die als ein Vorbild gelten. Man wird sie kaum tatsächlich erreichen, ist aber bestrebt, sich ihnen anzunähern. Das heißt, die Unternehmenskultur tritt in zwei Formen auf: in einer idealen und in einer realen. Die ideale Kultur als Grundlage der wichtigsten Werte richtet sich auf Werte, die durch die internationale Gemeinschaft und die führenden Unternehmen (Corporate Governance) entwickelt worden sind. Sie ist in den Unternehmensleitlinien und den Mission-Statements der Unternehmen dargestellt.

In diesem Zusammenhang kann die Unternehmenskultur als ein System von Idealen, Werten, Normen, Regeln und Beziehungen definiert werden, das sowohl ein normatives Referenz-Wertesystem für die Führungskraft, als auch für das Unternehmen ist.

Es wird folgendes festgestellt:

1. Das reale Wertesystem ist kein anhaltender Maßstab, sondern ein dynamisches System, das den Zustand der Vollkommenheit nie erreicht.
2. Selbst eine vollkommene und effektive Organisation erreicht nie die sich selbst gesetzten Ideale. Sie kann sich ihnen lediglich annähern.
3. Das reale System ist nicht mit dem System der Mitarbeiter identisch, die im Unternehmen beschäftigt sind. Auch ein schlechter Buchhalter kann eigene ideale Vorstellungen über die Transparenz seiner Buchungen haben, diese entsprechen jedoch nicht den Ansprüchen und den Idealen der Finanzkultur eines modernen Unternehmens.

Um die Grundwerte und Prinzipien einer idealen Unternehmenskultur zu erkennen, haben wir die wichtigsten Ansätze zu Führungsstilen und Unternehmenskultur als Unternehmenskodizes von großen multinationalen Unternehmen herangezogen sowie juristische und gerichtliche Dokumente, die diese Werte und Prinzipien beinhalten, zusammengefasst.

Es wurde eine Analyse durchgeführt, um die wesentlichen Aspekte der Entstehung einer Unternehmenskultur zu beschreiben. Dabei wurden Prinzipien der CauxRoundTable, OECD regulations on the transnational corporations, der UN Global Compact, Principles of the Interfaith Centre for Corporate Responsibility und die Global Initiative für account reporting, berücksichtigt (Zankovsky 2011; Schumacher 2014).

Die Analyse zeigte, dass unabhängig der offensichtlichen Unterschiede die meisten Dokumente den allgemein akzeptierten Führungsstandards und ethischen Normen, insbesondere den Normen der Arbeitsethik, entsprechen. Die ausgewählten Dokumente sind zum einen universell anerkannt für alle Unternehmen, unabhängig vom Geschäftsspezifika oder Marktsituation. Zum anderen decken sie eine breite Palette von unternehmerischen Aktivitäten ab, nicht nur ein einzelnes Problem, eine Funktion oder eine Gruppe.

Auf dieser Basis sind die Unternehmenskodizes der weltweit größten Unternehmen (gem. der Financial Times Liste) alle DAX-notierten Unternehmen sowie die größten Unternehmen in China, Indien und Russland untersucht worden.

Unabhängig von der Variation der Werte und Prinzipien, sind viele von diesen inhaltlich einander sehr ähnlich.

Hierfür wurden aus oben erwähnten Dokumenten die prinzipiellen Aspekte der kulturellen Entwicklung im Unternehmen hervorgehoben und 43 häufiger erwähnte Werte und Prinzipien abgeleitet, die nach ihrer Clusterung, Verallgemeinerung des Sinns und der Diskussion mit Experten eine Liste aus 25 Werten bildeten. Bestandteil dieser waren: Effektivität; Erfolg; Qualität; Wissen; Macht; Initiative; Gerechtigkeit; Ehrlichkeit; Aktives Positionieren; Respekt; Zuverlässigkeit; Loyalität; Verantwortlichkeit; Teamgeist; Kundenorientierung; Innovation; Leadership; Streben nach Vollkommenheit; Kreativität; Respekt vor Traditionen; Reputation; Gesetzesmäßigkeit; Partnerschaften mit Aktionären; Commitment und Professionalität. Die Werte wurden anhand der Analyse psychologischer Literatur und Managementstudien sowie anhand von Diskussionen mit Experten ermittelt und wurden operationell definiert. Der genannte Fragebogen sollte die Wichtigkeit von jedem Wert für die Entwicklung und das Funktionieren einer idealen Organisation betonen, damit ideale Ergebnisse erzielt werden können.[1]

Die folgende Werte sind aufgrund der Befragung als relevant eingestuft worden:

1. Vertrauen

> Die Zuversicht einer Person (Gruppe oder Organisation), dass Verhalten und Einstellungen zu anderen Personen (Gruppen oder Organisationen) seinen vernünftigen und positiven Erwartungen entsprechen, selbst in unerwarteten und widrigen Situationen (Kupreychenko 2008; Hosmer 1995).

Vertrauen ist das Maß für die Qualität der Beziehungen zwischen Menschen, zwischen Gruppen und zwischen Individuum und Organisation. In komplett vor-hersehbaren Situationen taucht die Vertrauensfrage nur selten auf: Menschen wissen genau, was sie von der Organisation erwarten und was von ihnen erwartet wird. Hohe Unsicherheit, Fusionen, Umstrukturierungen, veränderte Geschäftsmodelle und Globalisierung schaffen eine ungünstige Basis für die Entwicklung von Vertrauen. Vertrauen in den eigenen Leader ist dann besonders wichtig, wenn sich die Mitarbeiter mit komplexen Problemen konfrontiert sehen, ohne ausreichende Erfahrung, Kompetenz und Ressourcen zur Lösung aufweisen zu können. Indem sie dem Leader nicht vertrauen und Angst vor Kritik und Sanktionen seinerseits haben, verstecken sie oft die Probleme oder simulieren ihre Entscheidung, was später zu schweren Verlusten, Technologieverstößen und Unfällen führt. Nur effektive Führungskräfte können auch unter permanentem Wandel eine stabile Führungssituation schaffen. Wenn der Leader erfolgreich das Vertrauen seiner Mitarbeiter und Kollegen gewonnen und aufrechterhalten hat, wird sich unweigerlich eine effektive

---

[1]Der Fragebogen wurde in einer Stichprobe 226 Managern internationaler Unternehmen vorgelegt. Mithilfe einer Faktorenanalyse (Hauptkomponentenanalyse mit VARIMAX Rotation) konnten fünf Faktoren abgeleitet werden, die 74 % der Varianz erklären. Diese Faktoren wurden nach den Werten mit den größten Ladungen benannt.

Unternehmenskultur bilden. Die Fähigkeit, Vertrauen im Team zu erzeugen, hängt von der allgemeinen Sicht des Leaders auf den Menschen und deren Natur ab. Es ist unmöglich, Vertrauen aufzubauen, wenn der Leader davon überzeugt ist, dass die Menschen von Natur aus faul, abhängig, eitel, unehrlich und egoistisch sind. Umgekehrt wird der Glaube an die Anständigkeit der Menschen, das Vertrauen in ihre Fähigkeiten und Talente und der aufrichtige Wunsch, ihnen zu helfen, ihr Potenzial voll auszuschöpfen, unweigerlich dazu beitragen, dass der Leader Vertrauen von seinen Mitarbeitern und innerhalb der Organisation als Ganzes aufbauen kann. Um den Menschen zu vertrauen, muss der Leader sich selbst vertrauen, seiner eigenen Professionalität und Position im Leben. Man muss sich auch daran erinnern, dass Vertrauen von gegenseitigem Charakter ist: Wenn ein Leader seinen Mitarbeitern nicht vertraut, kann er im Gegenzug auch kein Vertrauen von den Mitarbeitern erwarten. Mehrere Aspekte, die es einem Leader ermöglichen, Vertrauen zu schaffen und zu erhalten, sollten erwähnt werden:

1. Der Leader sollte vorsichtig mit seinen Einstellungen zu Fehlern und Erfolg sein. Jeder macht Fehler und Leader sind keine Ausnahme. Sie haben jedoch mehr Möglichkeiten, ihre Fehler zu leugnen und zu verbergen, indem sie andere beschuldigen und damit ihr Vertrauen missbrauchen. Um diese Situation zu vermeiden, gilt es zwei Regeln zu befolgen: Die Fehler der Mitarbeiter sind immer auch die Fehler des Leaders, aber die Fehler des Leaders sind immer nur seine eigenen. Gleichzeitig ist der Erfolg der Mitarbeiter nur ihr Erfolg und der Leader sollte die Leistungen seiner Mitarbeiter nicht für sich verbuchen. Selbst wenn man über Erfolge spricht, die nur durch die persönlichen Bemühungen erreicht wurden, wird der effektive Leader immer den kollektiven Charakter des Erfolgs betonen.
2. Der Leader soll bedacht mit seiner Fähigkeit und seinem Wunsch zuzuhören, umgehen. Effektive Leader setzen Menschen nicht herab. Sie geben den Mitarbeitern keine Meinung vor, unterbrechen nicht während des Sprechens und erlauben, die eigenen Ideen auszudrücken und zu vermitteln. Der effektive Leader äußert Kritik konstruktiv.
3. Der Leader soll sein Wort halten, ehrlich und konsequent sein. Um Vertrauen zu erhalten und Vertrauen zu haben, ist es notwendig, Regeln und Prinzipien zu befolgen, die besonders unter widrigen Bedingungen gelten.
4. Das Vertrauen des Leaders darf nicht blind sein. Der Leader muss regelmäßig überprüfen, analysieren, hinterfragen und sicherstellen, dass sein Vertrauen nicht missbraucht wird.

Selbst in jenen Organisationen, in denen das Vertrauen sehr hoch ist, treten Meinungsverschiedenheiten, Unzufriedenheit und Konflikte häufig auf. Sie spielen aber keine große Rolle, solange innerhalb des Teams und der Organisation Vertrauen herrscht.

2. Fairness

> Die tatsächliche Gleichstellung aller vor dem Gesetz, sowie die Entsprechung der Position im Unternehmen, zwischen Rechten und Pflichten, zwischen Arbeit und Belohnung, zwischen menschlichen Verdiensten und Anerkennung, zwischen Fehlhandlung und Bestrafung. Das Nicht-Entsprechen dieser Verhältnisse wird als Ungerechtigkeit bezeichnet (Beugre 1998).

Die Forschung zeigt überzeugend, dass die Effektivität einer Organisation in hohem Maße davon abhängt, wie faire Managementmaßnahmen aus Sicht der Mitarbeiter aussehen. Je mehr sich die Mitarbeiter sicher sind, dass sie fair behandelt werden, desto höher ist ihre Motivation und Enthusiasmus, mit dem sie den Anweisungen und Vorschriften des Managements folgen. Fairness ist eng mit Mitarbeiterzufriedenheit, Engagement und Verantwortung der Mitarbeiter verbunden. Die Forscher unterscheiden häufig drei Arten von organisatorischer Fairness: distributive, prozedurale und interaktive. Bei der Verteilungsgerechtigkeit geht es darum, wie die Mitarbeiter das Verhältnis von Aufwand und Belohnung wahrnehmen. Indem sich der Mitarbeiter mit anderen Organisationsmitgliedern vergleicht, kann er die Situation als gerecht oder ungerecht empfinden. Andere Arten der Verteilungsgerechtigkeit können Gleichheit (geben Sie ein bisschen, aber für jeden) und Bedarf (geben Sie denjenigen mehr, die mehr brauchen) sein. Diese Arten hängen vom organisatorischen Kontext ab, verfolgen jedoch immer das gleiche Ziel, die Verteilung fair zu gestalten. Nach der Entdeckung des „fair process" -Effekts bei der Entscheidungsfindung hat die Aufmerksamkeit der Wissenschaftler prozedurale Gerechtigkeit auf sich gezogen. Der Kern besteht darin, dass je mehr Personen bei einer Diskussion und Vorbereitung einer Entscheidung beteiligt sind, desto mehr halten sie diese für fair, während sie der tatsächlichen Entscheidung nur wenig Aufmerksamkeit schenken. Organisatorische Prozesse als fair wahrzunehmen ist weitgehend auf die Einstellung des Mitarbeiters gegenüber seiner Arbeit und Organisation zurückzuführen. Wenn Menschen versuchen, von der Organisation einen persönlichen Vorteil zu erhalten oder eine angenehme Atmosphäre und freundschaftliche Beziehungen zu schätzen, werden alle organisatorischen Prozesse, die gegen diese Bedingungen verstoßen, als unfair betrachtet. Es wurden sechs Bedingungen identifiziert, die sicherstellen, dass organisatorische Prozesse als fair wahrgenommen werden:

1. Das Verfahren muss von allen Mitgliedern und in allen vorgesehenen Fällen durchgeführt werden;
2. Es dient den Interessen der Organisationsmitglieder selbst, nicht Dritten;
3. Es sammelt und verwendet genaue Informationen für die Entscheidungsfindung;
4. Ist mit einem Mechanismus zur Korrektur fehlerhafter Entscheidungen ausgestattet;
5. Entspricht persönlichen oder vorherrschenden moralischen und ethischen Standards;
6. Gewährleistet die Interessen verschiedener Gruppen, die durch das Verfahren betroffen sind.

Interaktive Fairness spiegelt die Relevanz der Qualität der Beziehungen wider, die die Ausführung der organisatorischen Abläufe begleiten. Neuere Studien haben gezeigt, dass interaktive Fairness zwei Komponenten hat: zwischenmenschliche und informelle Fairness.

Die erste spiegelt das Maß an Höflichkeit, Würde und Respekt seitens des Managements gegenüber den Mitarbeitern wider. Die zweite drückt sich vor allem in den Erklärungen des Managements aus, warum bestimmte Verfahren auf diese Art und Weise umgesetzt werden und welche Gründe für die Belohnung oder Sanktion von Mitarbeitern bestehen. Es ist wichtig zu beachten, dass Management und Mitarbeiter unterschiedliche Kriterien haben, um Fairness in der Organisation zu messen. Hier besteht also Handlungsbedarf, um diese Diskrepanz zu überwinden.

3. Ehrlichkeit

> Die Einstellung, verantwortungsvoll, angemessen und konkret die Wahrheit mitzuteilen und dabei auf Andeutungen und Unbeständigkeit zu verzichten. Auf Grundlage des Unternehmens äußert sich dies in Transparenz von Unternehmenszielen, Beziehungen und Prozessen (Radoilska 2008).

Ehrlichkeit ist Offenheit und Vermeidung von Täuschung in Beziehung mit anderen und sich selbst. Ehrlichkeit kann ein Persönlichkeitsmerkmal oder erlerntes Verhalten sein, wenn eine Person immer die Wahrheit sagt und versucht, unter keinen Umständen zu lügen. Es bedeutet die ständige Absicht, die eigenen Fehler zuzugeben, Rechtfertigung persönlicher Schwächen zu vermeiden und in jeder Situation aufrichtig zu sein. Ein ehrlicher Mensch hat innere Regulatoren, die seine Taten und Handlungen gemäß seiner Prinzipien und Werte kontrollieren. Es gibt zwei Arten von Ehrlichkeit: Ehrlichkeit anderen Menschen gegenüber und Ehrlichkeit gegenüber sich selbst. Auf den ersten Blick ist es eine leichte Aufgabe, sich selbst gegenüber vollkommen ehrlich zu sein. Sehr oft geraten Menschen jedoch durch ihre eigenen Ängste und Illusionen in Selbsttäuschung und können lange Zeit in dieser virtuellen Welt verharren. Die Falle der Selbsttäuschung ist besonders gefährlich für Manager. Da sie in der Organisation eine höhere Position innehaben als ihre Mitarbeiter, wird den Führungskräften häufig ein regelmäßiges und objektives Feedback über ihre Handlungen und Entscheidungen vorenthalten, wodurch sie ein eigenes, subjektives und oft übertriebenes Bild über sich selbst entwickeln. Mit der Zeit führt dies zu einer deutlichen Diskrepanz zwischen dem Selbstbild des Managers und seinem tatsächlichen Verhalten. Die Voraussetzungen für Ehrlichkeit sind:

- Überwindung von Selbsttäuschung
- Verlangen nach Ehrlichkeit zu sich selbst
- Abstinenz von Zügellosigkeit
- Erkennen eigener Fehler
- Verzicht auf den Wunsch, Ideen und Erfolge der Mitarbeiter sich selbst zuzuschreiben
- Eigene Handlungen nach dem gleichen Maßstab zu messen, wie Handlungen anderer.

Die Ehrlichkeit des Leaders mit anderen drückt sich vor allem darin aus, dass er sein Wort hält. Ein ehrlicher Mensch wird immer sein Versprechen halten, wird einen Partner in schwierigen Zeiten unterstützen, denn er ist genauso vertrauenswürdig, wie man selbst. Er hält sich an Fakten und würde lieber schweigen, als jemandem zu schmeicheln oder nur die halbe Wahrheit zu sagen. Ein ehrlicher Mensch unterstützt andere darin, die Wahrheit zu sagen und wird in jeder Situation dafür sorgen, dass Gerechtigkeit siegt. Im Alltag erfordert Ehrlichkeit Taktgefühl und sollte mehrere Anforderungen erfüllen. Daher beschneidet ein ungeschriebener Moralkodex die Ehrlichkeit in Fällen, in denen Informationen die Gefühle des Partners verletzen oder seiner Gesundheit schaden könnten. Ebenso bevorzugen Menschen, ihre persönlichen Probleme zu verbergen oder andere vor übermäßiger Angst zu bewahren. Daher ist es notwendig, zwischen Ehrlichkeit und übertriebener Geradlinigkeit oder sogar Grobheit zu unterscheiden. Ein ehrlicher Mensch ist immer korrekt, auch wenn er eine unangenehme Wahrheit ausspricht. Ein einfacher Mensch sagt alles, was er denkt, auch wenn seine Worte schlecht gewählt sind und seine Partner verletzen können. Wohlgesittete Menschen konzentrieren ihre Aufmerksamkeit in erster Linie auf die Ehrlichkeit und auf die Gefühle anderer Menschen. Auf Organisationsebene zeigt sich Ehrlichkeit in Transparenz und manifestiert sich im offenen und vollständigen Informationsfluss innerhalb der Organisation, der Verfügbarkeit und Vollständigkeit von Informationen über das Unternehmen, der Transparenz seiner Struktur und der Transparenz von Managementprozessen.

4. Commitment

> Die Identifikation eines Individuums mit seinem Unternehmen, die sich in bedingungsloser Akzeptanz der Unternehmensziele, dem Bestreben, Investition in die gemeinsame Tat zu bringen und dem Wunsch, unter allen Bedingungen im Unternehmen zu bleiben äußert (Ermolayeva 2008; Mowday et al. 1982).

Commitment der Mitarbeiter für ihre Organisation ist eine innere Einstellung, die ihre Erwartungen, Haltungen, Arbeitsverhalten und die eigene Wahrnehmung des Managements und der Organisation definiert. Commitment beinhaltet: Identifikation, Einbeziehung und Loyalität. Identifikation ist der Stolz für die Organisation und die volle Akzeptanz der organisatorischen Ziele. Die Identifikation hängt davon ab, inwieweit die Mitglieder der Organisation über den Stand der Dinge in der Organisation und die Aussichten für die Lösung wichtiger organisatorischer Herausforderungen informiert sind; wie sie den Zusammenhang ihrer Ziele und der Ziele der Organisation sehen; zu welchem Grad sie die Bewertung ihrer Arbeit durch das Management als fair betrachten. Das involvierte Personal ist bestrebt, einen persönlichen Beitrag zur Erreichung der organisatorischen Ziele zu leisten und arbeitet, wenn dies erforderlich ist, über die Tätigkeitsbeschreibung hinaus. Um Engagement zu erzeugen, sollte die Organisation ihr Bestes tun, um das professionelle Selbstwertgefühl der Mitarbeiter zu steigern, das Interesse an der Erzielung bedeutender Geschäftsergebnisse zu wecken und die Verantwortung für die Ergebnisse ihrer Arbeit zu erweitern. Loyalität ist eine emotionale Bindung an die Organisation, der Wunsch, unter allen Bedingungen Mitglied der Organisation zu bleiben. Organisatorische Loyalität bedeutet, dass die Mitarbeiter mit dem Inhalt ihrer Arbeit und persönlichen Entwicklung zufrieden sind, die Aufmerksamkeit und Sorgfalt seitens der Organisation spüren und zuversichtlich sind, dass langfristige Arbeit in der Organisation machbar ist. Im Organisationsalltag nimmt das Engagement spezifische Formen an und hat verschiedene Ursachen. So können sich Mitarbeiter nicht nur mit der gesamten Organisation identifizieren, sondern auch mit einzelnen Teilen des organisatorischen Lebens: formalen Regeln, Traditionen, Arbeitsergebnissen oder den Vorteilen, die die Organisation bieten kann.

Commitment kann von der vollständigen Identifikation mit der Organisation und einem aufrichtigen Wunsch, den maximalen Beitrag zum Erfolg beizutragen bis zur einfachen emotionalen Bindung an Menschen, Angst vor Unsicherheit oder der Angst, entlassen zu werden, reichen. Mitarbeiter erkennen häufig nicht die Diskrepanz zwischen ihrer tatsächlichen Haltung und dem echten, aufrichtigen Commitment, weshalb ein hoher Level an organisatorischem Commitment in Wirklichkeit schwach und oberflächlich ist.

5. Verantwortung

> Unternehmen und ihre Mitarbeiter tragen für ihre Taten die volle Verantwortung; sie sind engagiert, nicht nur an ihrem Profit orientiert, sie akzeptieren auch die festgelegten Regeln, befolgen bedingungslos alle Pflichten, respektieren die existierenden gesetzlichen, rechtlichen und administrativen Entscheidungen (Zhuravlev und Kupreychenko 2003; Turker 2009).

Verantwortung ist die Verpflichtung (an jemanden gegeben oder von jemandem erhalten), Handlungen auszuführen und zu kommunizieren und die Verantwortung für mögliche Konsequenzen zu übernehmen. Verantwortung steht in direktem Zusammenhang mit der Erfüllung von vertraglichen und anderen Verpflichtungen oder Versprechen, die den Verantwortlichen zur absoluten Leistung verpflichten. Verantwortung bezieht sich immer auf ein bestimmtes Thema und spiegelt die Grenzen seiner Verpflichtungen wider.

Ein Individuum, eine Gruppe oder eine Organisation als Ganzes können Teil der Verantwortung sein. Verantwortung kann politischer, rechtlicher, moralischer, professioneller, sozialer Art usw. sein. Das bewusste Verständnis der eigenen Verantwortung wird von einer Reihe von Faktoren bestimmt, darunter kognitive, motivationale, charakterliche, situative usw. Im Laufe des Lebens entwickeln Menschen interne Kontrollmechanismen, die es ihnen ermöglichen, verantwortungsbewusstes Verhalten ohne externe Regulierung zu betreiben. Menschen beginnen, für ihr Handeln in erster Linie für sich selbst verantwortlich zu sein und nicht für eine externe Autorität. Psychologische Voraussetzung für Verantwortung ist die Möglichkeit, für sich selbst zu entscheiden, also bewusst eine bestimmte Linie des Verhaltens zu wählen. Diese Wahl ist besonders schwierig in Konfliktsituationen, in denen die Interessen eines Individuums, einer Organisation oder einer Gesellschaft in Widerspruch zueinander stehen. Von besonderer Bedeutung für ein Individuum ist das Problem, die eigene Position zu wählen, das Problem des „sein oder nicht sein". „Sein" bedeutet für eine Person, ein Mensch zu sein, seine Position im Leben zu behaupten und die volle Verantwortung für das eigene Verhalten zu übernehmen. Menschen neigen dazu, Verantwortung entweder externen Kräften (Fall, Schicksal, etc.) oder ihren eigenen Fähigkeiten und Bestrebungen zuzuschreiben. Abhängig von einem dieser Ansätze werden bestimmte Strategien des menschlichen Verhaltens gebildet. Die Verantwortung eines Leaders zeigt sich in seiner Fähigkeit, vernünftige Entscheidungen in seiner beruflichen Tätigkeit zu treffen, in der Beharrlichkeit und Integrität bei der Umsetzung dieser Entscheidungen, und in der Bereitschaft, für die Ergebnisse und Konsequenzen verantwortlich zu zeichnen. Soziale Verantwortung des Leaders zeigt sich in seinem Bemühen, sich im Einklang mit den Interessen der Mitarbeiter und der Organisation als Ganzes zu verhalten, sich an anerkannte Standards zu halten und seine Aufgaben bestmöglich zu erfüllen. Auf organisatorischer Ebene beinhaltet soziale Verantwortung nicht nur die Umsetzung der wirtschaftlichen Interessen und Ziele der Organisation, sondern auch die Berücksichtigung der sozialen Auswirkungen ihrer Geschäftätigkeit auf Arbeitnehmer, Verbraucher, Partner, lokale Gemeinschaften sowie der positive Beitrag zur Lösung von grundsätzlichen gesellschaftlichen Problemen.

Die wichtige Rolle der hervorgehobenen Werte hat sich auch in zahlreichen Untersuchungen im Bereich der Organisationspsychologie und des Managements bestätigt. (Sheppard et al. 1992; Zhuravlev und Kupreychenko 2003; Kehne 2009; Turker 2009; Caldwell et al. 2010; Lane und Bachmann 1998; Schumacher 2014).

Diese Prinzipien können als Kern einer idealen Unternehmenskultur gelten, also als Benchmarks, die die Richtung der betrieblichen und der persönlichen Entwicklung anzeigen. Die Operationalisierung der aufgezählten Werte in Form eines Fragebogens ermöglicht eine Skalierung von maximal den idealen Werten angenähert bis maximal entfernt. Dies ermöglicht, die Position einer realen Unternehmenskultur oder eines individuellen Wertesystems in Bezug auf die Ausprägungen zu bestimmen.

In den letzten Jahren entwickelte sich in der Unternehmenspsychologie das Konzept des Person-Organization-Fits, das zunehmend als Grundlage für die Personalauswahl dient. Arbeitssuchende wählen bewusst, immer häufiger aber auch unbewusst Unternehmen aus, die ihren Vorstellungen von Gerechtigkeit, Ehrlichkeit, Macht, Leadership und ihren harmonischen Beziehungen entsprechen (Westermann und Cyr 2004).

Diese Übereinstimmung liegt selten auf einer oberflächlichen Verhaltensebene und weicht oft von tiefen Persönlichkeits,- Bewusstseins-, und Unterbewusstseinsstrukturen ab. Die Relevanz des Person-Organization-Fits wird durch die Beziehung zu hoher Fluktuation bestätigt (Westermann und Cyr 2004). Robbins und Judge weisen darauf hin, dass moderne Unternehmen in einer dynamischen, sich ständig ändernden Umgebung agieren, die von ihren Mitarbeitern Bereitschaft und die Fähigkeit, Aufgaben und Funktionen zu wechseln, erfordert, wobei in verschiedenen Teams gearbeitet wird. Eine solche Situation erfordert die Anpassung des Mitarbeiters an die Unternehmenskultur anstatt an eine enger festgelegte Funktion (Robbins und Judge 2009).

Der Person-Organisation-Fit wird als Übereinstimmung zwischen Mitarbeitern und der Organisation definiert und ist nur dann möglich, wenn beide gemeinsame Merkmale teilen und voneinander in gewisser Hinsicht abhängig sind (Kristof-Brown et al. 2005). Unter den wichtigsten fundamentalen Charakteristiken heben Forscher besonders individuelle Ziele und Werte hervor, die auf beiden Seiten „übereinstimmen" müssen (Van Vianen et al. 2007).

Unternehmerische Führung als eine Art Unternehmensmacht ist die Basis im betrieblichen Prozess. Ihre Entsprechung gegenüber dem Unternehmen macht sie zur Schlüsselbedingung für die betriebliche Effektivität. Dadurch ist die Übereinstimmung der Werte des Leaders mit den Werten des Unternehmens Schlüssel für die Effektivität des Unternehmens.

Um die Übereinstimmung der wesentlichen Grundwerte des Leaders mit der Kultur des Unternehmens zu messen, wurde eine kulturelle Werteskala definiert, die auf fünf Prinzipien einer idealen Unternehmenskultur basiert.[2]

Die erhaltenen Ergebnisse kann man sich als dreidimensionales Führungsmodell vorstellen (Abb. 2.5). Ein quasi dreidimensionales Modell kann als Verbindung zwischen zwei zweidimensionalen Modellen erscheinen, die sich in ihren kulturellen Werte-Inhalten unterscheiden. In einem Fall ist der Inhalt minimal und im anderen maximal ausgeprägt.

---

[2]Ausgehend von dieser Skala, die mit zwei traditionellen Verhaltensskalen („Leistungsorientierung" und „Menschenorientierung") abgestimmt ist, wurde ein S3-Fragebogen entwickelt, der es ermöglicht, Führung im dreidimensionalen Raum zu bewerten. Alpha Cronbach betrug $\acute{\alpha} = 0,87$. Eine Faktorenanalyse hat das theoretische Modell über drei Faktoren bestätigt, deren Inhalt dem theoretischen Inhalt entspricht. Die hergeleiteten Faktoren klären 77,8 % der Varianz auf. Die Korrelationsanalyse, die zwischen den Faktoren durchgeführt wurde, zeigte eine minimale Korrelation zwischen „Mitarbeiterorientierung" und „Ergebnisorientierung" ($r = 0,15$, $p > 0,05$), maximal zwischen „Mitarbeiterorientierung" und „Kultureller Werteorientierung" ($r = 0,47$, $p < 0,001$). Die Korrelation zwischen „kultureller Werteorientierung" und „Ergebnisorientierung" beträgt $r = 0,39$ ($p < 0,01$).

Diese Ergebnisse zeugen davon, dass traditionelle Faktoren des Führungsverhaltens offenbar unabhängig sind und die kulturelle Wertemessung ein verbindender, integrierender Faktor ist. Eine Korrelationsanalyse zwischen den abgeleiteten Faktoren und den integralen Anzeigern der Tätigkeiten der Unterabteilungen, die sich unter der Führung der Manager befinden, wies eine kennzeichnende positive Korrelation mit der kulturellen Wertemessung bei allen 3 Faktoren auf (Faktor III; $r = 0,517$; $p < 0,001$). Auf diese Weise wurde eine Kriteriumsvalidität aus jedem der abgeleiteten Faktoren erkannt, sowie ein Zusammenhang zwischen den Faktoren hergestellt, die nur zusammen zur effektiven Führung beitragen.

Die erhaltenen Daten zeigen in einer ausreichenden Weise eine dominierende Tendenz: die Rolle des kulturellen Wertefaktors und umgekehrt das Absinken der Indikatoren des Faktors Ergebnisorientierung. Die Ergebnisse der Clusterung ermöglichten es, 10 Managergruppen hervorzuheben, die sich in der Ausdrucksweise der drei untersuchten Faktoren unterscheiden. Das Clusterprinzip ermöglicht es uns, ausgehend von dem Maß der untersuchten Funktionen, die hervorgehobenen Gruppen als unabhängige Führungsstile zu betrachten.

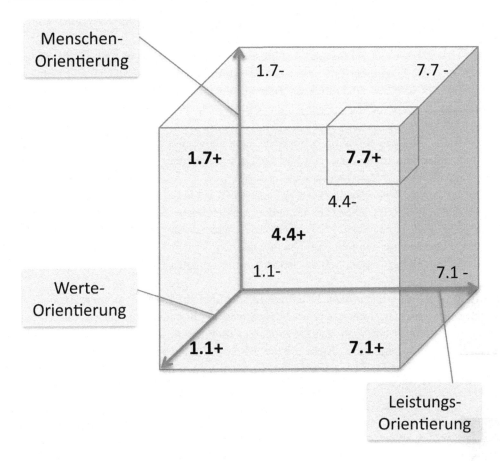

Abb. 2.5 Der dreidimensionale Verhaltenswürfel Synercube

2.6 Typologie des Leadership

Die Ausrichtungen auf Ergebnis und Menschen werden jeweils als Ziffern dargestellt, wobei Ziffer 1 die minimale Ausprägung und Ziffer 7 die maximale Ausprägung festlegt. Die Kultur-Werte Ausrichtung wurde durch „+" und „−" gekennzeichnet, wobei „minus" die minimale Ausprägung der Ausrichtung und „plus" die maximale bedeutet.

Im Folgenden beschreiben wir jeden der Leadership-Stile im dreidimensionalen Führungsmodell inhaltlich.

1. 1.1– *Der Aussitzer.* Eine niedrige Ausrichtung auf Ergebnisse und auf Menschen, Gleichgültigkeit und negatives Verhalten zu allem. Will keine Verantwortung für die Ergebnisse tragen, weicht den Organisationsproblemen und jeder Organisationstätigkeit aus. Wenn man ihn unter Druck setzt, verteidigt er sich aggressiv und

betont die Nutzlosigkeit und Erfolglosigkeit der Tätigkeit. Akzeptiert seine Rolle in der Organisation.

2. 1.1+ *Der Zweifler.* Eine niedrige Ausrichtung auf Ergebnisse und auf Menschen, Gleichgültigkeit aber Interesse unter der Maske der Gleichgültigkeit. Ein nicht realisiertes Streben, einen eigenen Beitrag zur gemeinsamen Arbeit zu leisten. Enttäuschung, da er den gewünschten Nutzen nicht bringen kann. Das Streben, den politischen Spielereien und Konflikten auszuweichen. Untertauchen in sich selbst. Ist in kritischen Situationen imstande, eine aktive und konstruktive Position einzunehmen und nach Auswegen aus der Krise zu suchen. Seine Rolle in der Gruppe gefällt ihm nicht, sie unterdrückt ihn.

3. 1.7– *Der Diener.* Niedrige Ausrichtung auf Ergebnisse, hohe Ausrichtung auf Menschen, gleichgültig der Arbeit und dem Unternehmen gegenüber, will allen gefallen und allen schmeicheln. Pflegt gute Beziehungen „koste es, was es wolle", stellt sich auf die anderen ein und ist ihnen zu Diensten. Weicht Konflikten aus, ist nicht aufrichtig. Hinter seinem Schmeicheln sind seine eigenen Ziele versteckt, er nimmt sie nicht immer wahr.

4. 1.7+ *Der Menschenfreund.* Niedrige Ausrichtung auf Ergebnisse, hohe Ausrichtung auf Menschen, Interesse am Unternehmen. Will eine Atmosphäre von Harmonie, Freundschaft und Enthusiasmus schaffen. Seine Fantasien dominieren über reale Pläne und Taten. Mehr Schein als Sein. Motiviert die Mitarbeiter durch die Betonung der positiven Aspekte der Arbeit.

5. 7.1– *Der Diktator.* Hohe Ausrichtung auf Ergebnis, niedrige Ausrichtung auf Menschen. Gleichgültiges, negatives Verhalten gegenüber den Menschen, die von ihm als Instrument zur Zielerreichung betrachtet und autoritär angegangen werden. Erwartet von den anderen Unterordnung und Verlässlichkeit. Übt Kontrolle und ständigen Druck auf die Mitarbeiter aus. Folgt den Regeln strikt und konsequent, da diese dem Ergebnis dienen.

6. 7.1+ *Der Paternalist.* Hohe Ausrichtung auf Ergebnisse, niedrige Ausrichtung auf Menschen, Interesse an der Arbeit und am Unternehmen nach eigenem Gutdünken. Ungleiches, teilweise ungerechtes Verhalten den Mitarbeitern gegenüber, die als unreife, noch nicht erwachsene Personen betrachtet werden, die betreut werden müssen. Duldet keine Einwände. Benimmt sich wie ein Ratgeber und Patron.

7. 4.4– *Der Bürokrat.* Mittlere Ausrichtung auf Ergebnisse, mittlere Ausrichtung auf Menschen, abwägendes Verhalten der Arbeit und dem Unternehmen gegenüber. Hat Angst vor Veränderungen. Ist mit dem Status quo zufrieden, besteht auf Meinungen und Methoden der Vergangenheit. Folgt den Regeln und Anweisungen strikt, da sie die stabile Tätigkeit des Unternehmens sicherstellen.

8. 4.4+ *Der Pragmatiker.* Mittlere Ausrichtung auf Ergebnisse, mittlere Ausrichtung auf Menschen. Interessiertes Verhalten gegenüber Arbeit und Unternehmen. Will eine stabile und sichere Atmosphäre schaffen. Respektiert die Traditionen und folgt ihnen, ist treu und tolerant, findet Mehrheiten und Kompromisse.

9. 7.7– *Der Opportunist.* Hohe Ausrichtung auf Ergebnisse, hohe Ausrichtung auf Menschen, opportunistisches Verhalten gegenüber Arbeit und Unternehmen. Hat die Fähigkeit, die Menschen so zu manipulieren, dass Ergebnisse erreicht werden, die ihm persönliche Vorteile bringen. Nicht aufrichtig. Werte werden nur deklariert. Manipulatives Verhalten.

10. 7.7+ *Die Leitfigur.* Hohe Ausrichtung auf Ergebnisse, Menschen und auf die Arbeit und die Organisation. Wunsch, eine Atmosphäre der Zugehörigkeit und Beteiligung zu schaffen. Anerkennen des Stellenwertes jedes Mitarbeiters. Streben nach höchsten Standards der Tätigkeit, Suche nach optimalen Entscheidungen, die durch alle unterstützt werden. Streben nach Entwicklung und Vervollkommnung der Traditionen und Werte des Unternehmens.

2.7   Allgemeingültigkeit der Synercube-Stile

Die Synercube-Stile äußern sich im menschlichen Verhalten, sowohl in einer kurzfristigen, als auch in einer langfristigen Perspektive. Unabhängig von der aktuellen Situation, tendiert eine Führungskraft dazu, auf Konflikte zu reagieren und ihre kommunikativen Fähigkeiten entsprechend ihres Führungsstils einzusetzen. Dabei kooperiert die Führungskraft mit Top-Managern, Linienführungskräften oder Mitarbeitern und verhält sich entsprechend ihrer persönlichen Werte. Werte sind grundlegende Orientierungspunkte für Verhalten in verschiedenen beruflichen Situationen. Deshalb können sie als Indikatoren für Führungsstile verwendet werden.

Die Veränderung eines Führungsstils erfordert keine einzelne Intervention, sondern wird durch eine Vielzahl von Lernmaßnahmen, die die Entwicklung fördern, hervorgerufen. Die größte Herausforderung besteht darin, die persönlichen Wertvorstellungen zu verändern. Eine Person, die sich z. B. an den Werten Ehrlichkeit und Offenheit orientiert, empfindet es möglicherweise als herausfordernd, die eigene Meinung zurückzuhalten und sich zu einem Thema nicht zu äußern. Einer Person, die sich im Entscheidungsprozess auf Fakten und klare Analysen beruft, fällt es schwer, kurzfristige oder unvorbereitete Entscheidungen zu treffen. Eine Person, die nicht offen für Kritik ist, empfindet eingebrachte Verbesserungsvorschläge und Kommentare als störend.

Die persönlichen Werte beeinflussen das Verhalten und sind dabei für die Führungskraft meistens nicht klar erkennbar. Grundlegende Verhaltensänderungen erfolgen also nur, wenn die betroffene Person, die ihrem Verhalten zugrunde liegenden Werte und Einstellungen bewusst reflektiert. Z. B. handelt eine Person mit hoher Ergebnis- und Werteorientierung bei gleichzeitig geringer Menschenorientierung situationsunabhängig. Sobald sie Verhaltensfeedback erhält und ihr Verhalten reflektiert, ist sie fähig ihr Verhalten im Ganzen zu verändern.

Die Verhaltensaspekte eines Führungsstils können sehr beständig sein und einen Verhaltensstil klar definieren. Sie sind mithilfe spezieller Schulungen veränderbar. Jedoch muss man kontinuierlich am persönlichen Verhalten arbeiten und darf dies nicht auf punktuelle Schulungen reduzieren.

Der dominante Synercube-Stil ist der Führungsstil, der eine Person am charakteristischsten beschreibt. Er beschreibt das Verhalten in der Interaktion mit anderen, das bereits in den ersten Minuten der Zusammenarbeit klar erkennbar ist. Der dominante Synercube-Führungsstil einer Person ist der Stil, der am schnellsten und häufigsten erkennbar ist und sich nicht situativ verändert.

Der alternative Synercube-Stil wird dann erkennbar, wenn der dominante Synercube-Stil zeitweise nicht einzusetzen ist, oder Ziele auf diesem Weg nicht erreicht werden können. D. h. auf den Alternativstil greift die Führungskraft zurück, wenn sie unter Druck steht, oder Konflikte nicht in gewohnter Form gelöst werden können. Der Alternativstil kann aber auch ein Indiz dafür sein, dass die aktuelle Situation für die Führungskraft nicht relevant ist und sie sich daher zurückzieht. Auch Stress, Überbelastung, Zeitdefizit und betriebliche Ausnahmezustände können zum alternativen Verhalten führen. Außerdem können persönliche Probleme oder Umstände bestimmte Veränderungen in unserem Verhalten hervorrufen, führen aber in der Regel nicht zu wesentlichen Persönlichkeitsveränderungen. Ist die schwierige Situation bewältigt, kehrt eine Person unmittelbar zum dominanten Verhaltensstil zurück.

Eine stark menschenorientierte Person, die kommuniziert, indem sie auf andere eingeht, schreit plötzlich einen Kollegen an. Diese Veränderung ruft bei beiden betroffenen Personen einen Schock hervor. Durch eine Entschuldigung für den emotionalen Ausbruch folgt dann in der Regel die Rückkehr zum dominanten Führungsstil. Der dominante Stil bleibt also unverändert, er wurde nur für kurze Zeit unterbrochen.

Jede Kombination von dominantem und alternativem Stil von schwach bis stark ausgeprägt ist möglich. Einige Menschen zeigen besonders konstant den dominanten Stil und weichen nur selten auf den alternativen Stil aus. Eine Person mit einem stabilen dominanten Stil ist in ihrem Verhalten unabhängig und konsistent. Das kann z. B. in einem Konflikt deutlich werden. Bleibt eine Führungskraft ihrem Verhalten nicht treu und wechselt in den alternativen Stil, wird das Verhalten als instabil wahrgenommen.

2.8 Das Synercube-Modell als effektive Grundlage für die Funktion eines Unternehmens

Die Synercube-Theorie der Führung bietet sich an, um einen ersten Schritt auf dem Weg zu einer effektiven Entwicklung der eigenen Persönlichkeit zu gehen und die Veränderungen zu erreichen, die zu Synergie im gesamten Unternehmen führen. Dieses Konzept ermöglicht es, Beziehungsqualitäten auf individueller, gruppenbezogener und auf betrieblicher Ebene mithilfe der zehn Führungsstile zu betrachten. Jeder Stil stellt ein prägnantes, charakteristisches Führungsverhalten dar, das dem Menschen täglich während Diskussionen, Besprechungen, Telefonaten und Interaktionen mit anderen Menschen begegnet.

Das Synercube-Modell gilt für ein Unternehmen insofern als universell, als dass es Kritik immer in dem Bestreben einsetzt, Verhalten zu verbessern und dafür jeden Aspekt der Zusammenarbeit auf Basis gemeinsam definierter Normen und Standards analysiert. Im Fokus steht immer die Frage „Was ist richtig?" Veränderungen führen selten zum Erfolg, wenn klare Ziele fehlen und die aktuelle Situation nicht objektiv beschrieben wird.

Diese Aspekte führen dazu, dass der richtige Weg beibehalten wird und die geplanten Ergebnisse erzielt werden. Ein Koordinatensystem gibt einer Person die Gelegenheit, die Qualität der derzeitigen Zusammenarbeit zu bestimmen und ein Ziel zu setzen, welche Qualität sie künftig erreichen möchte.

Die Synercube-Führungsstile geben Orientierung zur Definition persönlicher Standards der Selbstverwirklichung. Kaum jemand bestreitet die Notwendigkeit der Selbstverwirklichung und die Entwicklung effektiver Beziehung, allerdings sind Bemühungen in diese Richtung oftmals vage und allgemein gehalten. Persönliche oder gemeinsame Verbesserung ist so kaum möglich. Zur effektiven und nachhaltigen Verbesserung müssen Personen und Teams den Begriff der Effektivität in Zusammenhang mit ihrer Tätigkeit klar definieren. Das Synercube-Konzept lenkt die Aufmerksamkeit auf spezifische Verhaltensstile. Dabei kann es sich z. B. um das Zeigen von Initiative, eine effektive Tätigkeit oder um das Verteidigen der eigenen Überzeugungen handeln. Synercube ermöglicht das Hinzuziehen von den Ressourcen, die auf die Umsetzung von Veränderungen am meisten Einfluss haben, d. h. mit dem Verhalten der betroffenen Person konfrontiert werden.

Sobald ein allgemeines Verständnis darüber erzielt wurde, was effektiv und was nicht effektiv ist, kann das Synercube-Modell als effektives Erkenntnistool für Verhaltensänderung genutzt werden. Ein Beispiel: Sobald sich Teammitglieder geeinigt haben, was eine „richtige" Initiative ist, kann eine „falsche" Äußerung von Initiative definiert werden. Es ist einfacher für Menschen, fremdes Verhalten zu kommentieren, wenn sie sich einigen können, welches Verhalten sie als effektiv erachten. Ein allgemeines Verständnis von Effektivität eröffnet die Möglichkeit zu sagen: „Ich weiß, dass Sie viel Erfahrung im Marketing haben, in der heutigen Sitzung haben Sie aber kaum etwas beigetragen. Können Sie mir erklären, warum nicht?" Wenn man so handelt, ohne vorher den Effektivitätsbegriff zu bestimmen, wird sich Ihr Gegenüber verteidigen, oder sich persönlich angegriffen fühlen. Dieser Kommentar wird hingegen nicht als persönlicher Angriff wahrgenommen, wenn im Vorfeld gemeinsam Standards definiert werden, in welcher Form sich jeder an Sitzungen beteiligen soll. Dann kann man diesen Standard ansprechen und fragen, warum sich jemand nicht daran gehalten hat, bzw. in diesem Fall so zurückhaltend war. Die Antwort könnte dann z. B. lauten: „Es ist richtig, was Sie sagen. Ich habe mich heute zurückgehalten, weil ich mich nicht genug vorbereiten konnte." Im Anschluss kann diese Antwort diskutiert werden.

Das Synercube-Konzept schafft eine Grundlage für die Verwirklichung von Veränderungen, da es Personen, Teams und dem Unternehmen eine Methode anbietet, effektives und ineffektives Verhalten zu definieren. Viele Menschen und Teams beginnen ohne

Prüfung und Diskussion der Effektivität und geplanten Vorgehensweise. Sie folgen einfach einem natürlichen Impuls.

Menschen handeln, indem sie tun, was ihnen vertraut ist. Das ist für sie einfacher, als eine Strategie zu erarbeiten, Standards für Spitzenleistung festzulegen und Ergebniskriterien aufzustellen. Wurden diese notwenigen Schritte ausgelassen, denken Menschen, dass sich Probleme von selbst lösen werden. Es wird angenommen, dass jeder effektiv sei. Diese Herangehensweise ist mit der Situation gleichzusetzen, in der einer Gruppe von Menschen, die sich in einem fensterlosen Raum aufhalten, angeboten wird, mit der Hand dorthin zu deuten, wo Norden ist. Selbstverständlich zeigen alle in verschiedene Richtungen, davon überzeugt, Recht zu haben. Gleiches geschieht, wenn eine Gruppe von Personen an einem Projekt arbeitet, ohne vorher eine Strategie zu bestimmen. Das kann nur zu Missverständnissen, falschen Annahmen und Konflikten führen.

Das Synercube-Konzept dient als Wegweiser zur Erreichung gegenseitigen Verständnisses, bei dem Mitarbeiter effektives Verhalten noch vor Beginn eines Projekts besprechen. Mit der Erreichung gegenseitigen Verständnisses steigt die Verbundenheit der Mitarbeiter und das Team arbeitet zielorientiert, strategisch, bespricht Standards und stellt Effektivitäts- und Ergebniskriterien auf. Dabei wird theoretisches Wissen für die Bestimmung dieser Standards genutzt. Die Synercube-Strategie über persönliche Veränderungen ermöglicht Unternehmen, bevorstehende Veränderungen auf den richtigen Weg zu bringen und so Erfolge zu erzielen.

Die Wirksamkeit der dargestellten Theorie kann infrage gestellt werden, sie kann auch als Grundlage für Diskussionen und Besprechungen hinzugezogen werden. Wenn die Theorie als „Anstoß" dient, kann ein Team verschiedene Hypothesen und Kriterien eigener Veränderungen besprechen, indem es sich auf individuelle Werte und Einstellungen beruft. Durch gegenseitiges Verständnis und Verdeutlichung von Kriterien, können Mitarbeiter, die nach Veränderung streben, diese erzielen, da ihre Meinung berücksichtigt und respektiert wird und sie in den Prozess der Entscheidungsfindung involviert sind. Sie handeln ehrlich und offen, da ihre Zweifel und Befürchtungen beseitigt wurden und eigene Ideen eingebracht werden konnten. Wurde eine solche offene Besprechung hingegen nicht durchgeführt, führen Veränderungen zu Missverständnissen und Distanziertheit, die mit der Zeit verstärkt werden.

Die Synercube Theorie stellt eine Rechtfertigung für individuelle Veränderungen und individuelle Entwicklung dar. Das Synercube-Konzept hilft Menschen zu verstehen, wie eigene Ängste Veränderungsversuche blockieren, die zu Konflikten, Hindernissen und politischen Spielen führen und warum Ergebnisse nicht wie geplant erreicht werden. Je früher jemand Methoden kennenlernt, die Einsicht über ineffektives Verhalten vermitteln und dazu verhelfen, es zu überwinden, desto größer ist der Beitrag zur Erreichung von Synergie im Team. So gewinnt ein Team die Freiheit, kreative Entscheidungen zu suchen, individuelle Möglichkeiten zu erweitern und vernünftige Risiken auf sich zu nehmen, um schließlich erfolgreich zu sein.

Literatur

Bücher

Bass B (1960) Leadership, psychology and organizational behavior. Harper, New York

Bennis W, Nanus B (1985) Führungskräfte: die vier Schlüsselstrategien erfolgreichen Führens. Campus, Frankfurt

Beugre C (1998) Managing fairness in organizations. Quorum Books, Westport

Blake R, Mouton J (1964) The managerial grid. Gulf, Houston

Creusen U, Bock R, Thiele C (2013) Führung ist dreidimensional. In: Crisand E, Raab G, Crisand N (Hrsg) Arbeitshefte Führungspsychologie, Bd. 69. Windmühle, Hamburg

Durkheim E (1924) Sociologie et Philosophie. Alcan, Paris

Durkheim E (1950) Leçons de sociologie. Presses universitaires de France, Paris

Ermolayeva EP (2008) Psychology of social realization in occupation. IPRAS Publishing House, Moskau (Russische Version)

Fiedler F (1967) A theory of leadership effectiveness. McGraw-Hill, New York

Filley A, House R, Kerr S (1976) Managerial process and organizational behavior, 2. Aufl. Scott, Foresman, Glenview

Hersey P, Blanchard K (1993) Management of organizational behavior utilizing human resources, 8. Aufl. Prentice Hall, New Jersey

Katz D, Kahn R (1966) The social psychology of organizations. Wiley, New York

Kehne T (2009) Lässt sich Verantwortung normen? Überlegungen zu Rolle und Funktion von Standards im Themenfeld Corporate Social Responsibility. In: Aßländer M, Senge K (Hrsg) Corporate Social Responsibility im Einzelhandel. Metropolis, Marburg, S 209–236

Kupreychenko A (2008) Psychology of trust and distrust. IPRAS Publishing House, Moskau (Russische Version)

Lane C, Bachmann R (Hrsg) (1998) Trust within and between organizations. Oxford University Press, New York

Lawler E (1992) The ultimate advantage: create the high involvement organization. Joss Bass, San Francisco

Likert R (1961) New patterns of management. McGraw-Hill, New York

Locke E (1991) The essence of management. Lexington Books, New York

Mayo E (1933) The human problems of an industrial civilization. Macmillan, New York

Misumi J (1985) The behavioural science of leadership: an interdisciplinary Japanese research program. University of Michigan Press, Ann Arbor

Mowday R, Porter L, Steers R (1982) Employee-organization linkages: the psychology of commitment, absenteeism, and turnover. Academic, New York

Parygin B (1973) Management and leadership. LGPU, St. Petersburg

Reddin W (1970) Managerial effectiveness. McGraw-Hill, New York

Robbins S, Judge T (2009) Organizational behavior. Pearson Prentice Hall, Upper Saddle River

Roethlisberger F, Dickson W (1939) Management and the worker. Harvard University Press, Cambridge

Sheppard B, Lewicki R, Minton J (1992) Organizational justice: the search for fairness in the workplace. Lexington Books, New York

Steiner I (1972) Group process and productivity. Academic Press, New York

Stogdill R (1974) Handbook of leadership: a survey of theory and research. Free Press, New York

Yukl G (1994) Leadership in organizations. Prentice Hall, New Jersey

Zankovsky A (2011) Psychology of leadership: from behavioral model to value/cultural paradigm. IPRAS Publishing House, Moskau

Zhuravlev A, Kupreychenko A (2003) Ethics in psychological regulation of business activity. IPRAS Publishing House, Moskau (Russische Version)

Zeitschriftenartikel

Bass B (1990) From transactional to transformational leadership: learning to share the vision. Organ Dyn 18(3):19–31

Caldwell C, Hayes L, Long DT (2010) Leadership, trustworthiness, and ethical stewardship. J Bus Ethics 96:497–512

Conger J (1990) The dark side of leadership. Organ Dyn 19(2):44–55

Fleischman E, Harris E (1962) Patterns of leadership behavior related to employee grievances and turnover. Pers Psychol 15(2):43–56

Hersey P, Blanchard K (1982) Leadership style: attitudes and behaviors. Train Dev J 36:50–52

Hosmer LT (1995) Trust: the connecting link between organizational theory and philosophical ethics. Acad Manage Rev 20:379–403

Ingham A, Levinger G, Graves J, Peckman V (1974) The Ringelmann effect: studies of group size and group performance. J Exp Soc Psychol 10:371–384

Kravitz D, Martin B (1986) Ringelmann rediscovered: the original article. J Pers Soc Psychol 50(5):936–941

Kristof-Brown A, Zimmermann R, Johnson E (2005) Consequences of individuals' fit at work: a meta-analysis of person-job, person-organization, person-group and person-supervisor fit. J Pers Psychol 58:281–342

Larson L, Hunt J, Osborn R (1976) The great Hi-Hi leader behavior myth: a lesson from Occam's razor. Acad Manage J 19(4):628–641

Lewin K, Lippitt R (1938) An experimental approach to the study of autocracy and democracy: a preliminary note. Sociometry 1:292–380

Misumi J, Shirakashi S (1966) An experimental study of the effects of supervisory behavior on productivity and moral in a hierarchical organization. Hum Relat 19:297–301

Nystrom P (1978) Managers and the Hi-Hi leader myth. Acad Manage J 21(2):325–331

Radoilska L (2008) Truthfulness and business. J Bus Ethics 79:21–28

Tannenbaum R, Schmidt W (1973) How to choose a leadership pattern. Harv Bus Rev 51(5–6): 162–180

Turker D (2009) How corporate social responsibility influences organizational commitment. J Bus Ethics 89:189–204

Van Vianen A, De Pater I, Van Dijk F (2007) Work value fit and turnover intention: some source or different source fit. J Manage Psychol 22(2):188–202

Vroom V (1973) A new look at managerial decision making. Organ Dyn 1(4):66–80

Vroom V, Jago A (1978) On the validity of the Vroom-Yetten model. J Apl Psychol 63:151–162

Westermann J, Cyr L (2004) An integrative analysis of person-organization fit theories. Int J Sel Assess 12(3):252–261

Yammarino F, Bass B (1990) Transformational leadership and multiple levels of analysis. Hum Relat 43:975–995

Master Thesis

Schumacher S (2014) Leadership dimensions: an empirical integration. Master Thesis, Universität Osnabrück

sonstige Literatur

Misumi J (1972) An empirical study of political leadership. Bulletin of the Institute for Industry and Labour. Kyushu University, S 57 (Japanische Ausgabe)

Synercube-Kultur und Elemente der Zusammenarbeit

3.1 Bildung einer neuen Unternehmenskultur

Die Effektivität der betrieblichen Tätigkeit ist ein entscheidender Faktor für das Überleben jeder Organisation. Genau aus diesem Grund befinden sich Indikatoren für Effektivität immer im Zentrum der Aufmerksamkeit in den Top-Etagen und bilden sich als wesentliche Kriterien für die Erfolgsbewertung eines Managers. Die Überprüfung der Effektivität im Unternehmen wird auch durch die Politik ausgeübt, durch Vorgabe und Kontrolle von steuerlichen, sozialen und ähnlichen Verpflichtungen einer Organisation.

Diese Bewertungen sind formalisiert und werden nach genauen, standardisierten Schemata ausgeführt, wobei allgemein anerkannte und objektive Kriterien angewendet werden. So existieren beispielsweise internationale und nationale Standards der Buchhaltung sowie der finanziellen Berichterstattung. Diese Standards sowie Kapitalflüsse, Vermögenswerte und Einkommen muss eine Organisation bei der Bilanzierung berücksichtigen. Das Gleiche gilt auch für Ressourcen: Eine Organisation muss ausführliche Informationen über ihre Gebäude, ihre Ausstattung, ihre Grundstücke, ihre Materialien usw. liefern können. Standards für menschliche Ressourcen berücksichtigen das Bildungsniveau, den Professionalismus, die Erfahrung und die Motivation der Mitarbeiter.

Die Kriterien der genannten Bewertungen haben einen formalen, objektiven Charakter und sind allgemein verständlich und anerkannt. Selbst bei möglichen Divergenzen in unwesentlichen Details hat das Verständnis dieser Kriterien für alle Länder und Organisationen universellen Charakter. Hierdurch entsteht ein allgemeines Verständnis darüber, was hohe oder niedrige Effektivität bedeutet, ob die Information richtig oder falsch vermittelt wird, welches professionelle Niveau und welche Motivation Mitarbeiter haben.

© Springer-Verlag GmbH Deutschland, ein Teil von Springer Nature 2019
A. Zankovsky und C. von der Heiden, *Leadership mit Synercube*,
https://doi.org/10.1007/978-3-662-58373-9_3

Es ist allerdings nicht schwer festzustellen, dass all diese Bewertungen und Standards auf die Parameter Ressourcen und Resultate (R und O) zurückgeführt werden können. Die Bewertung der Tätigkeit nach dem Kriterium der I-Zone ist eine ganz andere Angelegenheit. Die Mitarbeiter einer Organisation, die oberste Führungsetage eingeschlossen, verfügen nicht über einheitliche Standards hinsichtlich einer „richtigen" oder „falschen" Form der Zusammenarbeit. Sie greifen hierbei auf subjektive Vorlieben, persönliche Erfahrungen, Meinungen, Vorstellungen, Gewohnheiten und Stereotype zurück.

Solche Vorstellungen und Vorlieben sind äußerst unterschiedlich und individuell und selbst bei Menschen, die sich seit langem kennen und einander nahe stehen, selten identisch. Demnach herrscht im Management die Überzeugung vor, dass ein Mitarbeiter, der für bestimmte Funktionen engagiert wird, produktiv mit anderen Mitarbeitern kooperiert. Es scheint, als müsste man hier nichts mehr besprechen. Jedoch ist eine spontane und gute Kooperation eher die Ausnahme als die Regel, sodass die I-Zone einer Organisation eher ein Problembereich als ein Feld effektiven Handelns ist.

Der Notwendigkeit, an der Verbesserung der Verhaltenseigenschaften zu arbeiten, wird zu wenig Aufmerksamkeit geschenkt. Die Verschiedenheit der Werte, der sozialen Bedingungen und Interessen, die Mitarbeiter einer Organisation mitbringen und mit denen sie arbeiten, spielen eine wichtige Rolle. Menschen sind ihrer Organisation, ihrer Arbeit, ihren Kollegen und sich selbst gegenüber verschieden gestimmt. Sie interessieren sich für verschiedene Dinge, sie stufen die Wichtigkeit dieser oder jener Momente des betrieblichen Lebens unterschiedlich ein. Trotz äußerer Unauffälligkeit können diese Unterschiede kolossal sein und die effektive Zusammenarbeit blockieren. Genau aus diesem Grund ist die wichtigste Aufgabe einer Führungskraft, einen allgemeinen wertebehafteten Raum zu schaffen, den die Mitarbeiter teilen.

Es gibt drei Methoden, mit deren Hilfe eine Führungskraft auf die Werte anderer Personen einwirken kann:

1. Moralisierung
   Etwas wird als gut, als anders oder als schlecht bewertet. Dabei wird jede Autorität genutzt, auf die man sich berufen kann, um seinen Worten Gewicht zu verleihen.
2. Vorleben
   Die Führungskraft versucht, im Einklang mit ihren Überzeugungen zu handeln, und hofft dabei, dass die Personen im Umfeld aus ihrer Erfahrung lernen und sie als Beispiel wählen.
3. Unterstützung bei der Klärung der Werte
   Die Führungskraft hilft den Gruppen- oder Organisationsmitgliedern in der Auswahl jener Werte, die eher den Organisationszielen entsprechen und lenkt bei Bedarf die Aufmerksamkeit auf ihre Wichtigkeit, Nützlichkeit und Angemessenheit für konkrete betriebliche Situationen.

Hilfe bei der Klärung der Werte gibt Mitarbeitern die Möglichkeit, ihre eigenen Wertepositionen zu verstehen und sich bewusst zu werden, dass ihre grundsätzlichen individuellen Werte denen der Unternehmenskultur nahekommen. Die so geklärten Werte werden nicht selten zu persönlichen, von Menschen bevorzugten Werten, die einen weiterführenden, stabilen Charakter tragen.

Eine Führungskraft muss ihre Werte für sich selbst klären, bevor sie sich der Veränderung der Werte ihrer Mitarbeiter annimmt. Der Prozess, seine eigenen Werte kennenzulernen, schließt die Untersuchung und Neubewertung der bestehenden Werte ein. Es wird eine Position herausgearbeitet, die früher nicht im Zentrum der aktiven Aufmerksamkeit der Person lag. Zeitweise fällt es nicht leicht, solche Aufgaben zu realisieren, da Werteurteile auf individuelle Emotionen, Gefühle, Wünsche und Interessen wirken. Die Selbstanalyse von gehüteten und nicht immer erkennbaren Sichtweisen, die das menschliche Verhalten bestimmen, ist sehr anstrengend. Dennoch ist die Klärung eigener Werte eine der wichtigsten Ressourcen zur Steigerung der Führungseffektivität.

Das systematische Verständnis von Werten stellt eine Möglichkeit der Selbsterkenntnis dar. Arbeitskollegen können einem Mitarbeiter helfen, seine Werte zu finden, wobei die finale Auswahl eigenständig getroffen wird. Folgende fünf Stufen sind Bestandteil der wertebedingten Selbstanalyse:

1. Die Entscheidung, ehrlich zu sein.
   Man kann bei sich selbst Entscheidungen erkämpfen, indem man einmal die bewusste Entscheidung trifft, ehrlich zu sich selbst zu sein. Nimmt man diese Verantwortung nicht auf sich, ist es unmöglich, wirkliche Veränderungen herbeizuführen.
2. Die Formulierung und offene Diskussion von Ansichten.
   Es ist nur dann möglich, Werte herauszufinden, wenn man sie offen bespricht. Nur artikulierte Ansichten und Positionen können bewertet und einer Analyse unterzogen werden.
3. Die Analyse von Wertealternativen.
   Es ist wichtig, alle möglichen Wertealternativen, die einem Verhalten zugrunde liegen können, herauszufinden und zu analysieren und sie zu den Werten einer idealen Unternehmenskultur ins Verhältnis zu setzen.
4. Die Suche nach Widersprüchen und die Überwindung eines Wertekonflikts.
   Eine weitergehende Werteanalyse ermöglicht es, Widersprüche zu erkennen, die als Grundlage für neue Gedankenwege, Bewertungen und Verhaltensformen dienen.
5. Die Gegenüberstellung mit einer praktischen Anwendung.
   Die Gegenüberstellung des realen Verhaltens einer Person mit den von ihr deklarierten Werten beinhaltet oft wesentliche Diskrepanzen. Dies kann entweder auf einen noch nicht überwundenen Wertekonflikt oder auf eine unzureichende Realisierung von Basiswerten hinweisen. In jedem Fall bedeutet Verhalten, das nicht mit den verkündeten Werten übereinstimmt, zusätzliche Anstrengung.

Das Erkennen der eigenen Werte hilft einem Manager, Verantwortung für sein Verhalten zu übernehmen. Demnach kommen Handlungen, die nicht mit den Wertmaßstäben eines Menschen übereinstimmen, relativ häufig vor. Eine wesentliche Informationsquelle sind für die Führungskraft an dieser Stelle die Kollegen und Mitarbeiter, die ihr Verhalten in verschiedenen betrieblichen Situationen aufmerksam beobachten. Wertewandel findet nur dann statt, wenn die bisherigen Werte für eine bestimmte Situation als vollkommen unangemessen und misslungen gesehen werden. Hält der Manager seine Werteposition nicht versteckt, kann er wertvolles Feedback über die Angemessenheit seiner Werte bekommen.

3.2 Teamkultur und Elemente der Zusammenarbeit

Viele Manager sehen eine Notwendigkeit für Wandel und fokussieren sich in der Folge darauf, „was man genau ändern muss". Ihre Bemühungen sind in der Regel auf einen strategischen Wandel, Produktwandel und Prozesswandel ausgerichtet. Allerdings verblasst nicht selten selbst die beste Strategie, wenn die Organisationskultur ihre Umsetzung nicht zulässt. Damit sich überhaupt etwas verändert, ist es notwendig, die Kultur und ihre Werte zu verändern.

Die Theorie von Synercube zielt auf das „Wie verändern?" und nicht auf das „Was verändern?" ab. Synercube ermöglicht einen konkreten Weg zur Schaffung einer gemeinsamen Vertrauens-, Respekts-, und Ehrlichkeitskultur, die das kreative Potenzial einer Organisation weckt und die Organisation agiler macht. Diese neue Kultur ermöglicht es einer Organisation, ihr Potenzial in vollem Maße zu entfalten und auf hohem Niveau zu agieren.

Synercube bietet eine Methode zur Bewertung der Zusammenarbeit innerhalb des Unternehmens, die ebenso genau und objektiv erfolgt, wie die Beurteilung von Ressourcen und Ergebnissen. Die Methode beinhaltet:

1. das Herausbilden eines Koordinatensystems, in dem die wesentlichen Achsen die Kultur- und Werteorientierung, die Ergebnisorientierung und die Menschenorientierung sind.
2. die Bestimmung von Merkmalen „richtigen" und „nicht richtigen" Verhaltens, mithilfe deutlich trennbarer kulturell-werteorientierter und verhaltensorientierter Kriterien.
3. den Erwerb von Fertigkeiten, Verhalten in objektiven Aussagen zu beschreiben und, was noch wichtiger ist, konstruktive Maßnahmen zur effektiveren Teamarbeit einzuführen, ohne auf Mittel wie „Angriff" und „Verteidigung" zurückzugreifen.

Das Synercube-Konzept setzt die Theorie in die Praxis um, indem es die Zusammenarbeit zwischen Mitarbeitern in der Organisation über einfache und deutliche Kriterien des effektiven und weniger effektiven Verhaltens am Arbeitsplatz definiert. Die Synercube-Stile helfen Menschen, Verhalten und dessen Auswirkungen in der Organisation genau zu verstehen und ein Fundament für objektives Handeln aus der Perspektive „was ist richtig?" und nicht „wer hat Recht?" zu schaffen. Wurde der richtige Standard für effektives Verhalten bestimmt, kann man einen Vergleich zwischen dem tatsächlich gezeigten und dem vernünftigen Verhalten schaffen. Offenbart sich ein Unterschied zwischen tatsächlichem und vernünftigem Verhalten, entsteht ein „motivierendes Spannungsfeld". Mithilfe des Synercube-Konzeptes beginnen Menschen zu begreifen, was genau geändert werden muss, um ein effektiveres Verhalten zu erreichen.

Die Entstehung von motivierender Spannung ist ein erster Schritt auf dem Weg zur Veränderung. Da die meisten Menschen grundsätzlich nach Veränderung und Vollkommenheit streben, ist manchmal das bloße Vorhandensein von Motivation ausreichend, damit sie sich zum Besseren verändern. Wenn dann noch das individuelle Streben nach Verbesserung von der Gruppe unterstützt wird, münden die individuellen Bemühungen im Team in eine kollektive Anstrengung, die gemeinsame Tätigkeit zu optimieren.

So entsteht Motivation. Man erhält einen Kompass für Verhaltensstandards und kann auf die Unterstützung anderer Menschen bauen, die bereit sind, auf unangemessenes Verhalten hinzuweisen, sobald dieses erkannt wird.

Fünf Elemente der Zusammenarbeit von Menschen im Prozess der gemeinsamen Zielerreichung in einer Organisation lassen sich nach der Synercube-Theorie benennen. Sie äußern sich nicht notwendigerweise in jedem Moment der Handlung oder in Wechselseitigkeit. Einige von ihnen äußern sich häufiger als andere. Im Prozess kommen aber alle vor.

Versuchen Sie auf folgende Fragen zu antworten, um Ihre eigenes Verhalten im Kontext der Zusammenarbeit in der I-Zone zu verstehen:

1. Konflikte lösen

   Was machen Sie, wenn Ihre Interessen eingeschränkt oder ignoriert werden?

   Wie häufig begegnen Sie Konfliktsituationen, deren Ursachen Sie nicht verstehen?

   Wie reagieren Sie, wenn Sie andere im Unrecht sehen oder mit ihnen unzufrieden sind?

   Halten Sie es für notwendig, einem anderen Menschen sein Unrecht zu beweisen, wenn er nicht mit Ihnen einverstanden ist?

   Ziehen Sie es vor, sich zurückzunehmen, um einen wachsenden Konflikt zu vermeiden?

   Versuchen Sie, mit fremden Personen Mitleid zu haben oder eine angenehme Atmosphäre zu bewahren?

   Suchen Sie eine Entscheidung nach dem Prinzip „Was richtig ist" oder „Wer Recht hat"?

2. Informationen austauschen

   Wie tauschen Sie Informationen aus?

   Ist es für Sie einfach, Kontakte mit neuen Menschen in einer Organisation zu knüpfen?

   Was tun Sie, um eine gemeinsame Strategie zur Zusammenarbeit zu entwickeln?

   Haben Sie Kommunikationsschwierigkeiten mit Führungskräften oder Mitarbeitern?

   Wenn Sie von irgendwem Informationen erhalten müssen, wie erhalten Sie sie?

   Fühlen Sie sich dabei unwohl oder von anderen abhängig?

Bevorzugen Sie es, von anderen nur „reine" Informationen ohne Kommentare und Bewertungen zu bekommen, oder halten Sie es für notwendig, sich die Meinungen anderer anzuhören, auch wenn sich dabei Probleme herausstellen?

Wenn Sie andere bitten, Ihnen Informationen zu geben, tun Sie dann so, als ob Sie alles schon wissen und sich einfach überzeugen wollen oder geben Sie ehrlich zu, etwas nicht zu wissen, ohne dabei Angst zu haben, uninformiert zu erscheinen?

3. Position beziehen

Womit beginnen Sie eine anstehende Tätigkeit oder die Lösung einer Aufgabe?

Wie schließen Sie andere Menschen in Ihre Handlung mit ein?

Erwarten Sie, sobald Sie mit etwas begonnen haben, dass andere Ihnen folgen?

Wie offen, sicher und schnell teilen Sie anderen Ihre Meinung mit?

Wollen Sie Alternativen besprechen?

Hängt Ihre Meinung vom Status der Menschen ab, die an der Besprechung teilnehmen?

Zwingen Sie anderen Ihre Meinung auf, ohne Rücksicht auf deren Meinung zu nehmen?

4. Entscheidungen treffen

Wie interagieren Sie mit anderen Menschen, wenn es darum geht, eine Entscheidung zu treffen?

Versuchen Sie, Entscheidungen „durchzudrücken", die Sie für richtig erachten, oder bevorzugen Sie, dass andere die Initiative ergreifen?

Wollen Sie bei Ihren Entscheidungen der Mehrheit gerecht werden oder zählen für Sie die besseren Argumente?

Suchen Sie nach Lösungen, die von allen wohlwollend aufgenommen werden, oder nach solchen, die am effektivsten sind, um Spitzenleistung zu erreichen?

5. Kritik üben

Regen Sie andere zur Kritik an oder fordern Sie Kritik ein?

Kritisieren Sie häufiger andere, ohne dabei auch Feedback von ihnen empfangen zu wollen?

Versuchen Sie, nur Positives zu äußern?

Wie reagieren Sie auf Misserfolge und Fehler? Ist Ihre erste Reaktion Scham und der Versuch sich zu rechtfertigen?

Können Sie Verantwortung für ein Problem, das wegen eines Fehlers von Ihnen entstanden ist, übernehmen und können sie daraus etwas lernen?

Vermeiden Sie Handlungen, wenn dabei weitere Fehler entstehen könnten?

3.3   Konfliktlösung als Grundlage erfolgreicher Interaktion

Das Gegenteil von Konflikt ist nicht Frieden und Harmonie, sondern Apathie. In einer Konfliktsituation können sich Meinungsverschiedenheiten zwischen Menschen in jeglicher Frage in unterschiedlicher Intensität äußern; von einer „beiläufigen"

Bemerkung bis hin zu einem offenen Streit mit Zeichen von Gereiztheit bis zum Zorn. Die Anzeichen eines Konflikts sind gleich, unabhängig vom Thema. Ein Konflikt kann die Tätigkeit einer Abteilung unmittelbar blockieren.

Menschen können sich in Konfliktfällen in der Regel nicht korrekt verhalten, weshalb sie versuchen, Konflikte zu unterdrücken, zu glätten, einen Kompromiss zu finden, einen Vorteil daraus zu ziehen, oder zu verkünden, dass ein Konflikt Illoyalität gegenüber der Organisation ist. Solch eine Herangehensweise kann jedoch nur kurzfristig effektiv sein. Sie funktioniert selten, um ein Problem wirklich zu lösen, da es bis zum nächsten Mal unterschwellig vorhanden bleibt.

Menschen versuchen in der Regel Konflikte zu umgehen, statt sie als Energiequelle zu sehen. Aufeinandertreffen von unterschiedlichen Meinungen ist für die Unternehmensentwicklung und für den Change-Prozess überlebensnotwendig, da verschiedene Blickwinkel eine kreative eigene Sichtweise und die Erreichung von Synergie möglich machen. Ein Konflikt kann Menschen zu neuen Errungenschaften inspirieren, ihr Commitment bei einer Tätigkeit steigern und die vorhandenen Ressourcen effektiver nutzen. Ein Konflikt beleuchtet den Kern eines Problems und regt die Menschen an, verschiedene Sichtweisen kennenzulernen, damit neue Ideen und neue Lernmöglichkeiten entstehen können.

Untersuchungen zeigen, dass 80 % der Konflikte unabhängig davon entstehen, ob sie beabsichtigt waren und dass die Mehrheit der Menschen das Vorhandensein eines Konfliktes entweder gar nicht erkennt oder ihm keine Bedeutung beimisst.

Die Hauptfunktion eines Konflikts ist die Äußerung von Problemen und Widersprüchen in der Lebensweise eines Menschen, einer Gruppe oder einer Organisation und ebenso eine Einigung darüber, wie mit diesen Widersprüchen weiter umgegangen werden soll. Ein Konflikt setzt sich aus folgenden Hauptelementen zusammen:

1. Konfliktursache (informativ)
   Dies ist ein Ereignis, das einer Interessensseite helfen könnte, den Unterschied zwischen ihren Interessen und Werten und denen der anderen Personen, mit denen man in Beziehung steht zu unterscheiden;
2. Konfliktursache (handlungsorientiert)
   Ein Grund zur Ankündigung konfrontativer Handlungen in Bezug auf unterschiedliche Interessen und Werteorientierungen;
3. Konfliktsituation
   Die Entwicklung eines Konflikts während einer konkreten Zeitspanne;
4. Konfliktbeteiligte
   Teilnehmer der konfliktbehafteten Beziehung; dies kann ein einzelner Mitarbeiter, eine Gruppe, eine Unterabteilung oder eine ganze Organisation sein;
5. Konfliktgegenstand
   Konkrete Interessen und Werteorientierungen, aufgrund derer die konfliktbehaftete Beziehung (und letztlich der Konflikt selbst) entsteht;

6. Konfliktbeziehung
Form und Inhalt der Beziehung zwischen den Beteiligten und ihre Handlungen zur
Lösung des Konflikts.

Die Hauptrolle bei der Entstehung von Konflikten spielen „Konfliktogene" – Begriffe,
Handlungen (oder Nicht-Handlungen), die zur Entstehung und Entwicklung eines Konflikts beitragen.

Die Rolle der Konfliktogene kann man damit erklären, dass wir auf die Kritik anderer sehr empfindlich reagieren. Diese Empfindlichkeit entsteht aus dem Bestreben, uns
und unsere Würde vor Eingriffen zu schützen. Wir sind aber nicht so vorsichtig, wenn
es um die Würde anderer geht, achten dann weniger auf unsere Worte und Handlungen
und nehmen so, nicht selten ohne uns dessen bewusst zu sein, konfliktogene Angriffe auf
andere vor.

Allerdings führt ein einzelnes Konfliktogen in der Regel nicht zum Konflikt. Es muss
eine „Kette von Konfliktogenen" auftauchen, die zur Konflikteskalation führt: Wir versuchen auf ein an uns gerichtetes Konfliktogen mit einem noch stärkeren Konfliktogen
zu reagieren. Jemand, an den ein solches Konfliktogen gerichtet ist, möchte seinen
psychologischen Verlust kompensieren und verspürt deswegen den Wunsch, auf Verletzung mit Verletzung zu reagieren. Dabei darf die Antwort nicht schwächer ausfallen
und so wird diese zur Sicherheit „mit Reserve" gemacht. Es ist schwer, der Versuchung
zu widerstehen, den Angreifer zu „belehren", damit er sich künftig Derartiges nicht mehr
leistet. Im Ergebnis wächst die Kraft der Konfliktogene stark an.

Es kristallisieren sich drei Haupttypen von Konfliktogenen heraus:

• Streben nach Überlegenheit
• Ausdruck von Aggression
• Ausdruck von Egoismus

Wie lassen sich Konfliktogene im kommunikativen Prozess mit anderen vermeiden?

1. Es ist zu bedenken, dass unsere allgemein unbedachte Art, Dinge zu äußern, durch
   Eskalation von Konfliktogenen zum Konflikt führen kann.
2. Es ist notwendig, dem Gegenüber seine Empathie mitzuteilen (prognostizieren, wie
   die eigenen Worte und Handlungen wahrgenommen werden).
3. Es ist notwendig, immer zuerst die Antwort auf die Frage „Was ist richtig?" zu suchen
   und nicht auf die Frage „Wer hat Schuld?"

In der Entwicklung eines Konflikts zeigen sich verschiedene Phasen:

1. Vorkonfliktphase
   Es gibt Interessensunterschiede, die die Konfliktparteien aber nicht erkennen.

2. Beginn des Konflikts

Die Erkenntnis einer Konfliktpartei, dass sich ihre Interessen von denen der anderen Parteien unterscheiden. Das geht oft einher mit einseitigen Schritten, die eigenen Interessen abzusichern. Spannungen sind hier typisch.

3. Ereignis

Ein Auslöser oder eine Handlung steht für den Beginn der konfrontativen Handlung.

4. Krise

Die Krise beschreibt jenen Konflikt, bei dem es keine Übergänge von Phase zu Phase gibt (beispielsweise langes Verweilen in einer Phase, destruktive Sturheit, Stagnation oder sogar Rückkehr zur Vorphase).

5. Erfolgreiche Überwindung des Konflikts

Handlungen für eine krisenfreie Entwicklung der konfliktgeladenen Interaktion.

Die Lösung von Konflikten ist eine Handlung, die die Entwicklung der konfliktträchtigen Situation fördert, d. h. den Übergang zur nächsten Phase der Konfliktentwicklung einleitet. Die optimale Art, auf eine Konfliktsituation zu reagieren, ist nicht der Kampf um den Konflikt, sondern die konstruktive Entwicklung von Konfliktbeziehungen.

Zur erfolgreichen Lösung eines Konflikts ist es notwendig, eine Analyse seiner Parameter durchzuführen:

1. die wirklichen Teilnehmer bestimmen;
2. ihre Charaktereigenschaften erkunden;
3. ihre Beziehungen in der Vorkonfliktphase erkennen;
4. die Hauptunterschiede der Interessen erkennen, die zum Konflikt geführt haben;
5. die Absichten der Teilnehmer und die Methoden zur Überwindung des Konflikts erkennen, die für die Beteiligten akzeptabel sind;
6. alle denkbaren Wege zur Überwindung des Konflikts herausfinden.

M. H. Mescon et al. (1985) stellen die wesentlichen Ursachen von betrieblichen Konflikten heraus:

- Probleme in der Ressourcenverteilung einer Organisation (ungerechte Verteilung);
- Unterschiede in den Zielen (je stärker die Spezialisierung innerhalb einer Organisation, desto mehr Missverständnisse entstehen, da jede strukturelle Unterabteilung ihre eigenen Ziele und Interessen hat);
- Unterschiedliche Wertvorstellungen (beispielsweise über das Recht, seine Meinung in Anwesenheit des Vorgesetzten auszudrücken);
- Unterschiede im Verhalten und in der Lebenserfahrung (durch unterschiedliche Erziehung);
- Unbefriedigende Kommunikation (führt oft zum Unverständnis zwischen kooperierenden Parteien).

Nicht selten wird eine Konfliktsituation durch Fehlhandlungen verschlimmert. Zu den typischen Fehlern bei der Reaktion auf einen Konflikt gehören:

- Verspätetes Ergreifen von Maßnahmen bei der Regulierung;
- Versuch, einen Konflikt ohne Klärung seiner wirklichen Ursachen zu lösen;
- Bloße Anwendung von Macht oder Sanktionsmaßnahmen zur Regulierung oder umgekehrt, nur die Anwendung diplomatischer Klärungsgespräche;
- Anwendung von standardisierten Methoden zur Regulierung des Konflikts ohne Berücksichtigung seiner Art und Besonderheiten;

R. Kilmann und K. Thomas (1977) haben wesentliche Verhaltensstile im Konflikt unterschieden, die eine Verhaltensdiagnostik des Menschen in einer Konfliktsituation ermöglichen:

- Konfrontation: Das Streben, seine Interessen auf Grundlage seiner eigenen Aktivität und seiner individuellen Handlungen zu befriedigen, obwohl dies zum Nachteil für die Interessen der anderen Partei werden kann;
- Anpassung: Aufgabe seiner eigenen Interessen zugunsten der Interessen des Gegenübers auf Grundlage eigener Passivität und geringer Befriedigung eigener Interessen;
- Abweichung/Vermeidung: Leugnen von Widersprüchen und Drang, einen Konflikt um jeden Preis zu vermeiden, auch wenn dies persönliche und betriebliche Kosten verursacht;
- Konkurrenz: Zusammenarbeit im Wettbewerb, der durch fehlende gemeinsame Regeln auf Nachteile für die andere Partei abzielt;
- Kompromiss: Methode des gegenseitigen Gebens und Nehmens;
- Kooperation: Maßnahmen, die die Interessen beider Seiten vollständig befriedigen.

Abgesehen von Kooperation (entspricht Synercbue Stil 7.7+) implizieren alle Verhaltensstile, dass eine Seite gewinnt und die andere verliert. Die Berücksichtigung folgender Bedingungen ermöglicht einen Übergang vom Gewinn um jeden Preis hin zur Kooperation, die zu einer „Win/Win"-Situation führen kann:

1. Übereinkunft auf der Grundlage klarer gemeinsamer Ziele.
2. Dialog zur Erreichung von Transparenz, die nach dem Prinzip „Was ist richtig?" existiert.
3. Andauernde Erkenntnis negativer Folgen, die das Prinzip „Gewinnen um jeden Preis" begleiten.
4. Hohe Standards und eindeutige, gemeinsam entwickelte Kriterien zur Lösung des Konflikts.
5. Involvieren „Externer" zur Lösung von Problemen, mit dem Ziel Commitment und Synergie zu erzeugen.

6. Bestimmen eines idealen Modells zur Zusammenarbeit sowohl innerhalb einer Gruppe, als auch zwischen Gruppen.
7. Vergleich des idealen Modells zur Zusammenarbeit mit der Realität und Etablierung von Strategien zur Überwindung der Differenzen.

Der Synercube-Ansatz enthält keine Empfehlungen zur Vorbeugung von Konflikten in Organisationen. Dies wäre auch nicht sinnvoll. Synercube bietet Methoden zur Lenkung von Konflikten und zu ihrer Lösung mit dem Fokus darauf, welche die richtige Entscheidung ist (entgegen dem Prinzip „Wer Recht hat"). Konflikte sind eine unvermeidbare Komponente der Zusammenarbeit, doch sollten verschiedene Standpunkte die Kommunikation und Zielerreichung nicht behindern. Ein Konflikt ähnelt einem Eisberg. Nur seine Spitze ist über der Wasseroberfläche sichtbar, während ein Großteil unter Wasser liegt. Viele Teams befinden sich in dem Irrglauben, dass es keine Konflikte gibt, wenn sich niemand streitet oder ärgert. Es gibt die Tendenz, Kritik oder Problemsituationen gegenüber gleichgültig zu sein, was mit der Angst vor den Konflikten oder dem Streit zusammenhängt, der daraus folgen kann. Wenn Führungskräfte Konflikte vermeiden, schaffen sie bei den Mitarbeitern eine Mischung aus Distanziertheit, Enttäuschung und Gleichgültigkeit.

Wird ein Konflikt in einer offenen und zielgerichteten, lösungsorientierten Atmosphäre gelöst, werden die Ergebnisse besser sein, als wenn sie aus der Vormachtstellung einer Autorität heraus, durch Unterdrückung oder Vermeidung gelöst würden. Die Fähigkeit, Ergebnisse auf Basis einer effektiven Konfliktlösung zu erzielen, führt am besten zum Synergieeffekt und ist der Schlüssel zu einer erfolgreichen Führung.

Synercube ermöglicht die maximale Nutzung von Konflikten für die finale Erreichung von Handlungszielen. Ferner ermöglicht Synercube die Annäherung an den Kern des Problems und die Analyse verschiedener Meinungen. In effektiv organisierten betrieblichen Beziehungen erkennen und nutzen Menschen ihre Fähigkeiten zur Lösung von Konflikten, um gegenseitiges Verständnis zu erreichen und die Verbundenheit mit Organisationszielen zu festigen. Dies bedeutet, dass ein Konflikt gelenkt werden kann und seine Lösung konstruktiv ist.

Bei richtiger Zusammenarbeit lösen Konflikte bei Menschen gewisse Befürchtungen und Unruhe aus, die jetzt aber keine Angst mehr machen, da die Vorteile der richtigen Lösungsmethode deutlich geworden sind. Befürchtungen verschwinden vor dem Hintergrund der Sicherheit und der Unterstützung durch die anderen Beteiligten, wenn es in der Vergangenheit bereits positive Erfahrungen mit solchen Konfliktlösungen gab. Jede Organisation oder Abteilung, die eine Krisensituation erfolgreich überwunden hat, verspürt einen Zufluss an Energie und Kreativität, der nur dann entsteht, wenn Probleme und Konfliktsituationen kenntlich gemacht, analysiert und erfolgreich gelöst wurden.

3.4   Informationen austauschen

Betriebliche Kommunikation ist ein schwieriger, vielschichtiger Prozess zur Bildung und Entwicklung von zwischenmenschlichen Kontakten. Er entsteht durch die betrieblichen Bedürfnisse und schließt den Austausch von Informationen, die Ausarbeitung einer Strategie der Zusammenarbeit, die Wahrnehmung und das Verständnis eines anderen Menschen ein.

Wir verbringen einen wesentlichen Teil unseres Lebens mit verschiedenen Kommunikationsformen: wir schreiben, lesen, reden, hören, sehen, weshalb es nicht übertrieben ist zu sagen, dass Kommunikation eine Quelle für Erfolg sein kann, genauso aber auch der Grund für viele Schwierigkeiten im Leben. Ein Manager verbringt 90 % seiner Zeit mit Kommunikation. Es ist deswegen kein Zufall, dass betriebliche Kommunikation eines der größten Probleme in Organisationen darstellt und ihr Nicht-Funktionieren das Haupthindernis auf dem Weg zur Erreichung von Resultaten ist. Jede Gruppe oder Organisation kann nur mit Kommunikation existieren, die die Weitergabe von Informationen, den Austausch von Ideen und die Koordination von Bemühungen ermöglicht. Die Reduzierung der Kommunikation auf elektronische Kurznachrichten ist Teil des Problems.

Kommunikation im betrieblichen Kontext schließt die gesamte Vielfalt der Interaktion zwischen Mitarbeitern ein. Sie ist unabdingbar für Planung, Entscheidungsfindung, Koordination, Kontrolle, Verwirklichung effektiver Führung, Überwindung von Konflikten, Lernen und andere Führungsfunktionen. Daher ist der Erwerb von Kommunikationskompetenz eine der wichtigsten Bedingungen effektiver Führung.

Leider stehen einer effektiven Führung zahlreiche Hindernisse im Wege, die nicht nur technischen, sondern auch psychologischen Charakter haben. Diese Barrieren können dadurch entstehen, dass es ein mangelndes Verständnis über die kommunikative Situation gibt, das nicht nur durch eine andere „Sprache" hervorgerufen wird, die die Teilnehmer des kommunikativen Prozesses sprechen, sondern auch durch größere Unterschiede zwischen den Partnern. Gibt es interkulturelles Personal in einer Organisation, können dies soziale, politische, religiöse und professionelle Unterschiede sein, die nicht nur eine unterschiedliche Interpretation identischer Begriffe im Kommunikationsprozess bedeuten, sondern auch ein anderes Weltverständnis.

Der Kommunikationsprozess findet auch bei Vorhandensein dieser Hindernisse statt. Allerdings können solche Barrieren auf eine dramatische Art und Weise die Effektivität der Gruppen- und Organisationstätigkeit im Ganzen senken.

Kommunikative Barrieren können infolge von individuellen, psychologischen Besonderheiten der Interaktionspartner entstehen (beispielsweise Verschlossenheit, übertriebene Schüchternheit oder Geheimniskrämerei bei einem der Partner) oder infolge einer Beziehung, die von Abneigung oder Misstrauen geprägt ist. Die Hindernisse können dazu führen, dass absolut adäquate und nützliche Information nicht angenommen oder missverstanden werden.

Selbst wenn ein Adressat eine Botschaft adäquat empfängt, die erhaltene Information aber seinen Vorstellungen und Werten widerspricht, kann das die Bedeutung verzerren. Bietet zum Beispiel ein Mitarbeiter einem Kollegen eine effektivere Problemlösungsmethode an, so kann dieser das als Hinweis auf seine Inkompetenz verstehen und diese wichtige Information ignorieren, statt sie zu verwenden.

Ebenso kann der emotionale Zustand der Dialogteilnehmer auf die Effektivität der Kommunikation einwirken. Eine Person die depressiv oder verärgert ist, ist kaum fähig aufmerksam zuzuhören oder den Ratschlag anderer anzunehmen.

Die Interpretation und Annahme einer Botschaft hängt vielfach davon ab, wie ein Adressat die Ziele der Kommunikationsquelle interpretiert. Wenn der Adressat der Informationsquelle positiv zugewandt ist und sich mit ihr identifiziert, wird die Botschaft eher angenommen. Eine Botschaft aus dem Munde eines Fremden oder eines Feindes wird fast immer abgelehnt.

Eine fundamentale Regel der zwischenmenschlichen Kommunikation lautet: Der Sinn einer Botschaft, der vom Empfänger dechiffriert wird, wird nie genau dem entsprechen, was der Sender in diese Botschaft gelegt hat. So wurde in einer Untersuchung eine erhebliche Diskrepanz zwischen dem, was Ärzte meinten, wenn sie mit Patienten sprachen, und dem, was letztere hörten, festgestellt. Die Worte des Arztes „Es wird Ihnen kaum weh tun" wurden von fast einem Viertel der Befragten als „Es wird Ihnen sehr weh tun" verstanden.

Um zu erfahren, wie Sie verstanden wurden, ist es notwendig, in den Dialog zu treten und eine Feedback-Verbindung zwischen Sprecher und Zuhörer herzustellen. Der Zuhörer hört nicht nur genau zu, sondern teilt dem Sprecher auch mit, wie er ihn verstanden hat. Der Sprecher bewertet dieses Verständnis und korrigiert und ergänzt bei Bedarf seine Aussage, um ein genaueres Verständnis beim Zuhörer zu erreichen.

Die Rolle des Sprechers ist aktiver: Er zielt darauf ab, dem Adressaten Information zu übergeben und fordert ihn dazu auf, Zuhörer zu sein. Der Sprecher bestimmt das Gesprächsthema und seinen Inhalt. Wenn der Sprecher aktiv ist und die Botschaft deutlich formuliert, ist es für den Empfänger ausreichend, aufmerksam zu sein und gelegentlich zu überprüfen, ob er den Sinn der Botschaft korrekt empfangen hat.

Wenn der Empfänger Informationen erhalten will, während der potenzielle Sender keine Initiative zeigt, undeutlich spricht oder nicht darüber redet, was den Empfänger interessiert, kann es die Aufgabe des Empfängers sein, bestimmte Fragen zu stellen. Eine Frage ist faktisch immer motivierend und anregend. Auf diese Art und Weise versucht der Fragende auf den Verlauf oder Inhalt des Gesprächs einzuwirken und die Position des Führenden einzunehmen.

Schlecht formulierte Fragen unterdrücken allerdings häufig die Initiative des Gesprächspartners, besonders wenn man sie mit einem schlichten „Ja" oder „Nein" beantworten kann.

Ist es notwendig eine Frage zu stellen, so sollte festgelegt werden, wie sie gestellt werden sollte und worüber. Alle Fragen kann man in geschlossene und offene Fragen gliedern. Geschlossene Fragen beinhalten eine einfache, einsilbige Antwort: „Ja",

„Nein", „Aha", „Fünfzehn", „Ich will nicht", usw. Die Verwendung solcher Fragen während eines Gesprächs kann beim Zuhörer Gefühle von Druck, Kontrolle oder Überprüfung hervorrufen und den Aufbau einer Vertrauensbeziehung stören. Fragen, die eine eindeutige Antwort erfordern, werden „direkte" Fragen genannt: „Wie viel?" und „Was genau?"

Für die Entstehung von gegenseitigem Verständnis und Vertrauen sollte man geschlossene Fragen nicht zu häufig einsetzen. Davon abgesehen sind geschlossene Fragen auch lenkende Fragen. Der Fragesteller lenkt faktisch das Thema des Gesprächs, da er sich in einer direktiven Position befindet. Im Ergebnis verliert das Gespräch seinen Dialogcharakter.

Offene Fragen erwarten keine fertigen Erwiderungen. Es wird angenommen, dass die Antwort auf eine solche Frage unvorhersehbar sein kann. Wenn die Aufgabe es verlangt, das Gegenüber möglichst genau zu verstehen, sollten die Fragen offen bleiben. Offene Fragen können folgender Art sein:

1. Erweiternde Fragen (die Bitte, die Antwort zu erweitern): „Wollen Sie ausführlicher darüber berichten?" „Wollen Sie etwas zum Gesagten hinzufügen?"
2. Konkretisierende Fragen: „Sie sagten, dass es Ihnen seit einiger Zeit schwer fällt, sich zu konzentrieren. Ist bei Ihnen etwas passiert?"
3. Konfrontative Fragen: „Ich bin nicht sicher, ob ich Sie richtig verstanden habe. Sie sagten, dass Sie diese Arbeit nicht ausführen wollen und jetzt sagen Sie, dass Sie sauer sind, weil man sie Ihnen nicht angeboten hat. Können Sie diesen Widerspruch auflösen?"
4. Klärende Fragen: Deren Besonderheit liegt darin, dass sie dem Zuhörenden nicht nur helfen zu begreifen, worüber das Gegenüber spricht, sondern dass auch das Gegenüber den Sinn seiner Äußerungen besser versteht.

Die richtige Fragestellung kann, besser als jede andere Handlung, den Ton für einen effektiven Dialog angeben. Die Form, in der die Fragen gestellt werden, kann beim Gegenüber Enthusiasmus und Ehrlichkeit auslösen, genauso aber auch eine Rechtfertigung und Widerstand. Gruppen, die nach der Devise „Was ist richtig?" handeln, verwenden in der Regel Fragen und Antworten, um Informationen zu erhalten. Für sie gibt es keine Tabuthemen. Alles in der Welt ist veränderlich, weswegen man ständig nachfragen und neue Informationen einfordern sollte.

Ein effektiver Weg, um Informationen zu suchen und zu erhalten, basierend auf dem Prinzip „Was ist richtig?", wird wie folgt charakterisiert:

- Es ergibt sich eine Chance, die möglichen Folgen einer Handlung zu prognostizieren, was zu einem neuen Problemverständnis führt;
- Menschen haben die Möglichkeit, offen jederzeit ihre Gedanken mitzuteilen; das garantiert, dass wichtige Informationen bei der Entscheidungsfindung berücksichtigt werden;

- Dies regt die Menschen zum Gespräch an, es findet ein aktiver Austausch von Informationen statt, ohne dass man Angst haben muss, einen Fehler zu begehen oder bestraft zu werden;
- Tatsachen werden systematisch und objektiv bewertet.

Handelt eine Gruppe nach dem Prinzip „Hauptsache ist, wer Recht hat", bekommt nur eine eingeschränkte Anzahl an Personen Zugang zur Information. Die wichtigste Aufgabe von Menschen in solchen Teams ist „das Gesicht zu wahren". Alles, was diesem Muster nicht folgt, wird nicht berücksichtigt. Im Gegensatz dazu steht die effektive, von Qualitätskriterien geleitete Suche nach Informationen. Hierbei begreift jede in den Prozess involvierte Person, was geschieht und fühlt sich für den Erhalt der Ergebnisse verantwortlich.

Dank des Dialogs und einer Feedbackstrategie zeigen wir unserem Gegenüber nicht nur, wie wir ihn oder sie verstanden haben, sondern prüfen auch uns selbst: ist es uns gelungen die Botschaft des Partners genau so zu verstehen, wie er sie gemeint hat und gelingt es uns, unser Verständnis fortlaufend mithilfe des Gegenübers zu korrigieren?

Unser Verständnis erweist sich aufgrund von zahlreichen Ursachen als ungenau. Der erste Grund liegt in der Mehrdeutigkeit vieler Wörter. Eine Besonderheit von Sprache liegt darin, dass jedes Wort nicht eine, sondern mehrere Bedeutungen hat. Die Bedeutung eines Wortes kann sich auch, abhängig vom Zusammenhang, in dem es verwendet wird, wandeln.

Der zweite Grund des ungenauen Verständnisses liegt darin, dass schon der Sprecher in seine Aussage bewusst eine Verzerrung hineinbringt. Wenn wir einander unsere Ideen, Einstellungen, Gefühle und Bewertungen mitteilen, versuchen wir Wörter gewählt zu nutzen, um unser Gegenüber nicht zu verletzen oder nicht in einem schlechten Licht zu erscheinen. Wir untertreiben oder übertreiben oder benutzen mehrdeutige Ausdrücke.

Der dritte Grund besteht in der Schwierigkeit, sich selbst richtig auszudrücken. Aufgrund von Bedingungen und dem Bedürfnis, positiv verstärkt zu werden, sind Menschen nicht immer bereit und fähig, direkt zu sein.

Schlussendlich liegt der vierte Grund im subjektiven Sinn des Zuhörers. Jeder Mensch sammelt in seinem Leben eine große Menge an Assoziationen an, die mit unterschiedlichen Begriffen verknüpft sind. Verschiedene Begriffe lösen bei uns negative Assoziationen aus und sind selbst dann mit Schmerzen verbunden, wenn der Sprecher dem Gesagten ursprünglich keine negative Bedeutung beigemessen hat.

Es ist nicht übertrieben festzuhalten, dass es jedem Menschen gefällt, verstanden zu werden. Wir empfinden denen gegenüber bedingungslose Sympathie, die uns nicht verurteilen, sondern uns Verständnis entgegenbringen. Darum können wir mithilfe von Kommunikation Einfluss auf eine Beziehung nehmen, die sich zwischen uns und unserem Gegenüber entwickelt.

Die Möglichkeit der konstruktiven, ehrlichen Meinungsäußerung kann die individuelle Beteiligung an der Teamarbeit erheblich steigern. Unter solchen Bedingungen wollen viele ihren Standpunkt einbringen und sich an der Erreichung eines Ergebnisses beteiligen. Die Möglichkeit sich auszudrücken nimmt die Anspannung, beleuchtet tiefer liegende Probleme und klärt Befürchtungen, wenn es sie gibt. Das Einbeziehen jedes Einzelnen erhöht die Bedeutung seines Beitrags zur gemeinsamen Sache, das Niveau des Bewusstwerdens und das Interesse an der Ergebniserreichung. Dies führt im Endeffekt zum Erfolg.

3.5   Position beziehen

Menschen beziehen auf verschiedene Art und Weise Position. Abhängig ist das vom Temperament eines Menschen, seinem Charakter, seiner Motivation, seinem psycho-physiologischen Zustand, den Besonderheiten seines Berufs und der konkreten Aufgabe. Ein Choleriker ist expressiver, lautstärker und demonstrativer als ein Phlegmatiker, und ein übermüdeter Mitarbeiter ist weniger aktiv als jener, der gerade erst die Arbeit begonnen hat. Wenn wir allerdings über das aktive Beziehen einer Position sprechen, meinen wir nicht die individuellen Äußerungen, wie beispielsweise das Bestreben, zu allem eine Meinung zu haben. Eine aktive Position ist eine stabile Form der Äußerung von wichtigen Ereignissen, Überzeugungen, Wissen und Fähigkeiten, die Einfluss auf das Verhalten und die Handlungen der Mitmenschen nehmen.

Die Organisationswelt ist nicht statisch. Sie verändert sich stetig unter dem Einfluss der Bemühungen und des Verhaltens ihrer Mitglieder. Jeder Mitarbeiter ist fähig, an diesen Veränderungen mitzuwirken, vorausgesetzt er hat an seiner beruflichen Entwicklung und an der Steigerung seiner Arbeitseffektivität Interesse. Das aktive Beziehen einer Position erfordert eine innere Handlungsmotivation, eine ehrliche Zielorientierung und äußert sich nur in zielgerichteten und bewussten Handlungen. Ein Mensch, der sich aktiv positioniert, wird bestrebt sein, Führung bei der Lösung wichtiger Aufgaben zu demonstrieren, und sich dabei selbstständig und konstruktiv verhalten.

Die wesentlichen Formen der Positionierung lauten: passiv, reaktiv und aktiv.

Die passive Position eines Menschen ist auf das passive Befolgen von Prozessen und Abläufen ausgerichtet. Hier fehlen dem Menschen die persönliche Zielfokussierung und die Orientierung auf die Unternehmenswerte; er fühlt keinerlei Verantwortung für seine Tätigkeit. Ein solcher Mensch wird immer Gründe finden, sich nicht zu bemühen, und mit dem Strom schwimmen.

Eine reaktive Position ist durch die Äußerung von Aktivität nur bei direkter Kontaktaufnahme oder Anregung gekennzeichnet. Die reaktive Position ist durch die persönliche Verbundenheit mit Zielen und Werten der Organisation definiert. Der Mitarbeiter fühlt sich lediglich für die ihm auferlegten Aufgaben verantwortlich und unternimmt nur etwas als Antwort auf entstandene Probleme. Er ist zu bequem oder wünscht es nicht, seine Situation und seine Handlungen auf der Suche nach weiteren Entscheidungen zu analysieren.

Die aktive Position ist immer auf eine konstruktive Lösung der entstandenen Probleme und auf eine Kontrolle der Situation ausgerichtet. Das Gefühl einer tiefen

Verbundenheit mit den Zielen und den Werten einer Organisation führt zu einer unaufhörlichen Suche nach Entscheidungen, die helfen, Probleme und Konflikte zum Allgemeinwohl einer Organisation zu überwinden. Hier lautet die Devise: Handeln, nicht warten. Eine aktive Person findet, dass alles nur mithilfe von eigenen Bemühungen und eigener Arbeit erreichbar ist.

Aktivität und Initiative äußern sich dann in den Handlungen von Menschen, wenn sie eine neue Tätigkeit beginnen, die bereits begonnene Aktivität fortsetzen oder neue Möglichkeiten ausprobieren. Eine Persönlichkeit, die sich klar aktiv positioniert, bewegt sich sicher vorwärts, bestimmt dabei selbst den richtigen Kurs und lenkt die Handlung. Aktivität äußert sich in mehreren Handlungsvarianten, in der strategischen Planung, in der Sammlung von Menschen um eine Aufgabe herum, in unmittelbarer Einmischung in dem Fall, dass eine Handlung in eine falsche Richtung tendiert. Ein Mensch, der sich aktiv positioniert, benötigt keine unmittelbare Kontrolle oder Instruktionen, er ist sich seiner Kräfte bewusst, um einen ersten Schritt zum neuen Ziel zu wagen.

Initiative bildet den Ausgangspunkt jeder Handlung. Richtig geäußerte, effektive Initiative berücksichtigt Menschen und vermittelt ihnen Enthusiasmus und Sicherheit. Mitglieder eines Teams werden immer ihre persönliche Verbundenheit zum erlangten Resultat spüren, wenn sie an den ersten Handlungen teilgenommen oder diese initiiert haben.

Äußert sich persönliche Aktivität übermäßig, behindert dies die Teilnahme anderer Personen an der Handlung. Das ruft Unzufriedenheit und eine damit einhergehende Schutzreaktion hervor. Normalerweise erfolgt dies dann, wenn ein Initiator „nach vorne strebt", ohne auf die anderen Teilnehmer Rücksicht zu nehmen, und wenn er seinen Handlungsplan aufstellt, ohne Raum für Kommentare zu lassen. Die Unzufriedenheit der Mitarbeiter kann sich auch in den Fällen äußern, wenn eine Führungskraft zwar Interesse an der Meinung anderer zeigt, aber diese dann nicht berücksichtigt. Er strebt wie ein Eisbrecher nach vorne und hat nur seine eigene Vorstellung im Kopf. Er braucht den Rat anderer nicht.

Äußert sich Aktivität nur schwach, ist das Niveau der Beteiligung anderer gering, da sie sich nicht eigenverantwortlich genug für selbstständige Handlungen fühlen. Dies zeigt sich besonders deutlich, wenn die Führungskraft nur wenig initiativ ist. Diese schwache Initiative ist genauso ansteckend wie entgegengesetzte Qualitäten, nämlich Enthusiasmus und Selbstsicherheit.

Das aktive Beziehen einer Position entwickelt sich auf natürliche Art in einer Zusammenarbeit, die auf gegenseitigem Vertrauen und Respekt basiert. Dabei ist es nicht notwendig, zusätzliche Anerkennung seitens der Kollegen zu suchen.

Bei vernünftigem Einbringen von Initiativen wird die Angst vor Misserfolg durch Sicherheit ersetzt, die Sicherheit, dass jeder alles von ihm Abhängige erledigt und dabei die verfügbaren Informationen vollständig nutzt. Wenn Menschen einander vertrauen, sind Handlungen, die sie initiieren, darauf konzentriert, „was richtig ist", und nicht darauf, „wer Recht hat". Teammitglieder sind bestrebt, so viele Informationen wie möglich zu bekommen und diese mit anderen zu teilen. Sie haben keine Angst, die auf ihrem Weg entstandenen Schwächen und Hindernisse zu diskutieren. Über diese gesamte Information verfügend hat ein Team nun alles Notwendige, um zielorientiert und enthusiastisch vorzugehen.

3.6 Entscheidungen treffen

Eine der Kernaufgaben einer Führungskraft ist das Treffen von Entscheidungen. Einige Experten meinen sogar, dass sich nur derjenige als Führungskraft bezeichnen kann, der schnell und konsequent entscheidet. Ein ernster aber häufig vorkommender Fehler bei der Entscheidungsfindung ist, diesen komplexen Prozess auf den kurzen Moment der eigentlichen Entscheidung zu reduzieren. Die Praxis zeigt jedoch, dass eine gute Entscheidung erst getroffen werden kann, wenn eine Reihe von Schritten unternommen wurden (Malik 2006):

1. Exakte Problembestimmung
2. Auflistung der Anforderungen für die Entscheidung
3. Erkennen aller Entscheidungsoptionen
4. Bewertung der Folgen und Risiken für jede Option
5. Treffen der Entscheidung
6. Festlegung der Bedingungen für die Umsetzung der Entscheidung
7. Festlegung der Reflexion während des Umsetzungsprozesses

Der erste Schritt im methodischen Prozess der Entscheidungsfindung ist eine gründliche und vollständige Bestimmung des vorhandenen Problems. Jede Situation hängt von verschiedenen Ursachen ab. Der Rückgang des Umsatzes kann durch eine geringe Qualität der zu verkaufenden Produkte bedingt sein, aber auch durch Veränderungen im Markt, gesunkene Zahlungsfähigkeit der Bevölkerung, mangelnde Schulung des Personals sowie durch viele andere Ursachen. Hier reichen Meinungen oder frühere Erfahrungen nicht aus, es bedarf präziser, analytischer Arbeit.

Bei der Bestimmung des Problems sollte zumindest sichergestellt werden, ob es sich um einen Einzelfall oder um eine grundsätzliche Angelegenheit handelt. Die Lösung eines Einzelfalls ist in der Regel kein Schlüsselmoment. Man kann hier improvisieren, da ein solches Problem nicht wieder entsteht. Ein grundsätzliches Problem erfordert eine andere Herangehensweise und eine Grundsatzentscheidung.

Berücksichtigt man bei der Bestimmung des Problems nicht alle Fakten, kann man diesen Schritt nicht als abgeschlossen bezeichnen.

Im zweiten Schritt sind die Anforderungen, denen die zu treffende Entscheidung entsprechen soll, sehr genau zu identifizieren. Hier ist die Schlüsselfrage: „Was ist richtig?"

Der dritte Schritt ist die Suche nach möglichen Entscheidungsvarianten. Hier werden typischerweise zwei Fehler gemacht: man hört mit der Suche auf, wenn schnell zwei oder drei Varianten gefunden wurden; man trifft eine Entscheidung, auch wenn alle gefundenen Optionen unzureichend sind.

Der vierte methodische Schritt ist eine systematische, gründliche Bewertung aller Folgen und Risiken, die mit jeder Variante zusammenhängen. Diese zeitaufwendige Bewertung muss die Dauer berücksichtigen, die für die Realisierung jeder Variante notwendig ist, und die Risiken für die Gruppe und Organisation, die aus jeder Variante hervorgehen.

Wenn alle vorangehenden Schritte richtig ausgeführt wurden, sollte man als fünften Schritt eine Entscheidung treffen, da alles, was möglich war, unternommen wurde, um eine gute Entscheidung zu erreichen.

Der sechste Schritt listet die Umsetzungsschritte auf und bestimmt, wer für jeden Schritt verantwortlich ist und welcher Zeitrahmen für jeden Schritt angemessen ist. Kurz gesagt: „Wer macht was bis wann?"

Im letzten Schritt wird der Umsetzungsprozess bis zum Ende beobachtet. Hierbei sind alle Betroffenen an der Suche nach den notwendigen Ressourcen und an weiteren Detailschritten beteiligt. Zwei wichtige Faktoren helfen dabei:

- Gute Kommunikation und Unterstützung für jeden Entscheidungsschritt, unabhängig davon, wer ihn vorgeschlagen hat und unter welchen Umständen.
- Festlegung von Effizienz-Kriterien für die Entscheidung.

Eine abgestimmte, effektive Entscheidung ist die Folge eines gemeinsamen, offenen Erkennens aller Fakten und vergangener Erfahrungen und auch die Folge von Qualitätskriterien für die Bewertung des Ergebnisses. Nur so kommt man zu einer Entscheidung, die von allen Teammitgliedern unterstützt wird. Dies bedeutet nicht, dass alle zwangsläufig in das finale Stadium der Entscheidungsfindung involviert werden müssen, oder dass alle nach ausgiebigen Diskussionen damit einverstanden sein müssen. Wichtig ist, dass alle den gewählten Weg unterstützen.

Die Idee der „kollegialen Entscheidungsfindung" führt häufig zu der falschen Vorstellung, dass in allen Vorbereitungsschritten einer Entscheidung alle Teammitglieder eingeschlossen werden müssen. Das nimmt aber nicht nur viel Zeit in Anspruch, sondern verschwendet betriebliche Ressourcen, weil Mitarbeiter mit zusätzlicher Arbeit belastet werden. In den Entscheidungsprozess sollten nur die Personen involviert werden, die über entsprechendes Wissen und Erfahrungen verfügen. Es ist ein weit verbreiteter Irrtum, dass ein Mensch allein keine richtige Entscheidung treffen kann. Dies trifft auch deshalb nicht zu, da es unter sich ständig verändernden Bedingungen der Arbeitswelt immer wichtiger wird, schnell zu reagieren und Entscheidungen auch allein zu treffen.

Eine richtige Entscheidung kann das Resultat verschiedener Formen der Zusammenarbeit sein. Diese hängen von der Größe und Struktur der Organisation, von der Machtverteilung sowie von dem Grundgerüst und der Schwierigkeit der anstehenden Entscheidung ab. Entscheidungen können sowohl für eine, als auch für zwei, drei oder mehrere Personen oder für ein ganzes Team effektiv sein. Wichtige Entscheidungen müssen unter Einbeziehung aller notwendigen Ressourcen getroffen werden.

Richtige Entscheidungen werden am ehesten in Organisationen getroffen, in denen gegenseitiges Vertrauen und Respekt herrschen. Auch wenn jemand mit der getroffenen Entscheidung nicht einverstanden ist, wird er diese trotzdem nicht ändern, da er begreift, dass diese Entscheidung im Endeffekt den grundlegenden Zielen und Werten der Organisation entspricht und er selbst, direkt oder indirekt, einen Beitrag zum Treffen dieser Entscheidung geleistet hat. Die unmittelbare Beteiligung der Menschen ermöglicht auf Grundlage der getroffenen Entscheidung eine hohe Effektivität für die weitere Tätigkeit. Die Notwendigkeit, unter Zeitdruck zu handeln, macht für die Organisation eine solche Beteiligung aber oft unmöglich. Gegenseitiges Vertrauen und effektive Zusammenarbeit auf Grundlage persönlicher grundlegender Werte und Ziele der Organisation senkt die Notwendigkeit der unmittelbaren Teilnahme an Entscheidungsprozessen für alle Mitarbeiter. Alle Menschen treffen Entscheidungen auf unterschiedliche Weise. Beispielsweise kann ein Mensch eine Entscheidung erst dann treffen, nachdem er den Hintergrund der Frage ausführlich studiert hat. Für einen anderen sind hingegen Forecast-Zahlen über Produktion und Umsatz wichtig. Der Dritte schätzt lediglich die kreative Idee. Das alles wird vom Team berücksichtigt und die Meinung von jedem wird angehört, bevor eine Entscheidung getroffen wird.

Herrscht im Team eine Atmosphäre von Vertrauen, Respekt und Ehrlichkeit, so ist der Mensch, der die Entscheidung trifft, vollständig informiert. Er bekommt die notwendigen Informationen von allen potenziellen Experten und trifft die Entscheidung in vollständiger Kenntnis des Sachverhalts. Ruft diese Entscheidung eine negative Reaktion bei einem Teammitglied hervor, muss man diese Person umgehend informieren und es ihr überzeugend erklären. Wenn also jemand eine Entscheidung trifft, ohne zunächst die Vorgeschichte der Frage zu berücksichtigen, dann muss man diese Entscheidung mit demjenigen besprechen, für den diese Vorgeschichte bedeutsam ist. Diese einfache Methode, den Standpunkt von jedem zu berücksichtigen, hilft, eine effektive Zusammenarbeit sogar bei Einzelentscheidungen aufrechtzuerhalten. Die Enttäuschung des Abweichlers, der die Berücksichtigung der Vorgeschichte für notwendig gehalten hat, wird kleiner sein, wenn er vor dem Finden der Entscheidung eine entsprechend rationale Erklärung seitens der Führung bekommt. Ist diese Entscheidung dennoch nicht korrekt, wird dieser „Opponent" weniger versucht sein, böswillig zu sagen: „Also, ich habe es Euch doch gleich gesagt!"

Man muss ebenso berücksichtigen, dass Mitarbeiter schnell begreifen, wenn die „gemeinsame" Entscheidungsfindung nur ein Spektakel ist. Ein Treffen der Teilnehmer und eine Meinungsumfrage sind noch lange kein gemeinsames Verständnis. Menschen müssen wissen, dass ihre Meinung wirklich berücksichtigt wurde. Führt eine Führungskraft zum Beispiel einmal im Monat ein Meeting durch, bei dem alle neuen Ideen geäußert werden, trifft ihre Entscheidung aber nur auf Grundlage eigener Ideen, werden die Mitarbeiter ihre Gedanken und Vorschläge nicht mehr mitteilen. Um ein langfristiges

Einverständnis zu erzielen, müssen Führungskraft und Mitarbeiter nicht nur dazu auf-rufen, sondern Informationen offen, ehrlich und objektiv teilen und diese bewerten. Sammelt eine Führungskraft einfach nur Meinungen, ohne sie bei der Entscheidung zu berücksichtigen, wird dies bei den Mitarbeitern Unzufriedenheit auslösen, da ihre Ideen erstens ignoriert wurden und sie zweitens Zeit investiert haben, um diese Ideen zu prä-sentieren und zu erklären. In einer Atmosphäre der gegenseitigen Unterstützung fällt es leichter, die Fakten von einem vernünftigen Standpunkt aus zu betrachten, daraus zu ler-nen und die Situation zu verbessern. Wenn man gedanklich die Problemsituation vom Standpunkt eines jeden Teammitglieds analysiert, ist es einfacher, sogar ohne unmittel-bare Besprechung der gegebenen Frage, eine richtige Entscheidung zu treffen.

3.7 Kritik üben

Kritik (griechisch *kritike* – „Die Kunst zu unterscheiden") ist die Fähigkeit zur Zusammenarbeit, die auf Veränderung von Verhalten, Denken, Meinungsbildung und Beziehung zu anderen Menschen abzielt. Kritik kann bewusst oder spontan für folgende Ziele verwendet werden:

1. Konstruktive Änderung des Verhaltens, der Meinung oder der Beziehung anderen gegenüber;
2. Ein versteckter oder eindeutiger Beweis der eigenen Überlegenheit;
3. Auslösen unangenehmer Gefühle bei jemand anderem;
4. Die emotionale Entlastung des Kritikers und die Nutzung von Kritik als Aggressions-ventil, die keiner willentlichen Kontrolle unterliegt.

Leider wird von vielen Menschen Kritik mit der Realisierung der letzten drei Ziele asso-ziiert und deshalb als negative und unangenehme Erscheinung wahrgenommen.

Als konstruktive Kritik wird hier deswegen nur die Kritik bezeichnet, die auf eine konstruktive Verhaltensänderung (Optimierung), Meinungsänderung oder Änderung der Beziehung abzielt. Andere Arten der Kritik sind nicht konstruktiv, da sie nicht auf die genannten Verbesserungen abzielen. Um konstruktive Kritik von nicht konstruktiver zu unterscheiden, werden im Folgenden häufig vorkommende Arten nicht konstruktiver Kri-tik beleuchtet. Der Psychologe J. Mellibruda (2009) unterscheidet folgende Arten nicht konstruktiver Kritik:

Rhetorische Fragen Diese Frage ist eine indirekte Methode, Empörung auszudrücken, es wird keine informative Antwort erwartet. Das Ziel liegt nicht darin, den Gesprächs-partner aufzufordern, irgendwas zu verbessern, sondern darin, ihn zur Rechtfertigung zu zwingen: „Wieso kommst du immer zu spät?"; „Wie wagen Sie es, mich so zu nennen?"; „Warum herrscht bei dir wieder Unordnung?"; „Wollen Sie diese einmalige Chance ver-streichen lassen?"

Befehle und Verbote Diese Kritik äußert sich in Form einer kategorischen Richtlinie und sagt nichts darüber aus, worin der Gesprächspartner Unrecht hatte. Sie enthält einen unmittelbaren Hinweis darauf, was er tun muss: „Du musst dich sofort entschuldigen!"; „Schrei nicht!"; „Beruhige dich!"; „Ruhe!"; „Sie müssen geduldiger werden…" Auch wenn der „Befehlsgeber" einen höheren Status hat, ruft eine solche Form der Kritik in der Regel Empörung bei seinem Mitarbeiter hervor. Selbst wenn er dem Befehl folgt, wird er dies höchstwahrscheinlich ungern tun und möglicherweise sogar die Durchführung sabotieren.

Schimpfen und Fluchen Eine solche Art von Kritik zu nutzen ist ungehörig. Man benutzt Wörter und Ausdrücke, die den Gesprächspartner verletzen, abwerten oder erschrecken. Beschimpfungen informieren den Gesprächspartner nicht über den Inhalt des Vorwurfs, sondern zeigen ihm nur den negativen Bezug auf: „Ich bin hier ja nur von Idioten umgeben!"

Diskussionen und Vorwürfe Hier wird der Schwerpunkt nicht nur auf das Verhalten des anderen gelegt, sondern auf seine Persönlichkeit. Vorwürfe beinhalten unangemessene Verallgemeinerungen (z. B. immer, schon wieder, ewig, niemandem, allen), die Streit und fehlendes Einverständnis beim Gegenüber hervorrufen: „Du wirst das niemals gut und pünktlich fertig stellen." Vorwürfe provozieren oft neue Vorwürfe.

Ironie und Sarkasmus Das Ziel der ironisierenden Person liegt nicht etwa darin, ein positives Feedback auf ihre Kritik zu erhalten, sondern vielmehr darin, beim Gegenüber ein Gefühl der Ungeschicklichkeit oder Scham hervorzurufen und die eigene intellektuelle Überlegenheit zu demonstrieren: „Sie sind natürlich der Schlauste!"; „Das ist aber scharfsinnig!"; „Sehr lustig." (in einem ernsten Ton).

Missbilligung Man teilt der zu kritisierenden Person nicht nur mit, was ihr Fehler war, sondern man zieht auch negative Schlussfolgerungen aus ihrem Verhalten. Dabei basiert die eigene Meinung und Bewertung durch die kritisierende Person auf Fakten: „Sie haben die Aufgabe schlecht (nicht richtig, ungeschickt) ausgeführt"; „Sie kennen die elementarsten Dinge nicht."

Anderen nicht vorhandene Eigenschaften zuordnen Derjenige, der kritisiert, erlebt bestimmte Gefühle und versucht, seine Herkunft zu erklären, indem er bestimmte Eigenschaften oder Qualitäten zuschreibt, die diese Gefühle auslösen könnten. Zum Beispiel ist er besorgt über das Ergebnis und erklärt dieses Gefühl, wobei er den Mitarbeiter der Gleichgültigkeit und Schludrigkeit beschuldigt.

Die aufgezählten, nicht konstruktiven Methoden der Kritik sind dann besonders destruktiv, wenn sie in abwertendem Ton und mit aggressiven Gesten und Haltungen begleitet werden.

Demgegenüber enthält konstruktive Kritik keine direktiven Vorschriften oder Anweisungen. Der Kritisierende rechnet mit dem gesunden Menschenverstand und dem gesunden Willen seines Gegenübers. Ohne Druck zu verspüren, trifft der Mensch eine selbstständige Entscheidung. Konstruktive Kritik hilft Mitarbeitern, sich selbstständig zu fühlen. Es gelten folgende Bedingungen:

1. Konstruktive Kritik enthält eine ausführliche und objektive Beschreibung dessen, was nach Meinung des Kritikers zu verändern ist.
2. Konstruktive Kritik weist häufig auf Gefühle hin, die tatsächlich vom Kritiker empfunden werden.
3. Konstruktive Kritik enthält Vorschläge zur Verbesserung der Situation und hilft dem Kritisierten zu verstehen, was von ihm erwartet wird.
4. Konstruktive Kritik enthält eine positive Sichtweise dem Kritisierten gegenüber und demonstriert den Glauben, dass dieser in sich selbst die Kraft finden kann, sein Verhalten zu verändern.
5. Konstruktive Kritik beschreibt die Auswirkungen des Verhaltens auf andere.

Im Prozess der konstruktiven Kritik entsteht die Möglichkeit, alle Erscheinungen zwecks ihres Verständnisses und zum Erwerb neuer Erfahrungen zu besprechen. Konstruktive Kritik stellt eine wichtige Fähigkeit zur Zusammenarbeit dar, die es ermöglicht, betriebliche Effektivität zu steigern. Kritik „lässt Information frei" und hilft Synergie zu erreichen.

Wenn eine Gruppe es schafft, nicht nur Daten, Fakten und Zahlen zu analysieren, sondern auch in die Besprechung darüber einzusteigen, wie effektiv sie arbeitet und was einer Veränderung bedarf, werden sich die Ergebnisse auf jeden Fall verbessern. Unter anderem kann eine solche Besprechung ein notwendiger Schritt zur Entscheidungsfindung sein und kann auch zur Lösungsfindung bei Problemen genutzt werden. Wenn Mitarbeiter ihre kreativen Ideen oder Zweifel äußern und auch darüber reden können, was normalerweise verschwiegen wird, hilft es dem Team, sein Ergebnis genauer vorherzusagen und seine Probleme operativer zu lösen. Es werden vier Komponenten der Kritik unterschieden:

Vorabkritik Vorabkritik wird in einem frühen Stadium der Vorbereitung zu einer Tätigkeit gebraucht. Sie wird durch folgende Frage ausgedrückt: „Was wird gemacht, und wie?" Dieses Stadium setzt eine Bestimmung der Handlungsstrategie noch vor ihrem Beginn voraus. Viele Menschen sind es gewöhnt, sich Hals über Kopf in die Arbeit zu stürzen, besonders wenn diese an sich gut bekannt ist und äußerst produktiv erscheint, wohingegen die Planung nicht immer klar ist und als Zeitverschwendung abgewertet wird. Hieraus entsteht eine Beziehung nach dem Prinzip „Wir schießen schon, ohne das Ziel genau anvisiert zu haben." Hierbei ist das Team zu sehr mit dem Prozess der Arbeit beschäftigt und kann nicht von außen betrachten, wie sie ausgeführt wird. Vorabkritik kann kurz sein und nur wenige Minuten dauern. Beispielsweise ist es wichtig, dass zu

Beginn eines Meetings die Tagesordnung besprochen wird oder zu Beginn eines Tele-
fongesprächs gesagt wird, was die Gesprächspartner erreichen wollen. Zusätzlich zu der
Funktion, neue Handlungen zu planen, ermöglicht die Vorabkritik auch, einen Zeitplan
für die Handlung aufzustellen. Dies zwingt dann dazu, realistisch auf den Weg der Zielerreichung zu blicken. Es ist notwendig, den Umfang dieser Arbeit zu bewerten, die man
zusätzlich zu den laufenden Aufgaben erfüllen muss. Es ist auch notwendig, Zeit für die
Ausführung einzuplanen. Wenn Vorabkritik effektiv durchgeführt wird, kann der Weg der
Ergebniserreichung seinerseits genauso deutlich vorhergesagt werden. Besteht Einverständnis darüber, wie im Endeffekt das Resultat aussehen soll, ist es einfach, auf dem
richtigen Weg zu bleiben.

Begleitende Kritik Begleitende Kritik hilft, Bezugspunkte zur Kontrolle der Handlung
festzulegen, die bereits im Stadium der Vorabkritik bestimmt werden sollten. Solche
bereits vorzeitig bestimmten Bezugspunkte helfen dem Team, seine Arbeit zu unterbrechen und die Qualität der Ausführung zu besprechen. Begleitende Kritik sollte regelmäßig erfolgen und kann an bestimmte Zeitpunkte gebunden sein (z. B. einmal pro
Woche) oder in bestimmten Handlungsetappen durchgeführt werden (z. B. zu Beginn
einer neuen Phase). Dies können sowohl wöchentliche Besprechungen über den Projekt-
verlauf sein, als auch zehnminütige Kurzmeetings zu Beginn eines jeden Arbeitstages,
oder Besprechungen zu jedem Quartal über die Situation der Verkaufszahlen. Auf diese
Art und Weise können die Mitarbeiter die Arbeit unterbrechen und von der alltäglichen
Routine zur Analyse der Arbeit im Ganzen übergehen. Begleitende Kritik hilft den Menschen das zu bewerten, was bereits durchgeführt wurde, um, falls notwendig, die weiteren Aktionen zu korrigieren.

Spontane Kritik Über spontane Kritik wird dann gesprochen, wenn einer der Teilnehmer seine Tätigkeit unterbricht, um die Frage nach der Qualität ihrer Ausführung zu
besprechen. Objekt der Aufmerksamkeit sind dabei auftretende Probleme, ungeplante
Veränderungen in Prozessen, neu entstandene Ideen, Befürchtungen oder Zweifel. Spontane Kritik ist für die Bestimmung von Problemen wichtig, die während der Vorabkritik
und der begleitenden Kritik außerhalb des Sichtfeldes geblieben sind. Spontane Kritik
verlangt Menschen eine höhere Flexibilität ab, da man den Prozess, unabhängig von der
begleitenden Kritik, unterbrechen muss. Spontane Kritik stellt eine lebenswichtige Form
für Synergie dar, da Probleme genau dann identifiziert und gelöst werden, wenn sie entstehen. Spontane Kritik ist objektiver, wenn die Äußerungen auf Ergebnisse konzentriert
sind und auf klaren Kriterien zur Zielerreichung basieren, die während der Vorabkritik
bestimmt wurden. Unterbricht ein Mitarbeiter beispielsweise seine Arbeit, weil ein Programm oder Produkt mit neuen Features auf den Markt gekommen ist, ist es möglich, die
Features mit dem gewünschten Resultat und den bereits bestimmten Qualitätskriterien zu
vergleichen. Ein Team muss eine operative Entscheidung treffen, ob die vorher geplanten
Fristen verändert oder ein neues Programm eingeführt werden muss, oder ob es wichtiger ist, die Arbeit mit der vorherigen Programmausstattung weiterzuführen.

In Teams, in denen Ehrlichkeit und Vertrauen einen hohen Stellenwert haben, ermöglicht spontane Kritik, den Weg zum geplanten Resultat ständig zu bewerten und Abweichungen festzustellen. Kritische Anmerkungen werden als adäquat wahrgenommen, da ein Team auf einem höheren Effektivitätsniveau handelt. Ist das Vertrauensniveau gering, kann spontane Kritik den Prozess wegen Missverständnissen oder Verletzung des Gegenübers stören. „Lassen Sie uns kurz unterbrechen und den Arbeitsverlauf mit der ursprünglichen Aufgabe vergleichen." In einem Team mit hohem Vertrauensniveau lautet die Reaktion: „Gut, lassen Sie uns das machen." In diesem Fall wird eine solche Bemerkung die Tätigkeit nicht bedrohen, und die Bewertung wird dem gewünschten Resultat entsprechen.

Folgekritik Folgekritik ist in der Regel die einzige Form der Kritik, die in Teams häufig angewendet wird. Menschen warten normalerweise ab, bis eine Tätigkeit beendet wurde, und besprechen erst danach ihr positives oder negatives Resultat. Ein Team mit einem negativen Vertrauens- und Respektniveau verwendet eine solche Kritik in der Regel dazu, jemanden zu beschuldigen und zu bestrafen. Bei guten Resultaten kann sie Grundlage für Lob und Ermunterung bilden. In beiden Fällen geht eine wertvolle Möglichkeit, die gewonnene Erfahrung zur Verbesserung und zur Steigerung der Effektivität zu nutzen, verloren. Folgekritik bietet eine gute Möglichkeit, das zu bewerten, was effektiv war. Folgekritik wird sofort nach Beendigung der Tätigkeit durchgeführt, solange all ihre Details noch frisch im Gedächtnis sind.

Wie auch andere Arten der Kritik ist die Folgekritik nur dann effektiv, wenn die Anmerkungen auf Kriterien basieren, die im Verlauf der Vorabkritik bestimmt wurden. Die Kriterien sind sowohl für die Besprechung von Erfolgs-, als auch von Misserfolgssituationen wichtig. Die Kritik erreicht ihr Ziel, wenn das Team genau weiß, was es hätte erreichen sollen. Ein Team, das ein niedrigeres Resultat als geplant erreicht hat, kann sich darauf konzentrieren, was falsch gemacht wurde, welche Fehler auf welche Art und Weise begangen wurden, und so auch Maßnahmen zur Verbesserung der Zusammenarbeit entwickeln. Ein Team, das in der Lage war, mehr Erfolge als erwartet zu erzielen, kann die Ursachen dafür ergründen, statt in Lob oder Selbstgefälligkeit zu versinken. Es ist notwendig, die Ressource zu erkennen, die zum größeren Erfolg geführt hat, um diese verstärkt zu nutzen. Es kann durchaus sein, dass das bessere Resultat ein Ergebnis zu niedriger Ziele war, sodass man die Ziele in Zukunft überdenken muss. Natürlich ist die Folgekritik auch zur Verbesserung der Zusammenarbeit im Team hilfreich.

Für viele ist anonyme Kritik im Gegensatz zu direkter und offener Kritik, eine gebräuchliche Feedbackmethode. Ein Argument zugunsten von Anonymität ist die Tatsache, dass Menschen eher geneigt sind, objektiv und wahrheitsgemäß zu kritisieren, wenn der Kritiker unbekannt bleibt. Derjenige, der kritisiert, sagt häufig die Wahrheit. Anonyme Anmerkungen senken allerdings die Chance, einen Nutzen aus der Kritik zu ziehen, da es keine Möglichkeit gibt, das Problem zu besprechen, zu klären und den Hintergrund zu begreifen. Menschen nehmen fremde Erfahrungen nur dann an, wenn sie diese von allen Seiten beleuchten und konkrete Beispiele bekommen können. Ohne offene, ehrliche Ansprache bekommt eine individuelle Meinung keine Entwicklungsperspektive und bleibt immer Meinung der Einzelperson, was wiederum die Möglichkeit zur Synergie senkt.

Prinzipien effektiver Kritik Die Grundlage für Kritik sind Kriterien, die vor Beginn der Tätigkeit vereinbart wurden. Ferner sind es bestimmte Ziele und die Wege dorthin. Diese Kriterien tauchen als Resultat von kurz- oder langfristigen Zielen auf. Sie dienen der Ausarbeitung strategischer Pläne und sind Zeitpläne zur Erfüllung von Aufgaben. Sind solche Kriterien einmal festlegt, bilden sie ein gemeinsames Koordinatensystem und lenken alle zu einem gemeinsamen Ziel.

Im Verlauf der Tätigkeit können die Kriterien erweitert und im Zusammenhang mit neuen Fakten oder einer neuen Erfahrung verändert werden. Ihre Richtigkeit und Glaubwürdigkeit wird in jeder Phase der Kritik erneut überprüft. Kriterien geben eine klare Vorstellung darüber, wohin wir uns bewegen, was wir tun und wie wir handeln müssen.

„Konkrete Beispiele": Effektive Kritik muss unbedingt konkrete Beispiele enthalten, die kritische Anmerkungen wie die folgenden erklären: „Ich nehme an, Sie sind ungenügend qualifiziert." Dies ist eine unkonkrete Kritik. „Heute bitten Sie mich bereits zum dritten Mal, Ihnen bei Ihren Aufgaben zu helfen. Was halten Sie von der Möglichkeit, an einem Training teilzunehmen?" So eine konkrete Aussage beinhaltet einen objektiven Wunsch zu helfen.

„Hier und Jetzt": Beim Feedback sind kritische Anmerkungen dann am effektivsten, wenn sie aktuellen Ereignissen zuzuordnen sind, die hier und jetzt geschehen. Eine solche Kritik hat den Vorteil, dass in ihr konkrete Beispiele verwendet werden, die noch frisch und deutlich im Gedächtnis vorliegen. Sagt man zum Beispiel zu seinem Gesprächspartner: „Ihre nützlichen Anmerkungen von heute Morgen haben mir geholfen, mich erneut auf das Projekt zu konzentrieren", gibt man Feedback dazu ab, welches Verhalten des Gesprächspartners effektiv war. Ein weiterer Vorteil ist die Hinwendung zu Gefühlen, die frisch sind, und in dem Moment besser helfen können, den Einfluss des Verhaltens auf die Effektivität anderer Menschen zu bestimmen. Frische Erinnerungen über erlebte Gefühle helfen die Diskussion darauf zu konzentrieren, was diese Emotion genau hervorgerufen hat. Sagt z. B. jemand: „Als Sie mit mir stritten, ohne sich richtig mit der Frage vertraut zu machen, habe ich gespürt, dass man mich nicht versteht", so fühlt er eine unmittelbare Erleichterung und sein Gegenüber versteht, welche Reaktion sein Verhalten ausgelöst hat und warum.

Eine Ausnahme in der Kritik des „Hier und Jetzt" kann eine Situation sein, wenn die Atmosphäre stark aufgeheizt ist. Dann ist es unmöglich eine Frage effektiv zu besprechen. Sind die Gesprächspartner von Wut und Gereiztheit erfüllt, kann ein Gespräch mehr Schaden anrichten als es nutzt. In diesem Fall ist Zeit nötig, damit sich die Wogen glätten und die Teilnehmer ihre Gedanken sammeln und sich objektiver ausdrücken können. Bis dahin kann eine Stunde vergehen, oder auch ein Tag, was von der Persönlichkeit des Menschen und von der konkreten Situation abhängt. Das wichtigste ist, die Zeit effektiv zu nutzen, alles zu überdenken und sich auf ein effektives Gespräch vorzubereiten. Emotionen stellen eine wichtige und wertvolle Komponente der Zusammenarbeit dar, allerdings nur dann, wenn sie ein offenes, gegenseitiges Gespräch fördern, statt es zu stören.

„Kein persönlicher Angriff": Feedback und Verhaltenskritik sind effektiver, wenn sie keinen Angriffscharakter auf die Persönlichkeit des Menschen haben, sondern beschreibend geäußert werden, wie die Reaktion des folgenden Sprechers auf ein bestimmtes Verhalten. „Wenn Sie meinen Auftritt in der Runde so grob unterbrechen, erschreckt es mich, sodass ich nicht mehr in der Lage bin, weiterzureden." Eine solche Methode schließt die Möglichkeit von Angriffen auf die Persönlichkeit des Kritikers aus, da sie nicht bewertet, ob er gut oder schlecht ist, sondern nur zu verstehen gibt, welchen Effekt sein Verhalten auf andere Leute hat. Dabei drückt der Ton des Sprechers einen ehrlichen Wunsch aus, dem Kritisierten zu helfen.

„Kriterien als Grundlage": Viele Teams sträuben sich, intern Kritik einzuführen, da sie unter Kritik eine spießige, fruchtlose Tätigkeit verstehen. Sogar eine kritische Anmerkung auf einer Versammlung führt bei ihnen zur Empörung darüber, dass die Botschaft oder die Verkündung des Tages gestört wird. Wird Kritik allerdings effektiv genutzt, verwandelt sie lange, fruchtlose Unterhaltungen. Effektive Kritik erhöht die Effektivität aller Komponenten der Zusammenarbeit. Folgerichtig kann eine lange Unterhaltung mit jedem Mitglied des Teams durch ein persönliches, fünfminütiges Telefongespräch oder ein kurzes Treffen mit den Mitarbeitern ersetzt werden. Kritik kann kurz und komprimiert sein, wenn man von vornherein einen Anhaltspunkt dafür festlegt, was in diesem Fall die Kriterien sind. Die Mitglieder des Teams müssen in der Lage sein, das aktuelle Resultat ihrer Tätigkeit mit dem Plan zu vergleichen, der bereits erstellt wurde, um ggf. notwendige Korrekturen durchzuführen. In dem Fall wird eine kritische Besprechung klar und zielgerichtet und basiert auf Fakten.

Konstruktive Kritik ist notwendig, wenn einzelne Personen und Teams zurückblicken und versuchen die Fehler zu verstehen, die zu geringeren Resultaten als erwartet geführt haben. Echte Überwindung eines Misserfolgs erfordert eine unmittelbare und offene Fehleranalyse sowie die Umwandlung von Enttäuschung und anderer negativer Emotionen in wirkliches Verständnis von Ursachen und in nützliche Schlussfolgerung. Unabhängig vom Grad des gegenseitigen Vertrauens und Respekts müssen Fehler immer anerkannt werden. Synercube verspricht nicht, diese Erkenntnis zu erleichtern, eröffnet aber die Möglichkeit, aus der eigenen Erfahrung zur Erhöhung von Effektivität für die Zukunft zu lernen. Den Fehler anzuerkennen und die Verantwortung dafür zu übernehmen ist die einzige Möglichkeit, einen Nutzen aus negativer Erfahrung zu ziehen. Diese, Resilienz genannte Fähigkeit, ist in vielen Teams unmöglich, da sich sofort alle zu rechtfertigen beginnen oder anfangen, sich gegenseitig zu beschuldigen. Überdies stürzen sich Mitglieder solcher Teams umgehend in neue Arbeit, ohne vorherige Fehler zu beheben.

Die Arbeit mit Fehlern ist in einer sich ständig verändernden Wirtschaftswelt die wichtigste Methode, um Erfolge zu erzielen. Es ist extrem wichtig, aus der Vergangenheit zu lernen, auch wenn die Lektionen bitter waren, und dies in künftig wichtige Erfahrung umzuwandeln. Genau in solchen Fällen nützt die effektive Zusammenarbeit in der I-Zone, die auf konstruktiver Kritik, gegenseitigem Vertrauen und Respekt aufbaut. Unter solchen Bedingungen ist eine vereinbarte Entscheidungsfindung effektiv. Dann erscheint ein richtig angelegter Kritikprozess wirkungsvoll. Wie nach einer schweren Krankheit, sollten sowohl einzelne Mitarbeiter, als auch das Team nach vorne schauen und Fehler in einer offenen, konstruktiven Form analysieren, die zur Gesundung und Verbesserung der Tätigkeit führt.

Misserfolge, die objektiv und mit voller Verantwortung analysiert wurden, können wirkungsvoll zu Veränderungen motivieren. Wenn Erfolge zu offensichtlich sind, kann man in Selbstgefälligkeit verfallen. Man kann die Richtung verlieren und sich von der eigenen Unfehlbarkeit überzeugen. Zur gleichen Zeit wird ein Konkurrent, der seine Misserfolge analysiert, eine kreative Entscheidung für einen ernsthaften Durchbruch finden und den Misserfolg überwinden. Resilienz entwickelt sich leicht, wenn das Niveau der gegenseitigen Zusammenarbeit und der Respekt hoch sind und der Misserfolg Menschen zwingt, zusammenzukommen, ihre Kräfte zu sammeln und sich vorwärtszubewegen.

Schlussfolgerungen Jeder Versuch des Teams etwas zu verändern, muss durch ein gemeinsames Verständnis, nicht nur der Resultate „O", sondern auch der Wege zur Erreichung dieser Resultate, unterstützt werden. Die Synercube-Theorie ist eine Möglichkeit, einen solchen Weg zu gehen, indem man eine Zusammenarbeit in der „I-Zone" auf Grundlage von Synercube-Fähigkeiten organisiert, was im Kern einer gesunden Organisationskultur entspricht. Fähigkeiten einer effektiven Zusammenarbeit sind entscheidend für die bestmögliche Nutzung aller vorhandenen Ressourcen. Tatsächlich ist es einfach, den Input jedes Einzelnen in einer gemeinsamen Aktion zu analysieren und das alltägliche Verhalten bspw. hinsichtlich der Entscheidungsfindung oder Konfliktlösung mit entsprechenden Synercube-Fähigkeiten zu vergleichen. Auf diese Art und Weise zeigen sich die Werte der Synercube-Theorie in der alltäglichen Zusammenarbeit. Die Fähigkeiten der Zusammenarbeit können genauso dazu genutzt werden, alle Tätigkeitsaspekte zu verbessern. Dies geschieht so lange, bis richtige Methoden und Führungstechniken zur zweiten Natur der Mitarbeiter werden. Individuelle Handlungen basieren auf tief verankerten Werten, die alle Mitarbeiter teilen und verinnerlichen.

Menschen gewöhnen sich an, genau so zu handeln, wie es natürlich ist, so wie sie es auch gewöhnt sind, vor Verlassen des Hauses das Licht auszuschalten. Sie denken nicht mehr darüber nach, wie man etwas am besten macht, sie machen es, wie sie es gewöhnt sind.

Das Studieren der oben beschriebenen Besonderheiten der Zusammenarbeit ist die wichtigste Voraussetzung dafür, die Veränderungen zu starten. Bereits vorhandene Fähigkeiten der Zusammenarbeit sind nicht für immer in Beton gegossen, man kann sie meistens verändern. Die Mehrheit von uns tut sich schwer, menschliches Verhalten im Team zu analysieren. Allerdings sind Veränderungen nur nach dem Bewusstwerden der Besonderheiten des Verhaltens im alltäglichen Zusammenwirken möglich. Sie sind dann möglich, wenn ein klares Ziel formuliert wird, wie das Verhalten aussehen soll. Für erfolgreiche Verhaltensänderungen sind drei Komponenten in Betracht zu ziehen: ein klares Verständnis des aktuellen Verhaltens, das Formulieren von Zielen und die Unterstützung durch das Umfeld, mit dem man alltäglich kooperiert.

Literatur

Bücher

Malik F (2006) Führen, Leisten, Leben: wirksames Management für eine neue Zeit. Campus, Frankfurt
Mellibruda J (2009) Ich-Du-Wir. Psychologische Möglichkeiten für Kommunikationsverbesserung (aus dem Russischen: Мелибруда Е. Я – ТЫ – МЫ. М.: Прогресс, 1986). Progress, Moskau
Mescon M, Albert M, Khedouri F (1985) Management: individual and organizational effectiveness. Harper & Row, New York

Zeitschriftenartikel

Kilmann R, Thomas K (1977) Developing a forced-choice measure of conflict-handling behavior: the „MODE" instrument. Educ Psychol Measur 37(2):309–327

Stil 7.1 MINUS: Diktator (Vorschreiben und Kontrollieren)

4

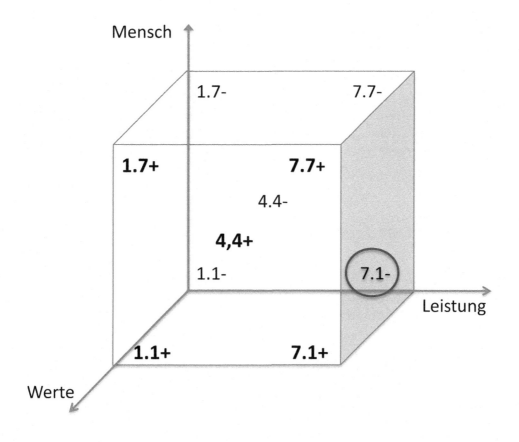

© Springer-Verlag GmbH Deutschland, ein Teil von Springer Nature 2019
A. Zankovsky und C. von der Heiden, *Leadership mit Synercube,*
https://doi.org/10.1007/978-3-662-58373-9_4

Hohe Ergebnisorientierung, geringe Menschenorientierung. Werte und Kultur des Unternehmens sind nur interessant, wenn dadurch hohe Ergebnisse unterstützt werden. Der Stil 7.1− erwartet von den Mitarbeitern die Erreichung der gesetzten Ziele und hält alles unter Kontrolle, indem er den Handlungsverlauf bestimmt. Der Wert des Mitarbeiters wird durch seine Fähigkeit bestimmt, das richtige Resultat vollständig und zur rechten Zeit zu erzielen. Ein gleichgültiger Umgang mit Menschen wird als Instrument zur Ergebniserreichung betrachtet. Unterordnung und Bereitschaft, Befehle auszuführen, wird durch permanente Kontrolle und ständigen Druck auf Mitarbeiter erzwungen.

4.1　I-Zone unter Bedingungen von 7.1MINUS

7.1− steht dem natürlichen Streben nach Kommunikation, Ideenaustausch und Zielorientierung entgegen. Das Gefühl von persönlichem Commitment ist die Folge gegenseitigen Vertrauens und Respekts und der Möglichkeit, einen Beitrag zur gemeinsamen Sache zu erbringen. Dies alles ist kaum mit dem Stil 7.1− kombinierbar (s. Abb. 4.1). Verkündet 7.1− seine Entscheidung, die auf die Tätigkeit des Teams wirkt, werden alle Initiativen seitens des Teams wie folgt beantwortet: „Ihr könnt nicht darüber debattieren", „Euer Vorschlag ist hier nicht angebracht."

　　Menschen würden gerne fühlen, dass sie etwas Nützliches für die gemeinsame Sache leisten. Die Herangehensweise 7.1− unterdrückt aber eher Ressourcen, als diese zu konsolidieren. Wenn jegliche Ideen von der Führungskraft abgewehrt werden, werden Mitarbeiter denken: „Naja, mir ist sowieso nicht wichtig, was hier geschieht. Abgesehen davon interessiert sich hier eh niemand für meine Ideen." Woraufhin ein neuer Arbeitsplatz

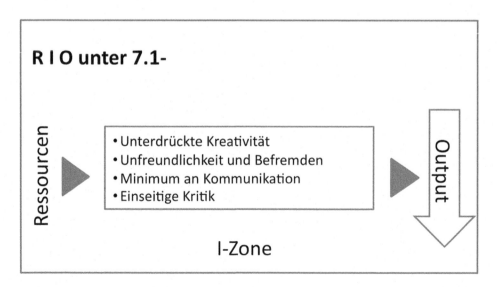

Abb. 4.1 7.1−

gesucht wird. Darüber hinaus können Gleichgültigkeit und Nicht-Teilnahme oppositionelle Stimmungen auslösen.

In der schlechtesten Variante beginnen Mitglieder des Teams gegen die Führungskraft 7.1− zu arbeiten und ihre Bemühungen zu sabotieren, wobei sie allein bei dem Gedanken an Sabotage Befriedigung empfinden: „Er hat es verdient", „Wir haben alle gewarnt, dass daraus nichts wird, aber er wollte ja nicht auf uns hören." Mit einem solch oppositionellen Team verliert 7.1− jegliche Unterstützung auf dem Weg zum gemeinsamen Ziel und bekommt kaum eine Chance, Vertrauen und Respekt unter den Mitgliedern des Teams aufrechtzuerhalten.

4.2   Kultur und Werte bei 7.1MINUS

Kultur der Kontrolle, des Drucks und der Angst. Grundlegender Wert: Resultate um jeden Preis.

Vertrauen Eine Person mit Stil 7.1− ist der Meinung, dass Menschen von Natur aus faul und unselbstständig sind. Ihnen darf keinesfalls vertraut werden und es ist notwendig, sie ständig zur Arbeit zu zwingen und zu kontrollieren. Vertrauen können nur jene Mitarbeiter auslösen, die streng Befehle befolgen, Anweisungen nicht hinterfragen sowie ständige Bereitschaft zum bedingungslosen Gehorsam zeigen. 7.1− begegnet jenen Menschen misstrauisch, die versuchen, selbstständig zu handeln. Vertrauen in Menschen wird durch Vertrauen in betriebliche Prozesse und Prozeduren ersetzt. Unbewusst vertraut 7.1− auch sich selbst nicht, indem er seinen eigenen Wert ausschließlich mit den erreichten Resultaten und dem Einhalten von Prozeduren und Anforderungen verbindet. Die Angst, mit etwas nicht fertig zu werden, falsch zu liegen oder hilflos zu sein, erzeugt eine Stimmung von Nervosität, Anspannung und Unruhe, die langfristig schwer auszuhalten ist.

Gerechtigkeit Stil 7.1− ist überzeugt, dass Gerechtigkeit nur im Kontext jener Resultate betrachtet werden soll, die die Menschen erreichen wollen. Die Mitarbeiter, die Anweisungen der Führungskraft befolgen und Resultate erzielen, können mit Dank und Aufmerksamkeit rechnen. Aber selbst in dem Fall müssen sie sich unterordnen und die Anweisungen von 7.1− befolgen und nicht infrage stellen. Jene Mitarbeiter, die die notwendigen Resultate nicht erzielen wollen oder es 7.1− nicht recht machen, haben keinen Anspruch auf eigene Meinungsäußerung oder einen menschlichen Umgang. Lediglich solche Maßnahmen, die das Erreichen des Erfolgs möglich machen, können als gerechtfertigt und fair betrachtet werden.

Commitment und Identität Menschen, die 7.1− befolgen, nehmen Commitment für das Unternehmen als bedingungslos und als Verfolgung der gesetzten Ziele wahr. Nach Meinung von 7.1− müssen sich Mitarbeiter mit den Organisationszielen identifizieren und vollkommen mit ihnen eins werden. Dabei sind jene objektiven psychologischen oder temperamentbedingten Probleme, die auf dem Weg der Zielerreichung liegen, unwichtig. Das Resultat rechtfertigt alles. Das Verdienst am Erzielen der Ergebnisse wird in der Regel der höchsten Führungskraft zugeschrieben, die seitens 7.1− die Organisation verkörpert. Auf diese Art und Weise werden Commitment und Identität im Endeffekt als bedingungsloser Gehorsam und als Identifikation mit dem Chef definiert und äußern sich in der Bereitschaft, jede beliebige Arbeit in jedem geforderten Umfang auszuführen.

Zuverlässigkeit und soziale Verantwortung Für 7.1− ist eine hohe Zuverlässigkeit in Situationen charakteristisch, in denen die Ziele und Vorgehensweisen deutlich bestimmt und durch Führung und Traditionen sanktioniert und gefestigt sind. Eine hohe Konzentration auf die gesetzten Ziele führt nicht selten dazu, dass Fakten, die unmittelbar mit der Ergebniserreichung verbunden sind, aber die Zuverlässigkeit der Tätigkeit stören können, ignoriert werden. Die Verantwortlichkeit von 7.1− hat einen besonderen Charakter: Die wesentliche Aufmerksamkeit konzentriert sich auf Ergebnisse, von denen die Karriere und Bewertung durch die Führungskraft abhängt. 7.1− ist innerlich nicht mit der Philosophie einer sozialen Verantwortlichkeit vertraut, die Kooperation und Teilnahme in Entscheidungsprozessen bezüglich sozialer Probleme erfordert. 7.1− kann die Probleme anders lösen: durch die Verstärkung von Kontrolle, Druck und Machtausübung. Fragen sozialer Verantwortung kommen in der Regel nur dann ins Blickfeld von 7.1− wenn es darum geht, auf die Anforderungen „von oben" zu reagieren.

Transparenz und Ehrlichkeit Offenheit und Transparenz äußern sich nach Meinung von 7.1− in der Komplexität, der Klarheit und den Zeitvorgaben der Anweisungen, Befehle und Forderungen, denen die Mitarbeiter folgen müssen. Die genaue Beachtung dieser Bedingungen wird die Zusammenarbeit effektiv gestalten. Jegliche andere Information wird vermieden, da sie von 7.1− als unnütz und schädlich wahrgenommen wird. Ein offener Informationsaustausch fehlt wegen der Angst vor Autoritäts- und Machtverlust. Feedback wird in Form von Bestrafungen und Rügen erteilt.

7.1− findet es nicht nötig, die Zielsetzungen mit irgendwem zu besprechen und irgendwen zur Entscheidungsfindung hinzuzuziehen. Deswegen ist das Bild der betrieblichen Tätigkeit den Mitarbeitern vollkommen unklar, was zu einer geringeren Einbeziehung, zu weniger Aufmerksamkeit und zu Misstrauen führt.

4.3   Kultur und Macht bei 7.1MINUS

Akzent auf Bestrafung und Position.

Bestrafung 7.1− nutzt Bestrafung als wesentliches Machtinstrument für Veränderung des Mitarbeiterverhaltens. Die Bandbreite der Bestrafungsarten ist weit gefächert: von einem strengen Blick und Bemerkungen bis hin zu Auseinandersetzungen in erhöhter

Tonlage, Bestrafung und Entlassung. Diese Art der Macht schwebt ständig über den Mitarbeitern, selbst wenn diese mit den Anforderungen von 7.1− konform agieren. Der Grad der Bestrafung ist dem Fehler des Mitarbeiters oft unangemessen. Eine ernsthafte Auseinandersetzung kann sogar durch einen sehr unbedeutenden Fehler ausgelöst werden.

Belohnung 7.1− betrachtet individuelle Belohnung als wenig effektives Mittel der Beeinflussung. Von der Überzeugung ausgehend, dass alle Menschen von Natur aus faul und passiv sind, wird 7.1− in Bezug auf Belohnung von Misstrauen genährt. Ein guter Mitarbeiter muss auch ohne Belohnung funktionieren. Wenn also 7.1− äußerst selten doch einen Angestellten belohnt oder ihm dankt, geschieht dies mit Unwillen. Davon ausgehend, dass das Wichtigste das Resultat ist und der Lohn zur Erreichung 7.1− zuzuschreiben ist, verdient in Wirklichkeit nur er selbst Belohnungen.

Anders verhält es sich mit Belohnungen, die systematisch erfolgen und an Ergebnisse gebunden sind, wie Prämien- und Provisionsregeln. Hier sieht 7.1− eine gute Möglichkeit, für weiteren Ansporn zu Höchstleistungen zu sorgen.

Position Für 7.1− ist seine hierarchische Position in der Organisation äußerst wichtig und seine Karriereambitionen sind sehr hoch. Deswegen wird er seinen Status unterstreichen und die Distanz zu den Mitarbeitern beibehalten. Bei fehlendem Einverständnis wird er sich denken: „solange ich euer Chef bin, werdet ihr das tun, was ich sage!" 7.1− unterstreicht nicht selten seine Vormachtposition, indem er Einwände oder den Widerstand der Mitarbeiter zum Gehorsam überwindet und die Ausführung seiner Anweisungen erkämpft. Seine Position gibt 7.1− das Recht, die Anweisungen an seine Mitarbeiter zu kontrollieren. Dabei sind Anweisungen der höher stehenden Führung oft einzig richtig und unbedingt zu befolgen.

Information Informationsaustausch wird bei 7.1− zur Ausführung von Aufgaben und Anweisungen verwendet. Dabei wird der Umfang der Information durch den Inhalt einer Aufgabe eingeschränkt. In der Regel enthält die Information einen Hinweis darauf, was man wie tun muss. Indem davon ausgegangen wird, dass der Umfang der Information für die Ausübung einer Tätigkeit hinreichend ist, wird 7.1− sehr negativ auf Fragen, deren Antworten er für Zeitverschwendung hält, reagieren. Wichtige Information behält er lieber für sich. Häufig hält er Information zur Verstärkung seines Einflusses und seiner Kontrolle zurück. Eine Information wird trocken und lakonisch gegeben, wobei statusbedingte Distanz gewahrt und demonstriert wird, dass eine andere Meinung bei der Autorität von 7.1− nicht zugelassen ist.

Kompetenz 7.1− ist in der Regel sehr gut organisiert, verfügt über hohe Kompetenz und ist auf die Erreichung hoher Ergebnisse ausgerichtet. Die Führungskraft hat nichts dagegen, ihre Vormachtstellung, ihre Fähigkeiten und ihr Wissen vor den Unter- gebenen zu demonstrieren. Die Überzeugung von seinem hohen Professionalismus und seiner

Dominanz behindert sie, neues Wissen wahrzunehmen und zu verinnerlichen, so z. B. Wissen der Mitarbeiter. Die Führungskraft ist davon überzeugt, dass sie alles besser als die anderen weiß, und macht stur das, was sie für richtig hält. Aufgrund ihrer Angst, die Kontrolle zu verlieren, ist 7.1− kaum daran interessiert, durch Weitergabe ihres eigenen Wissens und ihrer Fähigkeiten anderen etwas beizubringen.

Ausstrahlung 7.1− versucht, das Image eines vielbeschäftigten, erfolgreichen Führers zu erschaffen, der an Bedeutung alle Mitarbeiter einer Organisation, Abteilung und Gruppe übertrifft und sich für die gemeinsame Sache und gemeinsame Resultate aufreibt. Die Führungskraft 7.1− glaubt, dass sie aufgrund ihrer professionellen Fähigkeiten fehlerfrei agieren kann und nur richtige Entscheidungen trifft, was zeitweise einen starken Eindruck bei Kollegen und Mitarbeitern hinterlässt, vor allem bei denjenigen, die selbst ein 7.1− Verhalten zeigen. Von vielen Mitarbeitern wird ein solches Verhalten oft negativ als Snobismus und Arroganz wahrgenommen. Weil er eine andere Meinung nicht duldet und nicht zum konstruktiven Austausch in der Lage ist, kann 7.1− zwar vermeintlich als Vorbild auftreten, die Mitarbeiter werden ihm aber nur unter Zwang folgen.

4.4   Fähigkeiten in der Zusammenarbeit bei 7.1 MINUS

Konflikte lösen

Eine effektive Konfliktlösung besteht in der Bestimmung der Lösungswege für die Probleme und Widersprüche in der Tätigkeit eines Menschen, einer Gruppe oder einer Organisation im Ganzen und in der weiteren Entwicklung. Der Führungsstil bestimmt in vielerlei Hinsicht, wie der Mensch seine Führungsfähigkeit im Alltag ausübt. 7.1− betrachtet einen Konflikt als negative, unzulässige Erscheinung, da er die Effektivität senkt. Er ist der Meinung, dass die Hauptgründe des Konflikts mangelnde Kontrolle und Schwäche der Führungskraft sind. Die Reaktion von 7.1− ist, die Situation zu kontrollieren und den Konflikt zu unterdrücken, damit er die Arbeit nicht weiterhin behindert.

Der Konflikt bedroht die Kontrollmöglichkeiten, weswegen 7.1− genauso handelt wie auch in anderen bedrohlichen Situationen: Er geht zum Angriff über statt Ursachen zu analysieren und nach Lösungswegen zu suchen. Der Vertreter dieses Stils unterdrückt den Konflikt, um die Produktivität nicht zu behindern. Er trifft die Entscheidung und lenkt die Umsetzung. Dabei vertritt er seine Meinung aktiv. Diese Annäherung lässt keinen Raum für Fragen und Zweifel und ermöglicht 7.1− eine strenge Kontrolle der Situation. Zur Unterdrückung des Konflikts lehnt 7.1− alle Gegenargumente ab, indem er seinen Standpunkt vehement vertritt. Auch wenn er begreift, dass er Unrecht hat, wird er aufgrund der Befürchtung, die Kontrolle zu verlieren, dies niemals zugeben.

Wenn es nicht sofort gelingt, den Konflikt zu unterdrücken, wird 7.1− versuchen, auf zuverlässige, bewährte Lösungen zurückzugreifen, z. B. Druck auszuüben mit Hinweis auf negative Folgen, seine persönliche Autorität einzusetzen, um den Gegner zu beschämen oder die Notwendigkeit anzusprechen, Regeln streng zu befolgen. Eine

Bestrafung kann eine Degradierung im Status, der Hinweis auf eine nicht adäquate Position in der Organisation oder die Entziehung einer Prämie sein. Indem 7.1− so handelt, ist er überzeugt, seine Autorität wiederherzustellen und Einverständnis zu erreichen, obwohl dies über Einschüchterung läuft. 7.1− versucht sich oft vom Konflikt zu distanzieren oder diesen zu umgehen, wenn er sieht, dass er seine Macht und Autorität nicht nutzen kann, um andere zum Einverständnis mit ihm zu zwingen.

In der Regel stellt 7.1− den Konflikt erst in einem sehr späten Stadium fest, wenn die Konfrontation bereits klare Formen angenommen hat. Allerdings bemüht sich 7.1− selten, den Ursachen auf den Grund zu gehen und die Vorgeschichte der Konfliktsituation zu eruieren. In der Regel interessiert ihn noch nicht einmal der Gegenstand eines Konflikts, d. h. konkrete Interessen und Werteorientierungen, aufgrund derer die konfliktbehaftete Zusammenarbeit entstanden ist. 7.1− sucht unmittelbar nach Schuldigen. Niemand der interessierten Parteien wird in den Lösungsprozess involviert, die Mitarbeiter werden in der Regel lediglich über die getroffene Entscheidung oder Konfliktlösung informiert.

Da dem Konflikt nicht auf den Grund gegangen wird, ist die Lösung in der Regel sehr oberflächlich. 7.1− vermeidet ein gründliches Vorgehen zur Überwindung und schließt damit die Möglichkeit aus, aus dem Konflikt zu lernen. Wenn 7.1− als Schiedsrichter über dem Konflikt steht, begibt er sich nicht in Details, sondern führt die Konfliktbeteiligten auf verschiedene Seiten, lenkt die Unzufriedenen auf andere Tätigkeiten oder isoliert sie vollkommen aus dem Geschehen. 7.1− folgt in einem Konflikt einer Konfrontationsstrategie und bemüht sich damit, seine Interessen auf Kosten der anderen Seite zu befriedigen. Das Verhalten von 7.1− im Konflikt setzt im Endeffekt den Gewinn einer Seite (in diesem Fall von 7.1− selbst) und den Verlust der anderen Seite (seiner Mitarbeiter) voraus.

7.1− ist nicht in der Lage, positive Energie aus einem Konflikt zu ziehen, indem er diesen etwa konstruktiv überwindet. Er bemüht sich nicht, mögliche Ursachen zu klären oder zu besprechen. Anstatt Meinungsverschiedenheiten festzustellen, und Lösungswege zu besprechen, konzentriert 7.1− seine Aufmerksamkeit auf die Unterdrückung des Konflikts, um schnellstmöglich zur Arbeit zurückzukehren. Schlussendlich ignoriert er den persönlichen Aspekt des Konflikts und löst das Problem, indem er die Gegner auf persönlicher Ebene verletzt.

Informationen austauschen

Die hohe Ergebnisorientierung zwingt 7.1− eine einseitige und abwertende Kommunikationsform anzuwenden, die keinen Dialog und kein Feedback zulässt. Eine solche Kommunikationsform lässt, wenngleich sie auch auf die gestellte Aufgabe ausgerichtet ist, die Information beiseite, die überflüssig erscheint, aber nicht selten wichtig für den Gesamterfolg der Tätigkeit ist. 7.1− ist überzeugt, dass nur eine begrenzte Zahl an Personen Zugang zu wichtigen betrieblichen Informationen erhalten sollte.

7.1− ist überzeugt, dass der wichtigste Bestandteil der Kommunikation darin liegt, die Aufgabe deutlich zu formulieren und zu erklären, wer was wann machen soll. Deswegen findet 7.1– , dass er selbst über eine äußerst hohe kommunikative Kompetenz verfügt, da er fast jedem Mitarbeiter immer richtig formulierte und klare Aufgaben geben kann. Gefühle und Probleme der Mitarbeiter zu beachten, an ihre Fähigkeiten zu glauben und diese zu entwickeln, das alles hält 7.1– für überflüssig und sogar schädlich, da es die Konzentration auf das Wesentliche behindert: die Zielerreichung.

Das Sammeln benötigter Informationen zur Vorbereitung einer Entscheidung, die die Interessen vieler Mitarbeiter betrifft, führt 7.1– durch, ohne weitere Beteiligte zu involvieren. Wenn z. B. 7.1– für die Besetzung eines neuen Arbeitsplatzes verantwortlich ist, führt er aktive Verhandlungsgespräche mit Experten, die sich bestens mit den Anforderungen an den zukünftigen Arbeitsplatz auskennen, denkt aber nicht daran, sich mit denjenigen zu unterhalten, die dort arbeiten werden. Was werden sie brauchen? Welche Probleme können am neuen Arbeitsplatz entstehen? Was können sie empfehlen? Dabei handelt es sich um die Personen, die dort später tätig werden und einer Organisation Erfolg oder Misserfolg bringen. Nichtsdestoweniger hält es 7.1– für unnötig und sogar schädigend, sich mit seinen Mitarbeitern zu beraten, weil er denkt: „Beraten muss ich mich nicht. Sie werden sich wie immer beschweren, und ich weiß auch so, was sie brauchen."

7.1– übt Kontrolle mithilfe eines durchgehenden Monitoring und durch Umfragen über die durchgeführte Arbeit, Probleme und nicht verstandene Aspekte aus. Die daraus resultierenden Maßnahmen legt er selbst fest. Dies regt Menschen nicht zu Gesprächen an, denn diese einseitige Kommunikationsart lässt nur „Ja/Nein"-Antworten oder eine einfache Wiederholung des Gesagten zu, womit nur das Verständnis der Aufgabe geprüft wird. 7.1– unterbindet von vornherein die Möglichkeit einer Besprechung, indem er endgültige Aussagen trifft, wie z. B.: „Das ist so!", „Dies ist genau das, was wir tun müssen" oder „Sie müssen das in folgender Form umsetzen!" Um rechtzeitig überflüssige Fragen oder Gespräche zu unterbinden fügt 7.1– gerne hinzu: „Ich hoffe, dass alles klar geworden ist!" Solche Verkündungen lassen keinen Raum für neue Anmerkungen oder Ideen. Besonders deutlich äußert sich dies, wenn 7.1– über offizielle Macht verfügt. In diesem Fall bleibt den anderen nichts übrig, als dieser Führungskraft stillschweigend zu folgen. Eine solche Herangehensweise schafft keine Atmosphäre des Vertrauens oder Respekts zwischen Menschen. Menschen werden vorsichtig und bekommen Angst, falsche Fragen zu stellen, da das gesamte Team unter den Folgen leiden würde. Das, was 7.1– für einen Informationsaustausch hält, ähnelt eher einem Verhör. Häufig ist eine solche Herangehensweise ein Hindernis für die Zirkulation von Informationen innerhalb der Organisation. Menschen beginnen, wichtige Informationen, die die Arbeitseffektivität des Teams steigern könnten, zu verbergen. Die Beziehung zu der Person 7.1– wird nach dem Prinzip:

„Du dachtest doch, du wärst so schlau, dann komm jetzt auch alleine klar!" konstruiert. In der Kommunikation sieht und ignoriert 7.1– alle Barrieren, die seine Aufmerksamkeit erschweren oder verzerren können. Er denkt, dass seine Anweisungen derart einfach und deutlich sind, dass nur ein Fauler oder Dummer sie nicht begreift. Für 7.1– ist ein Dialogmodus und die Herstellung einer Feedbackfunktion mit den Mitarbeitern nicht denkbar. Wenn er also hört, dass er nicht verstanden wurde, sieht er dies misstrauisch und äußert gerne: „Für besonders Unaufmerksame kann ich wiederholen, was hätte erledigt werden müssen." Im Gespräch nutzt 7.1– oft geschlossene Fragen, wobei Mitarbeiter nicht selten annehmen, dass von ihnen „richtige" Antworten erwartet werden. Dies schafft bei den Mitarbeitern ein Prüfungsgefühl und unterdrückt die Initiative sowie die Möglichkeit zu vertrauen. Die Form, in der 7.1– Fragen stellt, löst bei den Mitarbeitern nicht Enthusiasmus und Ehrlichkeit, sondern Schutzreaktionen, Rechtfertigung und Widerstände aus.

Wenn 7.1– seine Meinung vertritt, bemüht er sich nicht, Kriterien für die Effektivität der Diskussion aufzustellen und das Gespräch auf die Ergebniserreichung auszurichten. Das Hauptkriterium jeglicher Diskussion ist für 7.1– , um jeden Preis seine Meinung durchzudrücken. 7.1– lässt den Mitarbeitern keinen Raum für die Äußerung der persönlichen Meinung und senkt damit die persönliche Teilnahme an gemeinsamen Tätigkeiten. Unter solchen Bedingungen wollen viele ihren Standpunkt nicht äußern und auch nicht zur Ergebniserreichung beitragen. Die Unmöglichkeit, seine Meinung auszudrücken, verstärkt die Anspannung, führt zu noch ernsthafteren Problemen und senkt Commitment und Loyalität der Mitarbeiter. Die Entfremdung und der Bedeutungsverlust der Investition in die gemeinsame Sache senkt die Motivation des Mitarbeiters zur Ergebniserreichung und kann sich negativ auf die betriebliche Effektivität auswirken.

Position beziehen

7.1– unterscheidet sich von anderen Stilen durch eine klar ausgedrückte, aktive Positionierung, die auf folgenden Annahmen gründet:

1. Ich kenne den besten Weg zur Ergebniserreichung.
2. Ich zeige Schwäche und kann die Kontrolle verlieren, wenn ich andere nach ihrer Meinung frage.
3. Ich kann anderen nicht zutrauen, selbstständig die Initiative zu ergreifen.

Der Enthusiasmus und der Wunsch, sich Hals über Kopf in Arbeit zu stürzen, ohne sich vorher Gedanken zu machen, ist für 7.1– charakteristisch. Er verfügt in der Regel über professionelle Fähigkeiten, ist sehr selbstbewusst und hat keine Angst, Verantwortung zu übernehmen. Dieser Mensch kommt nicht in Besprechungen um Ideen zu besprechen, sondern mit bereits fertigen Ergebnissen, die er umgehend realisieren möchte. Ein solches Verhalten demonstriert eine geringe Menschenorientierung. Seine einseitig erarbeiteten Vorschläge präsentiert 7.1– anderen gegenüber sehr selbstsicher und überzeugt. Dabei bemüht er sich nicht, seine Haltung anderen gegenüber zu verstecken, was sich gut durch folgenden Satz illustrieren lässt: „Da ja jetzt alles gelöst ist, könnt ihr zur Arbeit zurückkehren."

Eine zu starke Initiative von 7.1– wirkt häufig negativ auf andere Menschen. Er stürzt sich umgehend in die Realisierung des Projekts, bevor andere noch die Möglichkeit hatten, die notwendigen Informationen zu erhalten und ein allgemeines Verständnis über weitere Handlungen zu erreichen. Dabei können die Teammitglieder eigentlich gar nicht begreifen, was ihnen da für ein Projekt vorgestellt wurde, wagen es aber nicht, Fragen zu stellen. Das Projektthema kann einer Person mit 7.1– sehr bekannt sein, aber den anderen vollkommen unbekannt. Die erwartete Handlung kann neue, unbekannte Aktionen erfordern und ein neues Verantwortungsniveau voraussetzen, was wiederum neue Fragen aufwirft. Unabhängig von den Ursachen, aufgrund derer sich Menschen umgangen fühlen, wird und möchte 7.1– nicht sehen, welche Wirkung seine aktive Positionierung auf andere hat. Die geringe Menschenorientierung gibt 7.1– nicht die Möglichkeit zu erkennen, wie stark er in die Handlung involviert ist.

Wenn 7.1– seine Position vertritt, verdeutlich er anderen gegenüber die Richtigkeit seiner Meinung, lässt aber nicht zu, dass diese besprochen wird. Er weist auf die Schwächen anderer hin und zwingt diese Personen, sich zu rechtfertigen und sich bezüglich ihrer vermeintlichen Fehler Sorgen zu machen. 7.1– vermeidet es, andere zu loben, auch wenn es angebracht wäre, da er fürchtet, dass dies künftig Selbstzufriedenheit auslösen und sich negativ auf die Resultate auswirken könnte.

7.1– äußert sich besonders dann stark, wenn es um die Verteidigung der eigenen Meinung geht. Die Argumente zur Unterstützung seiner Position äußert 7.1– autoritär und überzeugt davon, dass nur seine Meinung richtig ist und keiner Veränderung bedarf. Es werden weder Züge der Unsicherheit noch Zweifel sichtbar, wenn er seinen Standpunkt äußert. Seine Meinung präsentiert sich logisch und basiert auf Fakten und Überzeugungen. Die Meinung wird in einer bedingungslosen und sogar leidenschaftlichen Art geäußert und lässt keine andere Ansicht zu: „Dies ist der einzig mögliche Weg", „Dies wird nie stattfinden", „Alle wissen, dass…", usw.

7.1– unterbindet alle Versuche, seinen Standpunkt zu bezweifeln. Andere Meinungen und Vorschläge werden abgelehnt. Andere Standpunkte werden als Provokation wahrgenommen. Ihnen wird mit unanfechtbaren Argumenten und Kritik begegnet. Dabei misst 7.1– der Richtigkeit und dem Wahrheitsgehalt keinerlei Aufmerksamkeit bei. Die, die es gewagt haben, Zweifel zu äußern, werden häufig unter der Flut der Argumente moralisch zerstört. Sie geben auf, wenn sie das Gefühl haben, dass Kämpfen sinnlos ist. Dies äußert sich besonders dann, wenn 7.1– über Macht verfügt, was den Wunsch der anderen, ihre Meinung zu äußern oder eine Frage zu stellen, noch mehr unterdrückt.

Die Art, seine Meinung zu verteidigen, ähnelt bei 7.1– mehr einem Kampf, bei dem man gewinnt oder verliert, statt die Kräfte des gesamten Teams zu nutzen. Dieses Gefühl des Wettkampfs führt dazu, dass sogar richtige Hinweise oder Meinungen 7.1– nie dazu bewegen, seinen Standpunkt zu ändern. Die Abkehr von der ursprünglichen Position ist für 7.1– eine Äußerung von Unsicherheit und Schwäche, also jenen Zügen, die 7.1– mit allen Kräften meiden möchte. Er ist häufig zu stark mit der Verteidigung seiner Meinung beschäftigt, um Gegenargumente wahrzunehmen. Ist 7.1– in seltenen Fällen doch genötigt seine Meinung zu ändern, demonstriert er Unzufriedenheit und bezieht sich dabei auf die Umstände: „Na gut, wenn ihr denkt, dass man genau so handeln muss, gebe ich auf." 7.1– ändert seine Meinung selten, auch wenn es einen effektiveren alternativen Standpunkt gibt. Eine Ausnahme stellt die Meinung der höheren Führungsetage dar, die als unanfechtbar angenommen wird. 7.1− ist sich seiner Kräfte sicher, sodass ein erster Schritt zur Lösung einer Aufgabe jeglichen Schwierigkeitsgrades möglich ist. Die Positionierung von 7.1− gibt der Zusammenarbeit im Team einen kräftigen Ruck. Die Dominanz und Alternativlosigkeit der Initiative blockiert aber das Commitment anderer und verringert ihren Enthusiasmus und ihre Sicherheit. Die Mitglieder des Teams spüren ihren persönlichen Beitrag zum erreichten Resultat nicht, wenn sie nicht an den ersten Aktionsschritten beteiligt worden sind.

Entscheidungen treffen

Das Treffen einer Entscheidung ist, wie im vorherigen Kapitel vermerkt wurde, ein schwieriger Prozess, der mehrere Etappen einschließt. Wird die Entscheidung von 7.1− getroffen, sieht sie zunächst schnell und einfach aus: „Ich habe entschieden, dass wir das genauso machen werden." Für Mitarbeiter wirkt eine solche Art der Entscheidungsfindung so, als würde dieser schwierige Prozess nur aus einer Etappe bestehen: der Entscheidung selbst, die ohne weitere Diskussion und Beratung und Beteiligung der Mitarbeiter und weiterer Personen getroffen wurde. Ihnen wird lediglich mitgeteilt, was sie in der entstandenen Situation zu tun haben.

Die Herangehensweise zur Entscheidungsfindung ist nach 7.1− einseitig und unanfechtbar. Man kann allerdings nicht behaupten, dass dieser Entscheidungsstil grundsätzlich nur wenig effektiv ist. 7.1− hat nicht selten aufgrund seiner Fähigkeit, harte Entscheidungen in kürzester Zeit zu treffen, Erfolg. Dies wird besonders in Krisenzeiten und Krisensituationen als wertvoll empfunden.

Entscheidungen werden nach 7.1− fast ohne Diskussion getroffen und hinterher für endgültig erklärt. Alle anderen müssen sich mit Anweisungen bezüglich der Aufgaben zur Durchführung begnügen. Es können Fragen zur Ausführung gestellt werden, das Anzweifeln der Entscheidung aber und alternative Vorschläge sind nicht zulässig.

7.1− trifft gerne Entscheidungen und stützt sich dabei auf seine Erfahrungen, sein Wissen und seine Autorität und auf die an ihn delegierte Verantwortung. Er fokussiert sich bei Entscheidungen auf den Gegenstand und führt eine Reihe notwendiger Folgeschritte aus, ohne dabei seine Mitarbeiter einzubeziehen. Eine solch individualistische und enge Herangehensweise mangelt an Vollständigkeit oder Realismus in der Problemwahrnehmung und behindert eine effektive Umsetzung.

7.1− wird normalerweise nicht einmal jene Mitarbeiter in den Prozess der Entscheidungsfindung einbeziehen, die die Entscheidung anschließend umsetzen müssen. Er kann Fragen stellen, die für die Entscheidungsvorbereitung notwendig sind, er wird aber andere nicht involvieren und auch nicht mitteilen, wofür er Informationen benötigt. Seine Logik besteht aus Folgendem: „Ich weiß selber, was besser ist". Er verlangt Menschen Fakten, nicht Meinungen ab. Eine solche Herangehensweise führt zu einer unvollständigen Vorstellung über den Sachverhalt, über den zu entscheiden ist. Menschen können jedoch nur dann notwendige Informationen geben, wenn sie über die Geschehnisse informiert sind und wissen, wonach sie gefragt werden.

Richtige Entscheidungen werden nur in den Teams getroffen, in denen gegenseitiges Vertrauen und Respekt herrschen. Fehlendes Vertrauen und Respekt von 7.1− seinen Mitarbeitern gegenüber führt selbst dann, wenn seine Entscheidung sich als richtig erweist, zu geringerer Motivation und Beteiligung der Mitarbeiter, sodass der Entscheidungsprozess „stagniert".

7.1− ist aufrichtig der Meinung, dass Entscheidungen ausschließlich durch die besondere Stellung der Führungskräfte zu treffen sind, weshalb er auf Versuche anderer, Entscheidungen zu treffen, äußerst eifersüchtig und sehr gekränkt reagiert. Um sein Recht auf Entscheidung zu unterstreichen, wird 7.1− nicht zögern zu sagen: „Leider wissen Sie nicht alles." Hierdurch weist er auf seine Position und Informationsmacht hin, die nur einer beschränkten Anzahl an Personen zugänglich sein sollen. Alles Wissen kann nach 7.1− nur die höchste Führungsetage einer Organisation besitzen.

Kritik üben

Kritik seitens 7.1− hat einen einseitigen Charakter und ist nicht konstruktiv. Er weist auf die Fehler und Schwächen anderer hin. Dies geschieht seiner Meinung nach, um anderen zu helfen, aus begangenen Fehlern eine Lektion zu erhalten und die Arbeitsqualität zu steigern, wobei die kategorische, persönliche Art dieser Führungskraft nicht die Gefühle, Erwartungen und Motive anderer berücksichtigt. Dementsprechend erreicht eine solche Kritik nicht ihre ursprünglichen Ziele und hat den entgegengesetzten Effekt: Menschen nehmen eine Position des Widerstands ein und verlieren jeglichen Wunsch, effektiver zu arbeiten. 7.1− kann eine öffentliche Fehler- und Mangelanalyse initiieren, damit „jeder eine Lektion lernen kann". Er glaubt aufrichtig an die Effektivität solcher Aktionen. Seine Logik ist einfach und geradlinig: Alle lernen auf einen Schlag etwas über den Fehler, damit jeder richtige Schlussfolgerungen daraus ziehen kann, weshalb es überflüssig ist, für jeden Einzelnen im Detail Erklärungen zu geben. Allerdings hat eine solche Herangehensweise oft eine negative Wirkung, da sie die menschliche Würde der Mitarbeiter senkt und die Menschen in Angst und Unruhe versetzt. Kritik erlaubt es anderen nicht, an der Diskussion teilzunehmen. Kritische Anmerkungen solcher Art geben anderen nicht die Möglichkeit, sich selbst zu äußern, da sie ständig unterbrochen und ihnen bereits fertige Erklärungen angeboten werden: „Sie haben Unrecht und ich sage auch warum", „Mich interessiert dies nicht", „Ich verstehe gar nicht, worüber Sie reden". Dabei werden positive Resultate entweder vollkommen verschwiegen oder zähneknirschend kommentiert. 7.1− erwartet von anderen lediglich Resultate und betrachtet positive Kommentare als Äußerung von Schwäche, die die Menschen von der Arbeit ablenken und zu Selbstgefälligkeit führen.

Bei den verschieden Arten von Kritik legt 7.1− den Schwerpunkt auf die Abschlusskritik. Wenn die Tätigkeit bereits abgeschlossen ist, kann man kaum etwas verbessern. Dabei versucht 7.1− nicht, Ursachen für Misserfolge zu finden, sondern stürzt sich mit seiner Energie und Unzufriedenheit auf die Mitarbeiter, die offensichtlich nicht fähig waren, gute Ergebnisse zu erzielen, und seiner Meinung nach überhaupt Schuld an der neuen Situation haben. Nach entsprechender Kritik können die Mitarbeiter lediglich mit den Schultern zucken. Die entstandenen Fehler bleiben unbesprochen. Im Allgemeinen ist Kritik, die 7.1− übt, unkonstruktiv und äußert sich etwa: „Ich stelle nur zielgerichtete Fragen, um zu sehen, ob ich verstanden werde oder nicht und um die Information zu erhalten, die ich in dem Moment benötige", „Ich sehe nicht die Notwendigkeit Ideen kennenzulernen, die nicht meiner Vorstellung vom Gegenstand entsprechen".

7.1− nutzt in der Kritik oft rhetorische Fragen, die keine Antwort erfordern, die eigene negative Haltung ausdrücken und den Mitarbeitern keine andere Möglichkeit lassen, als sich zu rechtfertigen. Hört ein Mitarbeiter: „Wieso machen Sie nie etwas rechtzeitig?", versteht er nicht, um welches Verhalten es sich konkret handelt und was er tun muss, um die Situation zu ändern. In entsprechender Kritik hört er keine Ermunterung zur Verbesserung, sondern nur eine Übertreibung und negative Meinung ihm gegenüber.

Kritik in kategorischer Form zeigt nicht auf, worin der Mitarbeiter Unrecht hatte, sondern enthält einen unmittelbaren Hinweis darauf, was es zu tun gibt: „Sie müssen effektiver werden!", „Ich lasse es nicht zu, dass Abteilungspläne nicht befolgt werden!" Eine solche Kritik demotiviert Mitarbeiter normalerweise, weil sie das Gefühl inneren Widerstandes auslöst. 7.1− nutzt nicht selten auch andere Formen von Kritik: Aussprachen, Vorwürfe, Sarkasmus und negative Kommentare, die besonders dann unkonstruktiv werden, wenn sie in einem verächtlichen Ton geäußert und durch aggressive Gesten und Mimik begleitet werden.

4.5   Schlussfolgerungen

Der Träger des 7.1− Stils bringt Entschiedenheit und Konzentration auf Ziele im Team mit und eröffnet neue Möglichkeiten. Auf eine solche Person kann man sich in der Ergebniserreichung besonders unter Umständen höherer Gewalt und einem zeitlichen Defizit voll verlassen. Allerdings wirkt der eingeschränkte Blick auf Menschen, als Mittel der Zielerreichung negativ auf die Zusammenarbeit. Ein geringes Niveau der Menschenorientierung wirkt oft negativ auf 7.1− und sein Potenzial, das er in die Organisation mitbringt. 7.1− demonstriert Furchtlosigkeit, wenn es darum geht, etwas zu verkünden, sich um etwas zu kümmern oder eine harte Entscheidung zu treffen. Er ist gut organisiert, gründlich in seinen Handlungen, vertritt seine Meinung bestimmt, was bereits an Leidenschaft grenzt. Die Betrachtung, welche Mittel zur Ergebniserreichung führen und die Überzeugung, dass die Mehrheit der Menschen faul und ohne Eigeninitiative ist, und auch die nicht seltene Überhöhung der eigenen Rolle, kann die ganze Ergebnisorientierung aus zweierlei Gründen auslöschen.

Erstens versteht 7.1− nicht, wie wichtig die anderen Menschen in der Zusammenarbeit im Team sind. Seine größte Sorge ist die Umwandlung von Ressourcen **R** in Resultate **O**. Er begreift nicht, dass nicht nur er alleine, sondern auch andere Menschen ihre kreativen Ideen, gegenseitiges Vertrauen und Respekt in die I-Zone mitbringen. Dies bedeutet, dass 7.1− bei aller Entschiedenheit und Zielorientierung oft eine eingeschränkte Vorstellung über die Mission und Werte einer Organisation hat und eine vereinfachte, einseitige Vorstellung über die Wege der Ergebniserreichung **O.**

Zweitens kann eine geringe Menschenorientierung von 7.1–, ein eingeschränktes Verständnis und teilweise auch ein leichtfertiger Umgang mit Werten der Unternehmenskultur die Resultate nivellieren, da die Mitarbeiter nicht den persönlichen Sinn der Arbeit sehen und auch keine Lust haben, Verantwortung zu übernehmen. Statt Beteiligung an einer Sache, Interesse am Ergebnis und Drang zu einer effektiveren Zusammenarbeit verlieren die Mitarbeiter ihre Motivation und fühlen einen inneren Widerstand gegenüber jeglichen Anweisungen von 7.1–, was sich unvermeidlich in den Ergebnissen zeigt.

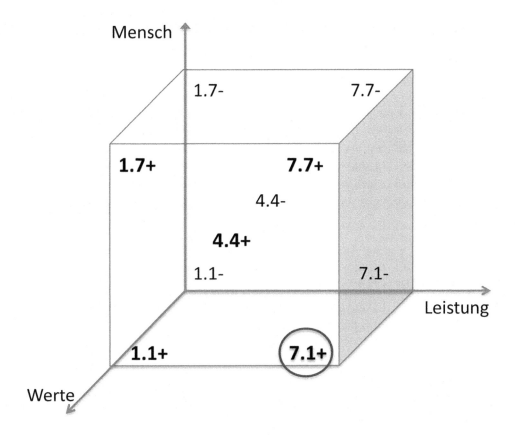

© Springer-Verlag GmbH Deutschland, ein Teil von Springer Nature 2019
A. Zankovsky und C. von der Heiden, *Leadership mit Synercube,*
https://doi.org/10.1007/978-3-662-58373-9_5

Hohe Ergebnisorientierung, geringe Menschenorientierung und Interesse an der Arbeit und der Organisation, eine nicht gleichgültige, aber keinesfalls gleichberechtigte Beziehung den Mitarbeitern gegenüber, die als unreif und hilfsbedürftig wahrgenommen werden. Einwände sind nicht willkommen, es herrscht die Tendenz zu Beratung und Bevormundung. Die Führungskraft 7.1+ bestimmt die Verhaltensgrenzen und das Einbringen von Initiative für sich und andere. Sie schätzt ihre Mitarbeiter für ihre Unterstützung und ist ihnen dankbar, akzeptiert aber Zweifel und Einwände gegen ihre eigenen Entscheidungen nicht.

5.1   I-Zone unter Bedingungen von 7.1PLUS

Die hierarchische Pyramide, an deren Spitze der Paternalist steht, ist die Ausgangslage für patriarchalische Beziehungen. 7.1+ sieht sich verantwortlich für alles und jeden und betrachtet Mitarbeiter als Untergebene, deren Leistung auf ihn zurückfällt. Dies äußert sich in folgender Beziehung: „Wenn es notwendig ist, etwas richtig zu tun, muss ich es selbst tun!" Dieses Gefühl der ausschließlichen Verantwortlichkeit macht es ihm schwer, anderen mehr Verantwortung für ihre Handlungen zuzugestehen. Eine Ausnahme bilden die Menschen, denen der Paternalist ebenso sehr vertraut wie sich selbst (s. Abb. 5.1).

Der Paternalist fühlt sich wohler, wenn er die Beziehung kontrolliert. Muss eine patriarchalische Führungskraft, die auf mittlerer oder unterer Ebene tätig ist, eine operative Handlung durchführen, übt sie Druck aus, indem sie andere bei der Ausführung der Aufgabe anleitet. Im Laufe der Operation sieht sich der Paternalist in der Pflicht alle zu beobachten, wobei er sich selbst als Koordinator bezeichnet: „Wenn ihr fertig seid, werden wir alles zusammen prüfen" oder: „Bevor ihr etwas unternehmt, beratet euch mit

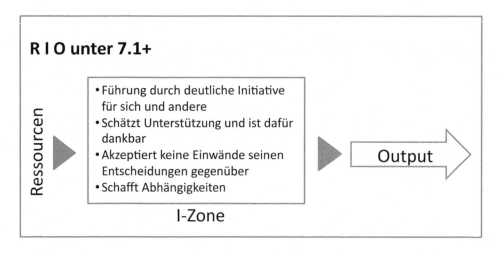

Abb. 5.1   7.1+

mir." Er bemüht sich, ständig in der Nähe zu sein, um sicherzugehen, dass alles wie vorgeschrieben befolgt wird. Er mischt sich sofort ein, wenn ein Mitarbeiter beginnt, etwas
anders zu machen. Dies lässt keine Möglichkeit zu, etwas außerhalb dessen zu machen,
was verlangt wird.

7.1+ ist in einer wechselseitigen Beziehung nicht einfach zu erkennen, da Kontrolle
und Dominanz von außen als unaufdringlich wahrgenommen werden können und für
einen externen Beobachter die Beziehung vollkommen normal aussehen kann. Menschen, die mit dem Paternalisten arbeiten, begreifen schnell, wie sie sich verhalten müssen, um Bestrafung zu umgehen. Ein in irgendeiner Hinsicht unzufriedener Paternalist
wird zunächst durch seine Körpersprache Unzufriedenheit mit dem Geschehen ausdrücken, woraufhin er in Form einer kurzen Analyse des Geschehens eine Warnung oder
eine weiche Kritik äußert, die, oberflächlich gesehen, nicht Druck ausübend oder kontrollierend ist. Der Patriarch kann dabei lachen oder mit einer freundlichen, fürsorglichen
Stimme sprechen: „Ich war erstaunt, als ich herausfand, dass ihr nicht mit meinem Vorschlag einverstanden seid. Ich bin neugierig, warum ihr die Möglichkeit, die ich euch
gegeben habe, nicht genutzt habt!" Ein solcher, scheinbar freundlicher Ton hinterlässt
den Eindruck, dass die Führungskraft freundschaftlich und mitfühlend sei.

Ein anderer Grund dafür, dass es schwierig ist, den Paternalisten hinter dem persönlichen Wohlwollen zu erkennen, ist die Tatsache, dass positiver Druck eine treibende
Kraft für die Organisation des Arbeitsprozesses darstellt. Von außen sieht alles erfolgreich aus, Menschen wirken zufrieden und interessiert. Allerdings werden Mitarbeiter
in einer solchen Atmosphäre von Lob und Komplimenten abhängig. Sie fühlen sich
unwohl, wenn sie nicht gelobt worden sind. Sobald solch eine Beziehung hergestellt
ist, ist es für 7.1+ kaum noch notwendig, zu strengeren Bestrafungsmaßnahmen überzugehen, um notwenige Resultate zu erzielen, da fehlende Aufmerksamkeit bereits
Bestrafung genug ist.

Unterliegen einzelne Mitarbeiter nicht den Wünschen des Paternalisten, holt er sich
Unterstützung von loyalen Außenstehenden und handelt so, dass Abweichler überzeugt
und zur Unterordnung gezwungen werden. Abhängig von der jeweiligen Beziehung
können solche Maßnahmen von weich bis hart variieren. In einigen Fällen reicht es,
Wohlwollen zu entziehen, in anderen Situationen kann ein einfacher Hinweis Wirkung
zeigen. Manchmal kann eine Verstärkung der Kontrolle, die Auflage disziplinarischer
Maßnahmen oder der Ausschluss von der Teilnahme am Projekt eine Bestrafung sein.
Ist der Paternalist nicht sicher, die Loyalität von einem Mitarbeiter zu erhalten, kann er
diesen in eine andere Abteilung verweisen oder gar entlassen. Solche harte Maßnahmen
sind für ihn in Ordnung, weil sie für andere, die an seiner Führungsrolle zweifeln, als
abschreckende Maßnahme dienen.

Die Verhaltenszüge von 7.1+ sind im Endeffekt wenig positiv, da bei Mitarbeitern
und Teammitgliedern ein Abhängigkeitsgefühl entsteht. Mit der Zeit empfinden sie
immer weniger den Wunsch, das zu tun, was notwendig ist, sondern, zu machen, was der
Paternalist will. Sie fühlen sich unterdrückt und in ihnen bildet sich eine Beziehung zur

Arbeit, die sich etwa so ausdrückt: „Ich weiß, was ich tun muss, um hier zu überleben"
oder: „Es ist unwichtig, ob ich recht habe" oder: „Die Tatsache, dass ich recht habe, ist
einen Konflikt nicht wert."

5.2   Kultur und Werte bei 7.1PLUS

Patriarchalische Kultur Arbeit existiert, um dem Unternehmen zu dienen. 7.1+ gibt
selbst ein Beispiel hoher Arbeitsfähigkeit vor, hat den Mitarbeitern gegenüber eine hohe
Ergebniserwartung und erwartet darüber hinaus auch hohe Motivation. Leistung auf mitt-
lerem Niveau wird nicht begrüßt. 7.1+ delegiert Aufgaben, lässt aber keinen Raum für
die eigenständige Durchführung, kontrolliert, warnt und weist auf mögliche Fehler hin,
womit sie jegliche Spontaneität ihrer Mitarbeiter bremst. 7.1+ ist von der Unfehlbarkeit
und dem Umfang seiner Kenntnisse überzeugt und verlässt sich vollkommen auf diese.
Er lobt und stimuliert seine Mitarbeiter, die entsprechend seinen Erwartungen handeln,
wofür er im Gegenzug Dankbarkeit erwartet. Personen, die 7.1+ widersprechen oder
seine Empfehlungen anzweifeln, werden kritisiert und wegen der Unzulässigkeit eines
solchen Verhaltens gewarnt. 7.1+ erwartet Bewunderung und Einverständnis und lässt
keine Möglichkeit zu, ihm zu widersprechen. 7.1+ ist sogar bereit, Fehler zu verzeihen,
wenn ihm nicht widersprochen wird. Dies geschieht besonders dann, wenn diese Fehler
im Rahmen seiner eigenen Anweisungen liegen. 7.1+ ist am Erfolg des Unternehmens
orientiert und alles in seinem Verhalten zielt genau darauf ab. Diese hohe Ergebnisorientierung und gleichzeitig schwache Menschenorientierung äußern sich in der alltäglichen Arbeit z. B. darin, dass er einer selektiven Taktik im Verhalten mit anderen
Menschen folgt und Menschen auch sehr selektiv betrachtet. 7.1+ möchte seine Autorität
zeigen, er mag seine Führungsrolle, erwartet von anderen Lob und Verehrung und findet,
dass es nur auf diese Art und Weise möglich ist, gute Ergebnisse zu erzielen. Der Stil von
7.1+ ist ein überzeugender, selbstsicherer, fordernder und strenger Führungsstil.

Vertrauen 7.1+ betrachtet die Mitarbeiter aus einer Art Eltern-Perspektive als unselbstständig und unreif. Unabhängig von ihrem Alter und ihrer fachlichen Kompetenz bleiben
diese in vielerlei Hinsicht Kinder, die eine nette, verständnisvolle, elterliche Aufsicht und
Unterweisung brauchen. Deswegen müssen sie 7.1+ ganz und gar vertrauen. Seinerseits
kann 7.1+ unreifen Menschen nicht vertrauen. Man kann ihnen unwichtige Fragen und
deren Lösungswege anvertrauen, aber in Schlüsselangelegenheiten benötigt 7.1+ einen
erfahrenen, weisen Mitarbeiter, der berät und auch darauf hinweist, was in welcher Form
bewältigt werden muss. Vollständiges Vertrauen können nur die Mitarbeiter auslösen,
die sich bei der Entscheidungsfindung hinsichtlich eines guten Rats oder Unterstützung
immer an 7.1+ wenden. Auf diese Weise wird Vertrauen durch eine unreife Abhängigkeit von der Autoritätsfigur und die Angst, ihre Position und Fürsorge nicht zu verdienen,
ersetzt. Die Asymmetrie der Eltern-Kind-Beziehung verhindert eine echte Vertrauensbeziehung, weil Umstände von Unsicherheit, Unruhe und Angst, an etwas schuld zu sein,

geschaffen werden. Die Ausrichtung von 7.1+, den Organisationszielen zu dienen und den Mitarbeitern Unterstützung entgegenzubringen, wird dadurch neutralisiert.

Gerechtigkeit 7.1+ ist vollkommen überzeugt, dass er gerecht ist. Seine Entscheidungen und seine Herangehensweise sind gerecht, da er über Erfahrungen und Wissen verfügt und besser als die Mitarbeiter weiß, was diese benötigen und welche Bewertung sie verdient haben. 7.1+ wünscht seinen Mitarbeitern ausschließlich Gutes. Für vollkommene Gerechtigkeit müssten sie nicht nur seinen Rat befolgen, sondern ihm auch auf einer menschlichen Ebene dankbar sein (und dies auch nicht verbergen). Die Mitarbeiter, die sich bemühen, beides zu erfüllen, haben elterlichen Dank verdient und können zu Lieblingen der Führungskraft werden. Aber selbst in diesem Fall müssen sie Verhaltensregeln befolgen, die von 7.1+ etabliert worden sind. Die Mitarbeiter, die nicht die Rolle des „Kindes" annehmen wollen, verdienen „gerechte" Bestrafung.

Commitment und Identität Personen, die 7.1+ folgen, nehmen Verpflichtungen ihrer Organisation gegenüber als unanfechtbare Gefolgschaft und klare Befolgung der Anweisungen der Autoritätsfigur wahr. Nach Meinung von 7.1+ müssen die Mitarbeiter die Organisation (Abteilung oder Gruppe) als ihre eigene Familie wahrnehmen und sich mit den Rollen identifizieren, die ihnen durch die Führungsfigur zugewiesen wurden. Wenn dabei Ideen, Interessen und individuelle Ziele der Mitarbeiter den Ansichten und Meinungen von 7.1+ entsprechen, werden sie von ihm berücksichtigt und unterstützt. Gibt es eine solche Überschneidung nicht, wird 7.1+ seinen Mitarbeitern gerne die Unzulänglichkeit ihrer Position erklären. So wird die Persönlichkeit des Menschen in der Organisation auf die Rolle einer unsicheren, unreifen Arbeitskraft reduziert, die ständiger Fürsorge bedarf. Nichtsdestoweniger bringen Mitarbeiter, die diese Rolle akzeptieren und wertschätzen, 7.1+ und der Abteilung oder dem Team aufrichtiges Commitment entgegen.

Zuverlässigkeit und soziale Verantwortung Für 7.1+ ist der Wunsch nach einer stabilen, lang andauernden Beziehung charakteristisch, die auf die Ziele und Werte der Organisation gerichtet ist. Besonders hohe Stabilität ist für jene Situationen und Abteilungen charakteristisch, in denen Mitarbeiter bereit sind, die Rolle anzunehmen, die ihnen von 7.1+ zugeschrieben wird. In der Regel nehmen Mitarbeiter, die sehr professionell sind, über große Fachkenntnisse verfügen und ein besonderes Bedürfnis nach Unabhängigkeit und Selbstständigkeit haben, eine solche Rolle nicht an. In diesem Fall sind ernste Konflikte unvermeidbar, deren Überwindung intensiver Bemühungen durch beide Seiten bedarf. 7.1+ trägt eine hohe soziale Verantwortung, indem er von Hilfsbereitschaft und Unterstützung des Umfelds ausgeht. 7.1+ ist davon überzeugt, dass die Organisation verpflichtet ist, mit öffentlichen Institutionen zu kooperieren und an der Lösung sozialer Probleme mitzuwirken.

Transparenz und Ehrlichkeit Transparenz und Offenheit werden von 7.1+ gewünscht.
Er will seine Mitarbeiter unterstützen und ihnen helfen, effektiver zu werden. Nehmen die Mitarbeiter die Rolle an, die 7.1+ ihnen zuschreibt, sind Offenheit und Transparenz äußerst stark. Was soll man verbergen und warum soll man sich schämen, wenn
wir doch alle eine erfolgreiche und harmonische Familie sind? Allerdings wirken sich
das fehlende Vertrauen und das Zurückhalten wichtiger betrieblicher Informationen, die
nur zum persönlichen Nutzen bestimmt sind, negativ auf die Transparenz und Offenheit der Beziehung aus. Bei der Entstehung von Konflikten, die im Falle der Ablehnung
der Kindrolle durch die Mitarbeiter unvermeidbar sind, ändert sich die Situation völlig:
Offenheit und Transparenz werden zu Verschlossenheit und versteckten Handlungen der
entgegengesetzten Seiten. Deswegen bleibt das Gesamtbild der betrieblichen Tätigkeit
relativ widersprüchlich und führt zu Unruhe und Anspannung.

5.3   Kultur und Macht bei 7.1PLUS

Akzent auf Position und Kompetenz

Bestrafung 7.1+ wendet Bestrafung relativ selten an, und wenn, dann betrachtet er
diese als unvermeidbare negative Kraft, mit der man sich abfinden und die man für
Erziehungsziele nutzen muss. Die Arten der Bestrafung sind begrenzt und in der Regel
auf weiche Formen beschränkt: Missbilligung, kritische Anmerkungen und Bloßstellen.
Eine Bestrafung kann dazu führen, dass sich 7.1+ abwendet und den Mitarbeitern seine
Fürsorge entzieht. Nicht selten erklärt 7.1+ was gut und schlecht ist, sodass der Schuldige eine zweite Chance bekommt, sich richtig zu verhalten, und ihm verziehen werden
kann. Ein solches Verhalten von 7.1+ führt dazu, dass Mitarbeiter es vermeiden, eigene
Ideen zu verfolgen, aus Angst, in Ungnade zu fallen. Diese Macht äußert sich so: „Wenn
du es nicht im Guten verstehst, können wir auch erwachsen miteinander reden". Dabei
wird das Bestrafungsniveau nicht nur durch den objektiven Schaden der Tat oder des
Fehlers bestimmt, sondern auch durch die Bereitschaft oder Ablehnung, die „Kindrolle"
anzunehmen.

Belohnung 7.1+ betrachtet Belohnung als effektives Mittel der Einflussnahme und
Erziehung. Von der Überzeugung ausgehend, dass alle Mitarbeiter unreif und nicht bereit
zur selbstständigen Arbeit sind, steht ihre Belohnung ausschließlich 7.1+ zu. Er selbst
bestimmt, wer eine Belohnung verdient hat und welche. Belohnungskriterien haben in
der Regel wenig mit der wirklichen Zielerreichung der Mitarbeiter zu tun. Wenn ein Mitarbeiter für gute Arbeit belohnt oder ihm gedankt wird, geschieht dies mit einem Unter-
ton: Dies bezieht sich nicht nur auf Ergebnisse, sondern auch auf richtiges Verhalten oder
eine respektvolle Beziehung. 7.1+ belohnt und führt diejenigen als Beispiel an, die ohne
Einwände die Kindrolle annehmen und den Anweisungen von 7.1+ folgen.

Position Die Statusposition von 7.1+ spiegelt in vielerlei Hinsicht die elterliche Position seines Lebens. Er hält keine Distanz zu seinen Mitarbeitern, indem er auf enge, fast verwandtschaftliche Verhältnisse abzielt. Seine statusbedingte Weisungsbefugnis muss er nur dann unterstreichen, wenn seine Mitarbeiter die Kindrolle nicht annehmen. Durch seine Überzeugungskraft, die sich nicht selten auf sein Wissen, seine Erfahrungen und seine ehrliche Absicht zu helfen gründet, trifft er oft optimale Entscheidungen, selbst wenn er einem Mitarbeiter seine Meinung aufzwingt.

Information Der Informationsaustausch bei 7.1+ kann sich von außen wie ein Dialog darstellen, trägt aber oft einen herabwürdigenden Charakter und wird vor allem für die Weitergabe von Anweisungen, Ratschlägen und Instruktionen an die Mitarbeiter genutzt. Der Informationsumfang schließt häufig außerhalb der Organisation liegende Themen oder auch allgemeine Lebensfragen mit ein. Sind Mitarbeiter nicht damit einverstanden, dass Informationen aus dem Privatleben in einem betrieblichen Umfeld diskutiert werden, und äußern sie eindeutigen oder versteckten Widerwillen, bevorzugt 7.1+ es, wichtige betriebliche Informationen ausschließlich für den persönlichen Gebrauch zu behalten, weil er der Ansicht ist, dass die Mitarbeiter nicht bereit sind, diese richtig zu verarbeiten. Eine solche Information wird teilweise dafür genutzt, seine eigene Position zu stärken. Informationen, die nicht den Ansichten oder Absichten von 7.1+ entsprechen, werden ignoriert oder abgelehnt. Gegenargumente werden in der Regel zur Umformulierung genutzt, um der ursprünglichen Idee von 7.1+ wieder zu entsprechen.

Kompetenz 7.1+ verfügt in der Regel über eine professionelle Kompetenz und große Erfahrung. Er ist gut organisiert und ergebnisorientiert, wobei hohe Ergebnisse erreicht werden müssen. Er teilt aufrichtig die Werte der Organisation. Er versucht nicht, seine Vormachtstellung vor seinen Mitarbeitern zu zeigen. 7.1+ ist einfach von seiner Position überzeugt und nimmt sie als selbstverständlich hin. Durch seinen hohen Status, seine Erfahrung und Professionalität verinnerlicht er auch neues Wissen. Mitarbeiter werden prinzipiell nicht als Quelle neuen Wissens und neuer Fähigkeiten in Erwägung gezogen. 7.1+ ist ständig dahin orientiert, seine Mitarbeiter zu belehren und zu entwickeln, aber nur in der Richtung, die er selbst für richtig hält.

Ausstrahlung 7.1+ versucht als erfahrene, weise und erfolgreiche Führungskraft aufzutreten, die in der Organisation ihre Mitarbeiter „anfeuert" und an der gemeinsamen Sache und am Ergebnis orientiert ist. Dank seiner Erfahrung und seiner persönlichen und professionellen Fähigkeiten kann 7.1+ ein weiser Vorgesetzter sein, der seinen Mitarbeitern helfen kann, sich nicht nur beruflich, sondern im Leben zu orientieren. Eine solche Einstellung wird von Mitarbeitern positiv und negativ wahrgenommen. Der aufrichtige Wunsch zu helfen und zu unterstützen sowie große Erfahrung und Professionalität helfen 7.1+ als Referenzfigur für diejenigen Mitarbeiter aufzutreten, die mit der zugewiesenen Rolle einverstanden sind. Das Ablehnen einer solchen Rolle bringt Konflikte mit sich und reduziert die Ausstrahlung von 7.1+.

5.4   Fähigkeiten in der Zusammenarbeit bei 7.1PLUS

Konflikte lösen

Für 7.1+ ist die Welt eine wohlgeordnete Familie mit gefestigten Traditionen, der Konflikte oder ernsthafte Widersprüche fremd sind. Ein Konflikt stellt die Autorität von 7.1+ und die Möglichkeit, hohe Resultate zu erzielen, infrage, da die Vertreter dieses Stils sich mit aller Kraft bemühen, Konflikte zu überwinden, indem sie im Alleingang eine Entscheidung treffen und die Gefahr von Konfliktsituationen für alle deutlich machen. 7.1+ nimmt Konflikte als Missverständnis auf: Mitarbeiter begreifen schlichtweg nicht, was richtig ist und wie man sich verhalten muss.

Für 7.1+ sind Konflikte die Schwäche sowohl einer Organisation als auch ihrer Mitarbeiter. Gute Mitarbeiter begreifen nach Meinung des Paternalisten schnell, dass sie auf optimale Art und Weise agieren, wenn sie seine Anweisungen befolgen, nach seinen Wünschen handeln und Dankbarkeit äußern. Nur so können sie den Erfolg für die Organisation, für sich selbst und für ihre weise Führung ermöglichen. Wenn sie allem entgegenwirken, sich streiten oder Kritik äußern, handelt es sich für 7.1+ einfach um kindliches, unreifes Verhalten, das allen schadet. Da 7.1+ der Organisation, den Mitarbeitern aber auch sich selbst Erfolg ermöglichen will, ist es sinnvoll, ernsthafte Konflikte zu vermeiden oder zu umgehen. 7.1+ hält Konflikte für unzulässig, da sie die Effektivität senken. Die Reaktion ist also, die Situation unter Kontrolle zu bringen und den Konflikt zu unterdrücken, damit dieser die Arbeit nicht mehr behindert.

7.1+ fühlt sich für einen Abbau von Meinungsverschiedenheiten in der Zusammenarbeit mit Menschen verantwortlich, er ruft die Mitarbeiter zur Loyalität auf, ist bereit sie zu belohnen oder zu bestrafen und ihre allgemeine Kooperation zu gewährleisten. 7.1+ unterbindet entschieden jegliche Einwände und Zweifel in Bezug auf seine Anweisungen. Äußerlich ist das Team genötigt, die Unterstützung des Patriarchen auszuhalten und seine Handlungen positiv zu unterstreichen, wenngleich die Teammitglieder oft innerlich nicht einverstanden sind. Dies gibt 7.1+ ein trügerisches Gefühl der Sicherheit darin, dass er eigentlich richtig handelt. Das Ego des Paternalisten wird noch mehr gefördert, da er kein adäquates Feedback erhält: Niemand möchte eine abweichende Meinung äußern und damit einen Konflikt provozieren.

Entsteht ein Konflikt, ist 7.1+ mit viel Aufmerksamkeit darauf bedacht, seine Autorität nicht untergraben zu lassen, damit sein Image vor denen, die seine Führungsfähigkeit respektieren, nicht leidet. Da 7.1+ allgemein nicht gerne Teil eines Konflikts wird, der seine Autorität infrage stellen könnte, sind die ersten Lösungsversuche in der Regel sehr weich. Es werden Anmerkungen in einer höflichen Form formuliert und Missbilligung geäußert. Oft funktioniert eine solche Methode, da die Mitarbeiter, nachdem sie die Laune ihres Chefs verstanden haben, bereits wissen, was danach folgt. Oft findet deswegen hinter dem Rücken des Chefs ein Austausch von Beobachtungen statt, wie beispielsweise:

„Halt dich heute von ihm fern, er hat schlechte Laune", oder „Er hat heute gute Laune, versuch, deinen Vorschlag mit ihm zu besprechen, er wird ihn sicher bestätigen."

Hat eine weiche Missbilligung nicht gewirkt, handelt 7.1+ entschiedener. Dies können offene Anmerkungen oder Kritik gegenüber dem Störer sein oder missbilligende Anmerkungen, die vor allem in Meetings geäußert werden. Wenn es nicht gelingt, den Konflikt auszumerzen, trifft 7.1+ härtere Maßnahmen, um die Schuldigen zu bestrafen. Ihnen wird das Wohlwollen entzogen. Erreicht ein Konflikt dieses Niveau, ist 7.1+ genötigt, zum Äußersten zu gehen und den Schuldigen öffentlich zu bestrafen. Er wird dem Schuldigen kaum verzeihen und lange Groll gegen ihn hegen. Der Schuldige wird sich sehr bemühen müssen, um seine frühere Beziehung zu 7.1+ wiederherzustellen.

Wird 7.1+ von seinen Mitarbeitern mit einem Konflikt konfrontiert, tritt er gerne als Schiedsrichter auf, indem er die Positionen der gegnerischen Seiten klärt und sie zum Frieden auf Grundlage eines Kompromisses zwingt. Dabei werden alle Möglichkeiten genutzt, um den Mitarbeitern zu erklären, wie unzulässig und überflüssig die Konflikte sowohl für die Organisation im Ganzen, als auch für jede Konfliktpartei sind.

Informationen austauschen

Hohe Ergebnis- und geringe Menschenorientierung zwingt 7.1+ oft, eine einseitige, teils herabwürdigende Kommunikationsform zu nutzen, die keine Dialog- und Feedbackanteile enthält. Eine hohe Orientierung gegenüber einer gemeinsamen Angelegenheit, Idealen und einer gemeinsamen Unternehmenskultur macht die Kommu-nikation zwischen 7.1+ und seinen Mitarbeitern im Vergleich zu 7.1− effektiver: ein patriarchalisches Organisations- und Familienmodell repräsentiert eher die Interessen und Werte der meisten Mitarbeiter. Die Verallgemeinerung der Werte und die Pflege des allgemeinen Wohls kompensieren oft den einseitigen Charakter der Kommunikation, der 7.1+ eigen ist. Es fehlt eine Feedbackfunktion zur Korrektur des eigenen Stils. Kommunikation erfüllt für 7.1+ zwei wichtige Funktionen:

1. das Setzen eines Ziels und seine Erreichung,
2. die Stärkung der patriarchalischen Rollenstruktur „Eltern-Kind", die 7.1+ für einzig richtig hält.

Die erste Funktion muss eine eindeutige Zielsetzung und Aufgabenverteilung, Koordination der Zusammenarbeit, Führung und Kontrolle möglich machen. Die zweite Funktion muss Mitarbeiter davon überzeugen, dass nur das Befolgen der Anweisung von 7.1+ sowie tiefer Respekt und Vertrauen seinen Worten und Handlungen gegenüber, den Unternehmenserfolg im Ganzen und den Erfolg des einzelnen Mitarbeiters möglich machen.

7.1+ realisiert in der Regel diese Funktion erfolgreich und ist deswegen überzeugt, dass er über eine außerordentlich hohe kommunikative Kompetenz verfügt:

Er kann immer richtig und deutlich Ziele für seine Mitarbeiter formulieren und sie von der Richtigkeit der Ziele überzeugen. Indem er andere als unreif und unselbstständig sieht, kann er auf ihre Meinungen und Gefühle verzichten. Ihre Fähigkeiten und ihre Professionalität können sich seiner Meinung nach nur mit seiner Unterstützung zeigen.

7.1+ braucht Informationen von anderen, um gute Ergebnisse zu erzielen und gleichzeitig seine Position zu stärken. Er erkennt und unterstützt die Suche nach Informationen, die ihm darin helfen könnten, und vermeidet die Fragen, die mit Ergebnissen zusammenhängen oder seine Autorität infrage stellen könnten. Der Paternalist bemüht sich, auf diejenigen Einfluss zu nehmen, deren Meinung nicht seiner Position entspricht und macht alles möglich, um die Menschen davon zu überzeugen, ihre eigenen Ansichten abzulegen und seine Ansichten zu teilen. 7.1+ strebt in der Regel keinen intensiven Informationsaustausch an und findet es überflüssig, die Lage in ihrer vollen Reichweite zu klären. Er äußert hohes Interesse an den Ergebnissen und gibt hohes Interesse an den Menschen vor, wobei man keine Objektivität und Gründlichkeit in seinen Fragen vorfindet, was tatsächlich eine effektive gemeinsame Tätigkeit fördern könnte.

7.1+ ist von seiner Erfahrung und seinem Wissen überzeugt, womit er der Meinung anderer Menschen nicht so viel Bedeutung beimisst. Noch schlimmer ist die Tatsache, dass die Menschen, die den Paternalisten umgeben, ihm auf Fragen nur das mitteilen, was er hören will, nicht das, was man wirklich für den Nutzen einer Angelegenheit hören müsste.

Im Endeffekt ist die Kommunikation, die 7.1+ organisiert, nur so weit effektiv wie die Ressourcen R, die der Patriarch persönlich in die gemeinsame Tätigkeit einbringt, da er die Meinungen anderer im Grunde nie berücksichtigt. Der Kommunikationsstil von 7.1+ senkt die Unabhängigkeit und das kreative Potenzial anderer. Das Kommunikationsziel ist der Wunsch, sich davon zu überzeugen, dass der Mensch, dem geholfen wird, eindeutig begreift, was er tun muss, und dass er dies richtig tut.

Fragen des Paternalisten sind ausführlich und darauf ausgerichtet, sich noch mal davon zu überzeugen, was genau er vom Menschen möchte: „Und jetzt wiederholen wir, was ich eben gesagt habe; wir wollen uns davon überzeugen, dass wir das gleiche Verständnis haben." Hat der Paternalist eine interessante Idee von seinen Mitarbeitern gehört, widmet er ihr in der Regel keine Aufmerksamkeit, notiert sie aber in einer Datei oder merkt sie sich einfach. Später kann er auf diesen Vorschlag zurückkommen, die Vorzüge anerkennen, aber nur seine eigenen Gedanken darin finden. Dabei wird sich 7.1+ als Urheber dieser Idee sehen. Er wird nicht mal einen Gedanken daran verschwenden, dass jemand klüger, kreativer oder informierter sein könnte als er selbst.

Die Suche nach Informationen durch 7.1+ trägt einen einseitigen Charakter. Er mag es nicht, wenn man Fragen stellt, und äußert Zweifel in Bezug auf Ideen und Initiativen. Nicht selten überhäuft er seine Mitarbeiter mit einer übermäßigen Anzahl an Fragen zu ihrer Arbeit. In diesen klingen oft Anweisungen und Anleitungen mit, was wie zu tun ist, statt des Wunsches, etwas Neues zu hören. Aus diesem Grund antworten die Mitarbeiter häufig: „Wie soll ich das machen?" oder „Könnten Sie das noch mal erklären?"

Eine solche Zugangsweise zur Kommunikation senkt das Niveau des gegenseitigen Vertrauens und Respekts. Menschen werden vorsichtig und unentschlossen.

Position beziehen

7.1+ präsentiert seine Ideen und Meinungen mit Sicherheit, Durchsetzungskraft und Autorität und erwartet, dass andere sich ihm ohne Zeitverzögerung anschließen. Er verteidigt seine Ansichten entschieden, wenn sie jemand anzweifelt und unterstreicht, dass seine Position vor allem von allgemeinen Interessen ausgeht und auf das Wohl der Mitarbeiter selbst abzielt.

7.1+ hört sich die Meinungen und Standpunkte der anderen zwar an, aber es werden keine Diskussionen zugelassen, selbst wenn diese eindeutige Formulierungen beinhalten und das Thema und die Handlungen unterstützen, die bereits von der Führungskraft vorgeschlagen wurden. Die Abweichung von ursprünglichen Gedanken wird selten zugelassen. Wenn sich bessere Alternativen ergeben, werden sie aufs Genaueste überprüft und nur in Ausnahmefällen umgesetzt.

7.1+ beginnt unmittelbar seinen Standpunkt zu verteidigen und tut dies aktiv und voller Überzeugung. Da er sein Team aus der Überlegenheitsperspektive wahrnimmt, verteidigt er seine Meinung und Handlungen sicher und kraftvoll. Selbst wenn er sich den entgegengesetzten Standpunkt anhört, sieht er keinerlei Notwendigkeit, sich damit auseinander zu setzen. Er ist im Gegenteil vollkommen überzeugt, dass nur seine Meinung die erwünschten Resultate für das Team ermöglicht. Sein Wunsch nach Verehrung führt dazu, dass er stets gelobt und bewundert werden will.

Initiative äußert 7.1+ durch einen lehrerhaften Ton: „Ihr solltet…", „ihr braucht…", „wir müssen". Es wird als gegeben vorausgesetzt, dass die Mitarbeiter diese Worte mit Freude empfangen. Der Paternalist bemüht sich, andere davon zu überzeugen, dass die Mitarbeiter seine Bestätigung begreifen und unterstreicht die wichtigsten Aspekte mit folgenden Sätzen: „Das ist sehr wichtig", „Das, was ich jetzt sagen werde, ist außerordentlich wichtig". Der Patriarch kann das Gesagte noch mal wiederholen um sich davon zu überzeugen, dass er gehört wurde: „Habt ihr begriffen, was ich sagen wollte?" oder „Spreche ich deutlich?" Die Äußerung von Ideen durch 7.1+ erfolgt wie ein Aufzwingen und erdrückt die Initiative anderer, was aber in der Regel auf fürsorglich-interessierte Art erfolgt, die nicht verletzend ist und auch keine Mitarbeiter gegen sich lenkt, so wie es im Falle von 7.1− ist. 7.1+ stützt sich auf seine Autorität und bringt enthusiastisch Vorschläge ein:

„Ich habe diese Frage bereits durchdacht und habe einen Plan." Beginnt er die Tätigkeit, kontrolliert er ihre Ausführung, indem er seine Führung und Hilfe anbietet. Die Intensität seiner Kontrolle hängt völlig von ihm selbst ab und davon, welche Folgehandlungen seine Mitarbeiter ausführen.

Eine wichtige Einschränkung bei diesem Führungsstil ist die Abhängigkeit, die durch die lehrerhafte Argumentation und das aktive Positionieren entsteht. Die Teammitglieder können ihre Vorschläge besprechen und Alternativen vorschlagen. Hat der

Paternalist allerdings eine deutliche Vorstellung davon, wie etwas gemacht werden muss, wird er Veränderungen wahrscheinlich nicht zulassen. 7.1+ ist dabei überzeugend und angenehm, sodass andere beginnen, seinem Charme zu erliegen. Es vergehen Monate, bevor ein Mensch, der eine kluge Idee hatte, zu begreifen beginnt, dass der Paternalist ihn einfach überzeugt hat, woraufhin er enttäuscht denkt: „Wieso konnte ich meine Position nicht verteidigen?" „Wir hätten doch viel bessere Ergebnisse erzielen können!" Mitarbeiter finden Wege, diese „Hyperinitiative" zu umgehen, was nur mithilfe von Tricks erfolgt, die den Paternalisten wiederum dazu bewegen, sich andere Ideen zuzuschreiben und diese zu realisieren. Solche Versuche sind in der Regel mit hohem Zeit- und Kraftaufwand verbunden.

Die Art des aktiven Positionierens und die Abhängigkeit, die 7.1+ anderen anerzieht, können zu ernsthaften Problemen führen. Davon ausgehend, dass Mitarbeiter in extremen Situationen nicht in der Lage sind, richtige Entscheidungen zu treffen, verlangt 7.1+ ihnen ab, ihn über das Geschehen zu informieren, damit er Instruktionen erteilen kann. Dabei warten die Mitarbeiter geduldig auf die Entscheidung, ohne etwas zu unternehmen. Ist der Paternalist nicht zur Stelle und ist es unmöglich, mit ihm in Kontakt zu treten, stoppt die Arbeit, da niemand die Verantwortung übernehmen will. Auch wenn 7.1+ wertvolle Initiativen äußert, indem er seine reichhaltige Erfahrung und sein Wissen einbringt, wird seine Herangehensweise schließlich einen negativen Effekt haben. Menschen sehen nicht die Notwendigkeit und haben kein persönliches In-teresse, initiativ zu sein und ihre Position zu verteidigen, da sie wahrnehmen, dass mit ihren Handlungen negativ umgegangen wird. Diejenigen, die mit der starken Kontrolle einverstanden sind, nehmen die Rolle des unreifen, unselbstständigen Mitarbeiters an, sodass nur sehr wenige Chancen für professionelles Wachstum übrig bleiben. Diejenigen, die mehr Freiheiten haben und mehr Verantwortung übernehmen wollen, nehmen automatisch 7.1+ gegenüber eine oppositionelle Haltung ein, wobei sie ihre Effektivität verlieren und in ihrer beruflichen und persönlichen Entwicklung stehen bleiben.

Entscheidungen treffen

Das Treffen von Entscheidungen durch 7.1+ ist eine „Ein-Mann-Angelegenheit" und er ist aufrichtig überzeugt, dass seine Variante die beste ist. Nichtsdestoweniger fehlen dem Paternalisten im Vergleich zu 7.1− folgende Eigenschaften: Geradlinigkeit, kategorisches Denken und Alternativlosigkeit. 7.1+ fragt andere nach ihrer Meinung, bespricht Alternativen, hört anderen aufmerksam zu, hat aber eigentlich bereits eine Entscheidung getroffen.

7.1+ bespricht andere Vorschläge eher, um die Richtigkeit seiner Entscheidung zu demonstrieren, Entzücken und Dankbarkeit entgegenzunehmen, anstatt Stärken und Schwächen der Vorschläge objektiv zu bewerten. Wenn er also ein Fazit aus einer Diskussion zieht, sagt er: „Ich danke euch für eure Vorschläge, bin aber der Meinung, dass wir Folgendes machen sollten." Bei der Besprechung fragt der Paternalist vor allem die-jenigen nach ihrer Meinung, die ihm Unterstützung entgegenbringen. Die, die seine Ent-scheidung infrage stellen, werden negativ betrachtet. Ihre Worte werden ignoriert oder diskreditiert. So hat der Paternalist das Gefühl, dass die Entscheidung kollegial aussieht und alle Mitarbeiter teilgenommen haben. In Wirklichkeit fragt er sie nur, um bei ihnen Bestätigung zu finden.

7.1+ trifft Entscheidungen mit hoher Verantwortlichkeit, analysiert das ent-standene Problem gründlich, auch als Basis für die Betrachtung von Alternativen. Eine unzureichende, vernachlässigende Beziehung zu den Ideen seiner Mitarbeiter hindert ihn, alle Faktoren zu berücksichtigen, was die Qualität der zu treffenden Entscheidung mindert und im Weiteren die Effektivität der gemeinsamen Tätigkeit beeinflusst. Unabhängig von den durchgeführten Gesprächen nehmen die, die in der Folge eine Ent-scheidung treffen müssen, nicht an ihrer Ausarbeitung teil und nehmen ihre Beteiligung nicht wahr, was ihre Motivation senkt, sodass die von ihnen geäußerte nützliche Informa-tion verloren geht.

Der Paternalist ist stolz, dass er eine harte und finale Entscheidung trifft, er hält seine Entscheidungsstärke für richtig und nützlich: „Ich habe viel Erfahrung und ich habe etwas vorzuschlagen, da ich für meine Mitarbeiter nur Gutes will." Das Treffen von Ent-scheidungen für andere gibt dem Patriarchen ein Gefühl von Sicherheit und Komfort: „In der Familie ist alles in Ordnung!"

Kritik üben

Kritik aus dem Munde von 7.1+ trägt immer einen einseitigen und herablassenden Charakter, wobei sie dennoch in einer weichen, höflichen Form geäußert wird. Der Paternalist ist der Meinung, dass er eine gute Tat vollbringt, indem er Ratschläge und Anleitungen gibt und dafür Dankbarkeit erwartet. Er glaubt, dass er andere wohlwollend kritisiert, auch wenn seine Kritik ihnen unangenehm ist. Andere dürfen den Patriar-chen allerdings nicht auf die gleiche Art und Weise kritisieren. Mitarbeiter die auf einer niedrigeren Stufe der betrieblichen Hierarchie stehen, sollten ihre Bewertungen nicht äußern. Ihre Bemerkungen werden in der Regel abgelehnt oder überhaupt nicht wahr-genommen. Solche Einschränkungen erlauben den Mitarbeitern nur zwei Arten der kri-tischen Anmerkung: Sie können dem Paternalisten sagen, dass alles „gut" sei oder dass alles „ausgezeichnet" sei.

Der Paternalist selbst ist sehr sensibel jeglicher Reflexion gegenüber, zeigt sogar schon Schutzreaktionen auf weiche Anmerkungen oder Ideen. Selbst wenn die Kritik gerechtfertigt ist, widersetzt sich 7.1+ dieser bis zum Ende und zögert nicht, sich auf die kritisierende Person zu stürzen und sie zu bestrafen oder zu diskreditieren. Das alles macht die 7.1+-Führungskraft zu einer gefährlichen Macht, da Menschen Angst haben, mit der Führung in Konflikt zu treten.

Eine der Formen von Reflexion ist in vielerlei Hinsicht mit seiner starken Identifikation mit den Werten der Organisation verbunden. Es handelt sich dabei um den Wunsch, ein Schuldgefühl zu implementieren: „Ich habe euch gewarnt!" Indem er sich aufrichtig Sorgen um den Erfolg der Organisation macht und der Meinung ist, dass nur er die entscheidenden Beiträge zu ihren Resultaten liefert, ist 7.1+ davon überzeugt, dass Menschen, die nicht mit ihm einverstanden sind, Schuld an Misserfolgen oder unzureichender Effektivität haben.

Wie auch bei den anderen Äußerungen im patriarchalischen Stil wird bei Kritik auf das Bedürfnis nach Anerkennung durch andere Menschen gebaut. 7.1+ möchte als starke und agile Führungskraft bewundert werden. Wird er unterstützt und bewundert, kann er sich wirklich stark und furchtlos in der Überwindung aller Probleme zeigen. Dabei verspürt er seine Verantwortung gegenüber seinen treuen Gefolgsleuten und tut alles, um ihnen zu helfen. Er nimmt zusätzliche Arbeit auf sich, arbeitet bis zur Erschöpfung und opfert etwas Persönliches. Hört 7.1+ anstatt von Unterstützung selbst minimale Kritik, sinkt sein Glaube an sich selbst sehr schnell. Ohne Anerkennung und Unterstützung wird 7.1+ anfällig, schutz- und hilflos. Hinter seiner äußeren Sicherheit verbirgt sich ein ungeschützter Mensch, der sehr viel sowohl von sich als auch von anderen erwartet. Es ist für ihn wichtig ein Image der eigenen Überlegenheit zu schaffen, wodurch er aber hohe und unrealistische Erwartungen an sich selbst stellt. Er muss stets selbstständig Entscheidungen treffen, alle Erwartungen übertreffen, hohe Resultate erzielen und Begeisterung zur Erfüllung von Versprechen ausdrücken. Dem Patriarchen fehlt eine der wichtigsten Komponenten für erfolgreiche und konstruktive Kritik: die Anerkennung von gleichberechtigten partnerschaftlichen Beziehungen. Erkennt oder akzeptiert er die Möglichkeit einer beidseitigen Kritik, muss er sich gleichauf mit den anderen Teammitgliedern verhalten, was prinzipiell nicht angemessen für eine patriarchalische Persönlichkeit ist.

5.5   Schlussfolgerungen

In der Regel sind Paternalisten sehr fähige und talentierte Menschen. Sie verlangen allerdings von sich selbst viel und empfinden zur gleichen Zeit Schwierigkeiten, Hilfe von anderen anzunehmen, da sie Angst haben, Schwäche zu zeigen. 7.1+ braucht die Treue und Loyalität seiner Kollegen nach dem Prinzip: „Entweder mit mir oder gegen mich!" Im Endeffekt kontrollieren sie andere vollkommen oder befinden sich selbst in absoluter Unterordnung. Sie treten entweder als stolze Persönlichkeiten mit dem Gefühl der Überlegenheit anderen gegenüber auf oder als hilflos und abhängig von anderen, was sie daran hindert, an andere Menschen zu glauben sowie Respekt und Befriedigung durch eine gemeinsame Tätigkeit zu verspüren.

7.1+ möchte sowohl für sich selbst als auch für andere der Beste sein. Zweifelsohne ist es sehr unrealistisch, solchen Ansprüchen gerecht zu werden, sodass der Paternalist in der Folge ständig genötigt ist, zwischen Erfolg und Misserfolg zu balancieren. Unter den Bedingungen der modernen Organisation, in der im Team viel mehr erreicht werden kann, als die Summe der Bemühungen von einzelnen Teammitgliedern ausmacht, ist der Paternalist quasi dazu verdammt, Enttäuschung zu empfinden. Er kann es sich selbst nicht leisten, sich auf eine Ebene mit seinen Teammitgliedern zu stellen und ist genötigt, Distanz herzustellen, anstatt sich dem Team anzuschließen, um von den Vorteilen der Teamarbeit und von Synergieeffekten zu profitieren.

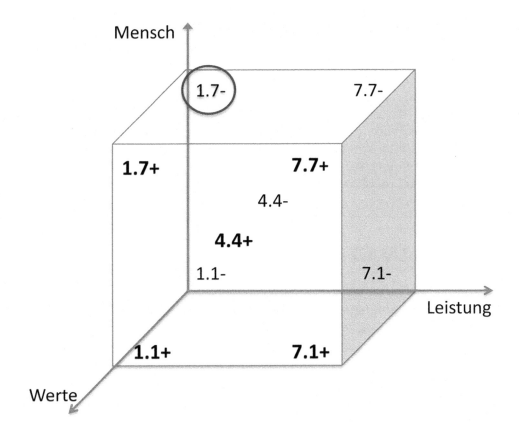

© Springer-Verlag GmbH Deutschland, ein Teil von Springer Nature 2019
A. Zankovsky und C. von der Heiden, *Leadership mit Synercube,*
https://doi.org/10.1007/978-3-662-58373-9_6

Geringe Ergebnisorientierung, hohe Menschenorientierung, Gleichgültigkeit der Arbeit und der Organisation gegenüber. Der Wunsch, es allen recht zu machen und allen zu gefallen. Das Streben, mit allen um jeden Preis auszukommen und sich dabei der Situation anzupassen. Vermeidung von Konflikten, fehlende Ehrlichkeit. Einschmeicheln und Unterwürfigkeit zugunsten der eigenen Ziele, was von anderen Menschen nicht immer erkannt wird.

6.1   I-Zone unter Bedingungen von 1.7MINUS

1.7– führt zu Beziehungen, die als warm, aber auch als oberflächlich wahrgenommen werden, was sich von einer effektiven Zusammenarbeit, die auf gegenseitigem Vertrauen, auf Respekt und Ehrlichkeit basiert, unterscheidet. Kollegen können lange Jahre Seite an Seite arbeiten und täglich miteinander kommunizieren, aber dennoch nicht zu guten Bekannten werden, da das gegenseitige Vertrauens- und Respektniveau gering bleibt.

1.7– ist eine Quelle des Lobes. Auch wenn eine Idee vollkommen falsch klingt, hält er es für unnötig, dies festzustellen. Die Beziehung ist immer wichtiger, wird auf einer freundschaftlichen Ebene gepflegt und ist darauf ausgerichtet, jeden glücklich zu machen. Unter diesen Bedingungen sind Konflikte unerwünscht und unüberwindbar, da alle Angst haben, die Atmosphäre der Akzeptanz und Zustimmung zu verlieren. Ein Team versucht, Meinungsunterschiede zu nivellieren, indem es die Streitenden zurückhält oder sie davon überzeugt, dass es unsinnig ist zu streiten. Je stärker die persönliche Beziehung ist, desto weniger wollen die Menschen mit entstehenden Problemen zu tun haben (s. Abb. 6.1). Die Devise lautet: „Ich habe gar nicht vor, unsere wundervolle Beziehung kaputt zu machen; ich möchte niemanden verletzen."

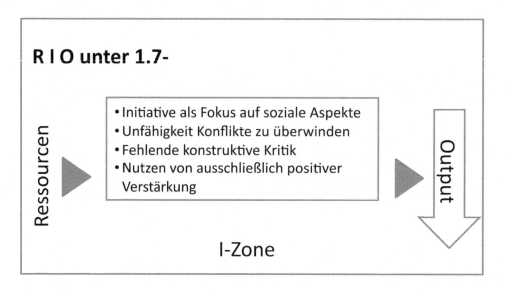

Abb. 6.1 1.7–

Die Unfähigkeit, ineffektives Verhalten und entstehende Probleme in der Zusammenarbeit zu analysieren, führt zur Senkung des O (Output). Da unterschiedliche Meinungen und die Entwicklung verschiedener möglicher Ereignisse vom Team nicht beachtet werden, werden wichtige Ressourcen nicht gesucht. Infolgedessen bekommt ein solches Team niemals die notwendige Erfahrung zur Überwindung von Problemen. Genauso lernt ein solches Team nicht, wie man eine richtige, synergetische Entscheidung trifft. Stattdessen werden die Vertreter von 1.7− immer so zusammenarbeiten, als würden sie in einem Glashaus sitzen, in dem alles aufgrund einer ungeschickten Bewegung kaputtgehen kann.

6.2 Kultur und Werte bei 1.7MINUS

Gefälligkeits- und Gleichgültigkeitskultur

Vertrauen 1.7− ist der Meinung, dass Menschen von Natur aus Wichtigtuer sind und man mithilfe von Lob und „es allen recht zu machen" gut überleben kann, ohne sich anzustrengen und sich über Kleinigkeiten zu sorgen. Man darf Menschen nicht vertrauen. Deshalb ist es sicherer, sich hinter einer Maske als Diener und Lobenden zu verstecken. Die Bereitschaft, es jedem recht zu machen beinhaltet nicht den Wunsch nach wirklicher Kooperation und Unterstützung, sondern ist größtenteils manipulativ. Die Befürchtung involviert zu werden, führt zu Nervosität, Anspannung und Unruhe, die hinter einem oberflächlichen Lächeln verborgen werden.

Gerechtigkeit 1.7− ist überzeugt, dass Gerechtigkeit und Fairness nur im Kontext persönlicher Kontakte und Beziehungen betrachtet werden können, die es ermöglichen, sie ohne übermäßige Anstrengung zu erreichen. Echte Organisationsprobleme driften an die Peripherie der Aufmerksamkeit von 1.7− und bleiben nur durch Druck von oben im Zentrum des Interesses. Dabei werden alle Maßnahmen, die Distanz und Schutz von echter Einbeziehung in die Organisationsprobleme gewährleisten, als gerechtfertigt angesehen.

Commitment und Identität Personen, die sich 1.7− verhalten, identifizieren sich nur äußerlich mit ihrer Organisation. In der Realität stehen sie deren Problemen und dem betrieblichen Leben gleichgültig gegenüber. Nach Meinung von 1.7− ist die Identifikation mit der Organisation eine Maske, die jeder nur anzieht, um eine Aufgabe in Ruhe zu lösen. So bleiben Commitment und Identität im Endeffekt imaginär und berühren nicht die wahren Motive und Verhaltensziele.

Zuverlässigkeit und soziale Verantwortung Für 1.7− ist Unzuverlässigkeit in allen Situationen charakteristisch, außer in denen, die eine wirkliche Bedrohung für sein Wohl und seine Ruhe darstellen. Die soziale Verantwortlichkeit von 1.7− trägt einen deklarativen Charakter: Die Aufmerksamkeit wird auf das angenehme Image konzentriert, das vor allem für die Führung geschaffen wird. 1.7− ist der sozialen Verantwortung gegenüber, die Kooperation und Teilnahme bei der Lösung sozialer Probleme verlangt, innerlich gleichgültig eingestellt. Sie bleiben in der Regel außerhalb des Blickfeldes, außer die höchste Führungsebene verlangt dies.

Transparenz und Ehrlichkeit Offenheit und Transparenz werden nach Meinung von 1.7− nur zur Befolgung von „Maskierungsregeln" genutzt. Masken werden als wahre Gesichter gesehen und dürfen nicht abgelegt werden. Die strenge Befolgung dieser Bedingungen soll die Zusammenarbeit einfach und effektiv machen. Jegliche andere Information wird von 1.7− als gefährlich und schädigend wahrgenommen. Deswegen findet 1.7− es nicht nötig, entstehende Probleme irgendwem mitzuteilen. Das allgemeine Bild der Organisation, ihr Sinn und ihre Entwicklung sind den Mitarbeitern vollkommen unklar, was zu geringer Beteiligung, zu Unruhe und Misstrauen führt.

6.3   Kultur und Macht bei 1.7MINUS

Akzent auf Belohnung und Information

Bestrafung 1.7− nutzt Bestrafung kaum als Instrument der Einflussnahme und zur Veränderung des Mitarbeiterverhaltens. Da Ergebnisse für 1.7− keinerlei Bedeutung haben, gibt es für die Bestrafung keine objektive Begründung. Bestrafung dient allenfalls dazu, sich selbst nicht zu engagieren. Wird Bestrafung in seltenen Fällen doch angewandt, geschieht dies nur auf eine sehr weiche Art. Mitarbeiter finden Bestrafung seitens 1.7− derart unwahrscheinlich, dass sie sich sogar erlauben, Witze darüber zu machen.

Belohnung 1.7− betrachtet Belohnung als wesentliches Mittel der Einflussnahme, allerdings wird Belohnung nicht mit den erreichten Resultaten verbunden. Von der Überzeugung ausgehend, dass alle Menschen in ihrem Wesen unehrlich und wichtigtuerisch sind und ihre wirklichen Ziele verdecken, findet 1.7−, dass die Hauptaufgabe von Belohnung oder Anerkennung darin liegt, warme, konfliktfreie Beziehungen zu bilden. Diese gestatten es zu arbeiten, ohne sich anzustrengen, und dies auf eine Art und Weise zu tun, die 1.7− selbst für akzeptabel hält. Belohnung erfolgt und wird als selbstverständliche Form der Organisation betrachtet, die in keiner Weise mit den erreichten Resultaten zusammenhängt.

Position Für 1.7− spielt sein eigener Status in der Organisation keine große Rolle. Dieser ist auf eine formale Arbeitsverteilung zurückzuführen, die selten begründet und nachvollziehbar ist. 1.7− pocht selten auf seine Position und bezweckt damit, den Widerstand seiner Mitarbeiter und die Unlust zum Gehorsam zu überwinden. Die

Karriereambitionen von 1.7− sind bescheiden und er unterstreicht mit allen Mitteln seine Nähe und Gleichstellung mit den Mitarbeitern. Dabei spricht er gerne von betrieblicher Demokratie, in der jeder selbstständig, ohne Notwendigkeit kleinlicher Kontrollen, seine Arbeit ausführt, unabhängig von Ergebnissen. Ausnahmefälle sind ultimative Forderungen aus der obersten Führung, die in vorgegebener Frist erfüllt werden müssen. In dem Fall kann 1.7− nur sagen: „Ich bin euer Chef, und ich werde zur Verantwortung gezogen. Lasst uns etwas machen, damit man nicht noch mehr mit uns schimpft und uns keine Ruhe mehr lässt."

Information Informationsaustausch erfüllt bei 1.7− vor allem die Funktion einer komfortablen konfliktfreien Umgebung. Jegliche unangenehme Information wird vom Austausch ausgeschlossen. Inhalt und Umfang der Information sind nur insofern mit den Inhalten der betrieblichen Tätigkeit und den gestellten Aufgaben verbunden, als sie erlauben, die Arbeit mit minimalem Aufwand auszuführen. Dadurch, dass der Fokus auf die Schaffung eines angenehmen Organisationsklimas gelenkt wird, reagiert 1.7− sehr negativ auf Fragen, deren Antworten die Harmonie und Ruhe stören. Deswegen werden Informationen nur sehr oberflächlich gesammelt und nur dann, wenn man ohne sie nicht mehr auskommt. Dabei bevorzugt es 1.7− sogar, sehr wichtige betriebliche Informationen zu ignorieren, was dann erfolgt, wenn die Kontrollmöglichkeiten durch die oberste Führungsetage nicht sehr hoch sind.

Kompetenz 1.7− ist nicht selten entweder überqualifiziert oder inkompetent. Im ersten Fall führt dies dazu, dass seine Gleichgültigkeit gegenüber den Organisationszielen und das Fehlen von Motivation zur Ergebniserreichung es ihm unmöglich machen, seine Ressourcen als Experte zu nutzen. Im zweiten Fall tritt die fehlende Ergebnisorientierung als eine bestimmte Form des psychologischen Schutzes auf und erfüllt die Funktion, seine Inkompetenz, Angst und Verlorenheit zu verstecken. In jedem Fall wird Kompetenz nicht für die Arbeit, sondern zur Schaffung einer angenehmen Atmosphäre verwendet. 1.7− fehlt vollkommen die Fähigkeit, durch Weitergabe seines Wissens und seiner Erfahrungen anderen etwas beizubringen.

Ausstrahlung 1.7− fehlt meistens Charisma, was unter seinen Mitarbeitern kaum auffällt. Die fehlende Beteiligung an Organisationsproblemen erlaubt es 1.7− nicht, als echte Führungskraft bei der Lösung von Problemen aufzutreten. Bei Veranstaltungen wie z. B. Betriebsfesten kann sich 1.7− von einer anderen Seite zeigen, indem er Energie ausstrahlt und seine Mitarbeiter zur Lösung von entstehenden betrieblichen oder anderen Problemen anregt. Innere Gleichgültigkeit gegenüber Firmenzielen und Unentschlossenheit zur konstruktiven Lösung betrieblicher Probleme verhindern, dass 1.7− als Identifikationsfigur auftritt, an der sich Mitarbeiter orientieren.

6.4   Fähigkeiten in der Zusammenarbeit bei 1.7MINUS

Konflikte lösen

1.7− vermeidet, soweit möglich, alles, was Uneinigkeit, Meinungsverschiedenheiten oder Konfliktsituationen auslösen kann. Ein Konflikt stellt eine Bedrohung für die komfortable und friedliche Atmosphäre, die in einem Team vorherrschen sollte, dar. Bei der Entstehung eines Konflikts versucht 1.7− die Aufmerksamkeit abzulenken, indem er die Menschen beruhigt, sie ermuntert und ihnen Angenehmes sagt oder die Schuld auf sich nimmt. Das „Unter-den-Teppich-kehren" ermöglicht es den Mitarbeitern, sich sicher zu fühlen und keine Verantwortung für ihre Arbeit und ihre Fehler zu tragen. Dabei strebt 1.7− an, sein Gesicht zu wahren, und tut so, als wäre nichts geschehen. Für 1.7− ist die Harmonisierung des Konflikts wichtiger als die Lösung. Er vermeidet Konflikte, indem er Zustimmung und gegenseitige Unterstützung weckt und selten seine abweichende Meinung äußert. Er achtet sehr genau auf die Stimmung anderer und bietet emotionalen Halt an, wenn dieser benötigt wird. Selbst wenn er nicht einverstanden ist, kann 1.7− einen fremden Standpunkt einnehmen, um eine harmonische Beziehung zu wahren. Er untersucht selten die Gründe für einen Konflikt. Stattdessen beruhigt er alle Streitenden und findet dies vollkommen ausreichend.

Gelingt es nicht, einen Konflikt zu vermeiden, kann 1.7− die Kollegen beruhigen. Er ist sehr überzeugend und kreativ, wenn er versucht, die Aufmerksamkeit der Streitenden auf positive Situationen zu lenken und sie bittet, den Konflikt einzustellen. Er versucht, alles auf die Umstände zu schieben und die Bedeutung der aufgetauchten Probleme abzuschwächen: „Es war für ihn nicht leicht" oder „Ich weiß, er wollte es nicht". Er versucht genauso die Aufmerksamkeit auf weniger strittige Fragen zu lenken, was unter Einsatz von Humor erfolgt. „Man darf doch nicht so ernst sein!" Eine andere Herangehensweise ist die Aufforderung zur Geduld: „In der heutigen Situation ist es so schwer zu überleben, wir sollten uns lieber gegenseitig helfen" oder „Kann man in dieser Frage nicht nachgeben?" Letzten Endes kann 1.7− alle Streitenden besänftigen und ihnen vorschlagen, sich zu vertragen, um freundschaftliche Beziehungen wiederherzustellen. Wenn alle Versuche, die Wogen zu glätten, scheitern, versucht 1.7− sich vom Konflikt zu distanzieren und die Verantwortung von sich zu schieben: „Ich habe damit nichts zu tun!" oder „Diese Entscheidung habe nicht ich getroffen." 1.7− nimmt Konflikte als eindeutige Bedrohung für die guten Beziehungen wahr. Für 1.7− gelingt eine effektive Zusammenarbeit nicht durch Konfliktlösung. Auch wenn er darüber informiert ist, dass ein Konflikt besteht, hält er lieber eine zeitlich begrenzte und instabile Scheinwelt aufrecht, anstatt den Konflikt aufzudecken und zu lösen. Die vorherrschende Herangehensweise ist: „Wir können das später machen, vielleicht sollten wir uns einfach beruhigen." Eine andere Verhaltensmöglichkeit für 1.7− kann man durch eine bekannte Redewendung beschreiben: „Ich sehe nichts, ich höre nichts und deswegen sage ich nichts." Dabei werden ineffektives Verhalten und Probleme verdeckt, ohne zum Mittelpunkt der Besprechung zu werden, was ernsthafte, kostspielige Folgen haben kann.

Die Lösung von Konflikten ist für 1.7− auch deswegen derartig schwer, da in der Regel nicht frühzeitig eindeutige Kriterien der Handlungsbewertung aufgestellt werden. Alle bevorzugen es, ihre Arbeit aus purem Enthusiasmus zu beginnen, da keine klaren Kriterien den Arbeitsdrang der Mitarbeiter mindern. Hier wirkt das Prinzip: „Sind die Menschen talentiert und arbeiten enthusiastisch, ergibt sich alles andere." Als Ergebnis fehlender Kriterien wirken Hinweise wie subjektive Meinungen, wo eigentlich reales Verhalten mit idealen Kriterien zusammengebracht werden müssten. Da es keine Standards für Veränderung und Vervollkommnung von Verhalten gibt, wird die Bewertung der Effektivität erschwert. In diesem Fall kann ein Mitarbeiter, der seine Verpflichtungen schlecht erfüllt, auf einen Hinweis von Kritik Folgendes antworten: „Wo wird denn gesagt, wie ich etwas ausführen soll?"

Informationen austauschen

1.7− verfügt über eine relativ hohe Kommunikationskompetenz, die es ihm ermöglicht, nach außen hin gute Beziehungen mit anderen herzustellen und aufrechtzuerhalten. Ihm ist eine wohlwollende Art der Kommunikation eigen, er stellt viele Fragen, ist freundlich und verfügbar, zeigt Aufmerksamkeit gegenüber Mitarbeitern und versucht, gute und harmonische Beziehungen herzustellen. Ein solcher Mensch zeigt ein feines Gespür für Menschen und ihre Bedürfnisse. Dies gibt ihm die Möglichkeit, andere relativ gut zu verstehen und ihre Reaktionen auf bestimmte Handlungen vorherzusagen. Allerdings ist dies wenig hilfreich bei Aufgaben, die mit einer Steigerung der betrieblichen Effektivität zusammenhängen. Das wesentliche Ziel der Informationssuche bei 1.7− ist es nicht, die Qualität der Arbeit zu bewerten, sondern dafür zu sorgen, dass in einem Team durchgängig Einverständnis und gegenseitige Anerkennung herrschen. 1.7− nutzt Informationssuche bei der Arbeit aktiv dafür, eine Antwort auf die Frage zu bekommen: „Wie stehen sie mir gegenüber?" und nicht „Was muss man tun, um eine Aufgabe optimal auszuführen?" Fragen, die durch 1.7− gestellt werden, drücken zwar Sympathie, Verständnis und Anerkennung aus, dabei wird aber die Aufmerksamkeit den Fragen und Angelegenheiten gewidmet, die nur einen mittelbaren Bezug zur betrieblichen Tätigkeit haben. Wenn 1.7− viel Zeit mit Unterhaltung verbringt und sich den Gedanken und Gefühlen der Menschen in seiner Umgebung widmet, führt dies nicht zur Verbesserung seiner professionellen Tätigkeit, sondern erschwert diese, indem von den Ergebnissen abgelenkt wird.

1.7− nutzt seine kommunikative Kompetenz dazu herauszufinden, welche Tätigkeiten angenommen und welche abgelehnt werden, und er äußert Initiative nur in diesem Kontext. 1.7− nutzt keine direkte Herangehensweise, um Informationen zu erhalten, da er nicht hartnäckig oder vorwurfsvoll wirken möchte. Hat jemand im Projekt einen Fehler gemacht, führt 1.7− keine direkte Ursachenforschung durch. Er findet erst heraus, was der Beschuldigte in der Situation fühlt, damit 1.7− seine Unterstützung und Ermunterung äußern kann: „Ich habe gehört, heute Morgen ist ein Problem aufgetreten?" Das entbindet 1.7− davon, den weiteren Gesprächsverlauf zu bestimmen. Im besten Fall erkennt der Beschuldigte seinen Fehler selbst. In diesem Fall kann 1.7− generell jegliche negative Äußerung vermeiden und versuchen, eine wohlwollende komfortable Atmosphäre herzustellen:

„Ich bin sicher, das ist alles nicht so schlimm. Nur derjenige macht keine Fehler, der nichts tut. Wir aber arbeiten alle so viel, dass es sich hier um ein Missverständnis handeln muss."

Eine solch indirekte Herangehensweise zum Informationserhalt ist zeitaufwendig, da es notwendig ist zu warten, bis die Menschen alles selbst berichten, was teilweise lückenhaft erfolgt. 1.7− erhält entweder keine Informationen oder nur sehr verzerrt. Außerdem beinhaltet eine solche Herangehensweise die Gedanken und Gefühle anderer anstelle von Fakten und Argumenten. Wenn eine Situation nicht kritisch geworden ist, kann 1.7− Ruhe bewahren, indem er verkündet: „Sie sind ein bisschen von den Ergebnissen unserer Tätigkeit enttäuscht. Bleiben Sie trotzdem optimistisch, es wird schon irgendwie gehen" oder „Ich glaube nicht, dass es Grund zur Sorge gibt."

Position beziehen

1.7− vertritt nur die Meinungen, die wahrscheinlich niemand bestreiten wird. Er vertritt sie offen und überzeugt, wenn sie freundschaftliche Beziehungen nicht bedrohen und eine positive Wirkung auf alle haben. Wenn 1.7− Unstimmigkeit vorhersieht, tritt er von seinem Standpunkt zurück und versucht, entstandene Widersprüche zu glätten, indem er das Gespräch auf ein anderes Thema lenkt. Dort, wo Diskussion und Meinungsstreit unvermeidbar sind und man eine bestimmte Position einnehmen muss, hat 1.7− weder Motivation noch Interesse, seine Position zu verteidigen. Im Großen und Ganzen hat er keine Meinung. Er äußert keine Ideen, die Diskussionen auslösen und versucht vollständige Neutralität zu wahren.

1.7− kann seine Meinung allerdings auch aktiv und enthusiastisch verteidigen, wenn das die Schaffung einer wohlwollenden Atmosphäre fördert, und er kann Spannung in den Beziehungen beseitigen. Er drückt seinen Mitmenschen gegenüber Sympathie aus und achtet darauf, dass sich die Umgebung ihm gegenüber positiv äußert. Er bietet bereitwillig Hilfe an, wobei es aber oft nur bei Worten bleibt.

Beinhaltet eine Situation Widersprüche oder zeigt sich als Konflikt, verteidigt 1.7− seinen Standpunkt nur schwach. Dies wird erst dann stärker, wenn er andere durch Anerkennung und Bestärkung unterstützt. Durch das ständige Bezugnehmen auf die Launen anderer kommt er nicht voran. Ein anderer Grund für die schwache Effektivität liegt darin, dass Leistungs- und Ergebnisstandards ignoriert werden. Statt konkret zu formulieren, was auf welche Weise gemacht werden muss, konzentriert sich 1.7− bei Arbeitsbesprechungen auf individuelle Wünsche und Gefühle. Diese Herangehensweise erlaubt es ihm nicht, gut durchdachte Aktionen zu unternehmen, da alle Prozessbeteiligten eigene Kriterien zur Ergebniserreichung haben. 1.7− erscheint eine Ausarbeitung und Nutzung allgemeiner Qualitätsbegriffe als zweifelhaft.

1.7− fragt zur Wahrung von guten Beziehungen erst andere nach ihrer Meinung, bevor er seine äußert: „Was denkt ihr, was ich machen soll?", „Ich würde gerne eure

Meinung wissen, bevor ich mich dazu äußere", „Ich schätze eure Meinung sehr und will nicht, dass sich das hier auf unsere Freundschaft auswirkt." Solche Äußerungen geben den anderen zu verstehen, dass Harmonie am wichtigsten ist.

Sogar wenn Unterstützung eindeutig ist und 1.7– sich sicher fühlt, äußert er seine Meinung sehr vorsichtig, um sich nicht aufzudrängen. Im Endeffekt wirkt er ziemlich unsicher und undeutlich: „Dies ist nur ein Vorschlag" oder „Das mag komisch klingen, aber ich denke…" Seine Äußerungen beinhalten oft die Worte „vielleicht", „möglicherweise", „wahrscheinlich", „in dem Fall, dass…", usw. Eine solche fehlende Eindeutigkeit erleichtert es 1.7– im Fall von Konflikten zurückzurudern. 1.7– befindet sich auf den ersten Rängen, wenn es darum geht, angenehme Dinge zu tun, wie über erreichte Ergebnisse oder Erfolge zu sprechen, oder auch Prämien oder Budget-Erhöhungen zu verkünden. Dies ist etwas, was er gerne, mit Stolz und Begeisterung tut. 1.7– vermeidet aber Initiative, wenn es einen Interessenskonflikt gibt. In solchen Fällen bevorzugt er es, die Initiative an andere zu delegieren und mit Abstand zu beobachten, wie sich der Konflikt entwickelt. So kann er Handlungen vermeiden, die zu Unzufriedenheit führen können oder nicht angenommen werden. Das Wichtigste in seiner Äußerung von Initiative ist es zu klären, was Menschen gerne hätten und Handlungen in Zusammenhang mit diesen Bedürfnissen anzubieten. Für ihn ist stets die Frage, „was Menschen wollen" wichtiger als die Frage, „was gut für die Sache ist". Dies ist dann auch von den Folgen für das Ergebnis O unabhängig. 1.7– ist bereit, Resultate für die Aufrechterhaltung guter Beziehungen zu opfern.

1.7– demonstriert in vielerlei Hinsicht einen positiven, aber auch einen passiven Standpunkt. Wenn die Führung die Erreichung hoher Standards fordert, wird 1.7– versuchen, dies zu erfüllen, indem er auch andere dazu ermuntert und dabei unterstützt. Standards und Forderungen, die ihm zu hoch erscheinen, werden in der Regel ignoriert. Seine Logik besteht darin, andere Menschen nicht mit solch unnötigen Dingen zu belasten. Werden beispielsweise Überarbeitungen gefordert, wird er schweigen und sich denken: „Vielleicht werden sie auch gar nicht benötigt, warum also darüber reden?" Durch das Fehlen eindeutiger Kriterien und Qualitätsstandards lässt sich kein falsches Verhalten erkennen. Es gibt auch wenig Bedarf an konstruktiver Kritik. Es entsteht eine Illusion von guter Arbeit, die 1.7– gerne lobt.

Entscheidungen treffen

1.7– vermeidet es, Entscheidungen zu treffen, in der Hoffnung, dass man das nicht tun muss oder jemand anders die Verantwortung übernimmt. 1.7– trifft selten Entscheidungen, ohne sich mit anderen zu beraten und ohne zu verstehen, was andere denken. Er trifft Entscheidungen, indem er das Einverständnis der anderen hervorhebt, die einen Beitrag zur Vorbereitung dieser Entscheidungen geleistet haben. Er verlegt oder delegiert unpopuläre Entscheidungen an andere, wobei es sich um Entscheidungen handelt, die die Beziehungen untereinander bedrohen könnten.

1.7– nimmt sich für seine Entscheidungen Zeit, da er abwartet, bis alle anderen einverstanden sind und sich gute Umstände zur Realisierung ergeben. Unter anderen

Umständen verlangsamt sich der Entscheidungsprozess durch langwierige Diskussionen, an denen mehr Personen als nötig teilnehmen. 1.7– hat keine eindeutigen Kriterien zur Entscheidungsfindung. Als Folge daraus sind Diskussionen nicht zu steuern und das Gesprächsthema ändert sich ständig. So kann sich beispielsweise eine Versammlung zur Frage eines neuen Programms in eine zweistündige Diskussion über diverse Fragen verwandeln, da es weder eine Struktur gibt, noch Ergebniskriterien aufgestellt worden sind. 1.7– will, dass möglichst viele Mitarbeiter an der Entscheidung teilhaben, um so das Einverständnis der Mehrheit zu erreichen. Zur Erreichung eines solchen Einverständnisses investiert er viel Zeit in Fragen, um Ratschläge und Empfehlungen zu erhalten. Dies dauert so lange, bis 1.7– mit Sicherheit spürt, dass er Unterstützung für die bevorstehende Entscheidung bekommt und die harmonische, ruhige Atmosphäre im Team, die er so schätzt, keinesfalls zerstört wird. Im Treffen einer Entscheidung ist 1.7– von anderen abhängig. Er bevorzugt, dass die Kriterien von Menschen festgelegt werden, die in der Hierarchie höher stehen, um sich von der Verantwortung für seine eigene Entscheidung zu distanzieren. Das befreit 1.7– von den Folgen einer falschen Entscheidung.

1.7– empfindet bei der Entscheidungsfindung oft einen inneren Widerspruch zwischen dem Wunsch nach Macht und Unabhängigkeit von anderen. Er möchte eine Entscheidung treffen, mit der einerseits alle Teammitglieder zufrieden sind und die andererseits den Ansprüchen der oberen Führungsetage gerecht wird. Da sein Bedürfnis nach guten Beziehungen hoch ist, werden Entscheidungen häufig zugunsten des Teams getroffen, da er mit diesem enger verbunden ist.

Beinhaltet die Entscheidung innere Widersprüche, wird der Prozess gebremst. Werden im Diskussionsprozess Probleme aufgedeckt, wird 1.7– alternative Entscheidungen suchen, die auch seinen Kollegen gefallen. Dies bringt unvermeidlich zusätzliche Besprechungen mit sich, die unter vier Augen geführt werden, um das Problem zu diskutieren und Übereinkunft zu finden. Der gesamte Prozess ist anstrengend, da eine Entscheidung oft vertagt oder ganz zurückgenommen wird. Gelingt es nicht, eine Alternative zu finden, kann 1.7– folgende Schritte unternehmen:

- eine Entscheidung treffen, die allen Mitarbeitern gerecht wird, aber sich kaum auf das Ergebnis auswirkt,
- die Entscheidung nicht treffen und warten, bis sie vergessen wird,
- die Entscheidung auf jemand anderen abwälzen, um sich reinzuwaschen und Verantwortung für mögliche Folgen zu umgehen.

Kritik üben

1.7– vermeidet umfassende Kritik und Feedback. Er ermuntert und lobt andere immer, wenn etwas Positives passiert, spricht aber nie über negative Ereignisse. Er begrüßt positive Kritik und fühlt sich nicht wohl, wenn er etwas Unangenehmes sagen muss. 1.7– nutzt positive Kritik aktiv und andauernd. Ein hohes Niveau an Menschenorientierung zwingt 1.7–, Kritik nur im persönlichen Gespräch zu äußern, um die Laune des Gegenübers zu kontrollieren. Er bevorzugt persönliche Begegnungen. Als künftige Führungskraft

fördert er eine Politik der „offenen Tür" und demonstriert ständige Kommunikations-
bereitschaft. Kein persönliches Problem ist so unwichtig, dass man nicht darüber reden
dürfte. 1.7— äußert Mitgefühl und bietet sogar seine Hilfe an, die sich faktisch allerdings in Worten erschöpft. Er richtet besondere Aufmerksamkeit auf die Gefühle und das
Erleben der anderen und empfindet es als notwendig, seine Sympathie maximal auszudrücken. Eine solche Annäherung ermöglicht es ihm, andere zu bitten, seine persönlichen
Angelegenheiten zu erledigen, da er stets ein offenes Ohr für sie hat und seine Sorge
zeigt. Die Qualität und Tiefe der Kritik von 1.7— sind durch sein persönliches Erleben,
seine Laune und seine Prioritäten beschränkt. Dabei fehlen eindeutige Kriterien und
Qualitätsstandards zur Ausführung einer Aufgabe. Infolgedessen werden Gespräche eher
über Belange außerhalb der Organisation geführt, die die direkte Arbeit nicht betreffen.
Anmerkungen werden nur zu positiven Äußerungen gemacht. Sind einzelne Mitarbeiter
besorgt oder unzufrieden, wird 1.7— zur aufmunternden Führungskraft. Er muntert andere
auf und überzeugt sie von der Notwendigkeit, sich auf positive Aspekte der Situation zu
konzentrieren, sodass das Problem überwunden wird. Die Devise ist: „Lächle und habe
Geduld!" Die Bemühungen dieser Führungskraft werden zur Nivellierung verschiedener
Meinungen aufgewendet und nicht zur Analyse einer möglichen Lösung. Hilft das auf-
munternde Verhalten nicht, distanziert sich 1.7— davon, weiter einbezogen zu werden. Er
äußert Mitgefühl, vermeidet aber Gespräche, die die Harmonie bedrohen könnten. Hierfür versucht sich 1.7— vom Konflikt zu distanzieren und möglichst weit von der Verantwortung zur Lösung zurückzutreten. Obwohl er sich die streitenden Parteien anhört,
empfiehlt er allen, Handlungen zu vermeiden, die Probleme hervorrufen könnten. 1.7—
ignoriert falsche Handlungen anderer unter der Devise: „Ich höre nichts, sehe nichts, ich
sage nichts" und vermeidet dabei jegliche Kritik.

Eine solche Herangehensweise wird durch das Bestreben ausschließlich positive Meinungen zu äußern, gestützt. Je mehr Probleme auftreten, desto größere Mühen investiert
1.7—, um anderen Selbstbewusstsein einzuflößen und nur ihre starken Seiten in anderen
Tätigkeitsbereichen hervorzuheben. Schwache Seiten und Ineffektivität werden ignoriert.
Mitarbeitern werden stattdessen stets ihre Talente und Fähigkeiten zurückgemeldet und
ihre Tätigkeiten werden hoch bewertet. Negative Kritik wird prinzipiell ausgeschlossen,
auch wenn sie korrekt, konstruktiv und auch von Außenstehenden geäußert wurde.
Gelingt es nicht, Fehler und Probleme zu ignorieren, wird Kritik dazu benutzt, die Fehler
von jemandem zu stärken, was nach der Devise erfolgt: „Auch wenn sich bei Ihnen ein
Problem ergeben hat, sind Sie dennoch talentiert. An Ihrer Stelle würde ich mir keine
Sorgen darüber machen." Ein solches Verbleiben an der Oberfläche lässt Menschen über
ihre Probleme im Dunkeln und ermöglicht ihnen nicht, ihr Verhalten zu korrigieren. Man
kann sich nicht auf 1.7— verlassen, wenn es darum geht, ein Problem oder Hindernis zu
überwinden. 1.7— ist nicht in der Lage, den Kampfgeist der anderen zu unterstützen und
ihnen auch unter komplizierten Bedingungen ein Sicherheitsgefühl zu geben. 1.7— ist
großzügig mit Lobes- und Anerkennungsworten, und findet immer etwas Positives, kann
aber einen einzelnen nicht zur Überwindung von Schwierigkeiten anregen.

6.5   Schlussfolgerungen

Während 7.1− unmittelbar versucht die Ressourcen R in Ergebnisse O zu verwandeln, indem er die Beziehungen vernachlässigt, ignoriert 1.7− sowohl R als auch O und konzentriert seine Aufmerksamkeit auf seine Lage in der I-Zone. Im Grunde ist das oberste Ziel ein konflikt- und problemfreies Leben in der Organisation. Dieses Ziel tritt mit den allgemeinen Organisationszielen in unvermeidlichen Widerspruch. Diesen Widerspruch versucht 1.7− zugunsten der freundschaftlichen Beziehungen in der Organisation zu lösen. Tatsächlich gelingt ihm das nicht. Je mehr Mühen aufgebracht werden, um angenehme Beziehungen herzustellen und sich und andere von Konflikten und Widersprüchen zu befreien, desto mehr Enttäuschungen und steigende Kosten resultieren daraus. Wie verwöhnte Kinder gewöhnen sich Mitarbeiter an das ständige Lob und wollen noch mehr Lob und weniger Verantwortung. Mit der Zeit verliert das Team unter Führung von 1.7− das Gefühl dafür, wie sein Verhalten auf die Tätigkeit anderer wirkt. Alles, was das Team hört, ist, wie wunderbar es ist. Dies hat angesichts der harten Realität, die sich irgendwann äußert, große Enttäuschung zur Folge.

Stil 1.7 PLUS: Menschenfreund (Verständnis haben und Harmonie herstellen)

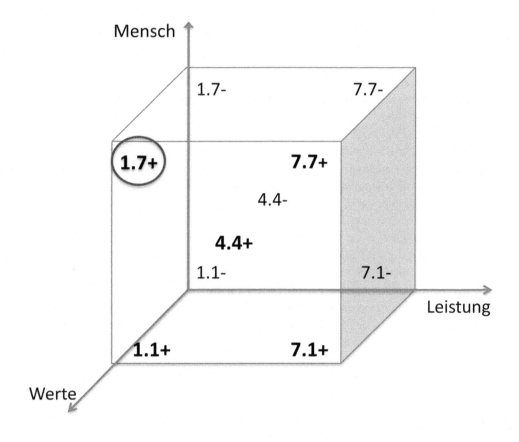

© Springer-Verlag GmbH Deutschland, ein Teil von Springer Nature 2019
A. Zankovsky und C. von der Heiden, *Leadership mit Synercube*,
https://doi.org/10.1007/978-3-662-58373-9_7

Geringe Ergebnisorientierung, hohe Menschenorientierung, Interesse an der Arbeit und der Organisation, Wunsch nach einer freundschaftlichen Atmosphäre des Vertrauens und der Begeisterung. Ungerechtfertigter Optimismus und Fantasien über reale Pläne und Angelegenheiten, leere Projekte. Mitarbeitermotivation mit Fokus auf positive, sozial bedeutsame Aspekte der Arbeit.

7.1   I-Zone unter Bedingungen von 1.7 PLUS

1.7+ fördert die Herausbildung einer Beziehung, die nicht nur durch Wärme und Freundlichkeit, sondern auch durch einen gewissen Grad von Vertrauen, Respekt und Ehrlichkeit charakterisiert ist. Die fehlende Ergebnisorientierung entzieht diesem Stil die Synergie, die bei einer starken, zielorientierten Zusammenarbeit entsteht. Kollegen können lange Jahre Seite an Seite arbeiten, täglich miteinander kommunizieren und sich gut kennen, aber es bleibt die bittere Wahrheit, dass trotz großem Potenzial und gesteigerten Erwartungen die realen Ergebnisse bescheiden bleiben.

1.7+ ist eine ständige Quelle von Enthusiasmus, Hoffnung und Glauben. Ist eine Situation fast hoffnungslos und ein Problem nicht lösbar, verfällt er nicht in Verzweiflung, indem er sich bemüht, etwas Positives und Hoffnungsvolles zu finden. Seine Devise: „Alles wird gut! Alles wird gut, wenn wir daran glauben und nicht nachgeben und an unseren guten Beziehungen festhalten." Harmonische Beziehungen, Vertrauen und die Überzeugung, dass sich letztlich alle Probleme lösen werden, bleiben stets wichtiger als betriebliche Ziele und Ergebnisse. Unter diesen Bedingungen ist eine objektive Analyse von Problemen und Konflikten sowie gegenseitige Kritik unerwünscht und wird durch gute Hoffnungen und wenig gerechtfertigten Optimismus ersetzt. Das Team ist bemüht, Meinungsverschiedenheiten zu überwinden, indem es die Streitenden zurückhält und sie von der Sinnlosigkeit ihres Streits überzeugt. Je stärker die persönlichen Beziehungen und der Enthusiasmus im Team sind, desto weniger wollen die Menschen mit realen Problemen zu tun haben, zumal wenn es gilt, dass „alles gut wird".

Ungerechtfertigter Optimismus senkt die Fähigkeit, ineffektives Verhalten und entstehende Probleme zu reduzieren, und führt zur Abschwächung der Ergebnisse **O**. Dies hat einen negativen Einfluss auf den Charakter der Beziehungen in der I-Zone. Unabhängig von der konstruktiven Werteeinstellung und der hohen Menschenorientierung bleiben die wichtigen Ressourcen R unangetastet, da das Team die Organisationsziele aus dem Blick verliert, entstehende Widersprüche und Konflikte ignoriert und mögliche Alternativen nicht berücksichtigt (s. Abb. 7.1).

Infolgedessen erlangt ein solches Team nie die notwendige Erfahrung beim Erreichen von Zielen und bei der Überwindung von Problemen, ohne die die betriebliche Tätigkeit Zielorientierung und Sinn verliert. Genauso lernt dieses Team nie, eine richtige Entscheidung zu treffen und Synergie zu erreichen. Stattdessen wird man unter 1.7+ immer so zusammenarbeiten, als ob man in einer glücklichen Welt lebt, in der es keine Widersprüche gibt und in der Ergebnisse und Errungenschaften von alleine eintreten, einzig deshalb, weil man sie erhofft und erwartet hat.

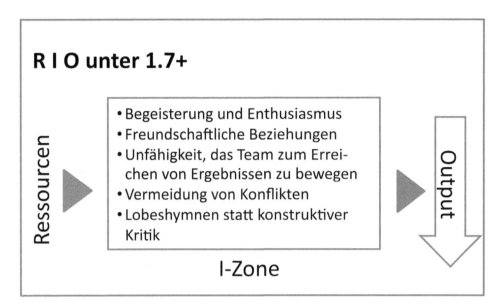

R I O unter 1.7+

Ressourcen

- Begeisterung und Enthusiasmus
- Freundschaftliche Beziehungen
- Unfähigkeit, das Team zum Errei-
  chen von Ergebnissen zu bewegen
- Vermeidung von Konflikten
- Lobeshymnen statt konstruktiver
  Kritik

Output

I-Zone

Abb. 7.1   1.7+

7.2   Kultur und Werte bei 1.7PLUS

Kultur von Selbstzufriedenheit, Optimismus und inhaltslosen Plänen

Vertrauen 1.7+ ist der Ansicht, dass Menschen in ihrer Natur ordentlich und vertrauens-würdig sind. Für 1.7+ sind Arbeit, Menschen und die Organisation außerordentlich wich-tig und wertvoll. Er ist der Organisation treu ergeben, vertraut Menschen und glaubt aufrichtig, dass alles klappt und alles gut wird. Er ist stets positiv gestimmt und findet Unordnung und Dreistigkeit, selbst wenn er damit konfrontiert wird, unbedeutend. Naiv vertraut er weiterhin Menschen, die ihn schon mehrfach betrogen haben. Er möchte sei-nen Beitrag zur allgemeinen Sache leisten, begreift aber nicht immer, wie er das realisie-ren kann, und delegiert wichtige Dinge an andere, von denen er ehrlich glaubt, dass sie die Arbeit erfolgreich bewältigen können. Er priorisiert die freundschaftliche, vertrauens-volle Beziehung und ist voller Optimismus. Seine Zutraulichkeit ist derart groß, dass er sich nicht selten manipulieren lässt, ohne sich zu widersetzen.

Gerechtigkeit 1.7+ ist überzeugt, dass Gerechtigkeit nur im Kontext freundschaftlicher, vertrauensvoller Beziehungen und allgemeiner Begeisterung betrachtet werden kann sowie im Glauben daran, dass alles so wird, wie es geplant wurde. Wurde eine sol-che Beziehung aufgebaut und aufrecht erhalten, blickt er optimistisch und gutgläubig in die Zukunft – dann ist die Realisierung dieser Hoffnungen und Pläne die Krone der Gerechtigkeit. Da 1.7+ ein weichherziger Enthusiast und unverbesserlicher Träumer ist, tragen auch seine Vorstellungen einen künstlichen Charakter und sind wenig mit der Investition verbunden, die er selbst und sein Team zu betrieblichen Resultaten erbringen. Reale Probleme der Organisation befinden sich am Rande seiner Aufmerksamkeit und rücken nur dann in sein Blickfeld, wenn es eine Divergenz zwischen den erwarteten und tatsächlichen Ergebnissen gibt, wobei die erwarteten Resultate nicht selten übertrieben werden und die tatsächlichen zu stark sind, um ignoriert zu werden. Ist die Divergenz nicht allzu groß, findet es 1.7+ gerecht, sogar „schwache" Resultate zu loben. Er geht davon aus, dass jeder Lob verdient hat, da er im Rahmen seiner Möglichkeiten und Wünsche versucht, das maximal Erreichbare möglich zu machen. 1.7+ findet es gerecht, sogar für ernsthafte Fehler und Fehlhandlungen nicht zu bestrafen, da er sie mit dem Zusammentreffen ungünstiger Umstände erklärt.

Commitment und Identität Menschen, die dem Führungsstil 1.7+ folgen, empfinden aufrichtiges Commitment ihrer Organisation gegenüber, wobei dieses einen besonderen Charakter trägt. Sie empfinden sowohl Probleme der Organisation als auch Probleme jedes einzelnen Mitarbeiters sehr tief, sie identifizieren sich nicht nur mit der Organisation und ihren Resultaten, sondern auch mit den freundschaftlichen Beziehungen und der Atmosphäre von Begeisterung und Enthusiasmus, die 1.7+ immer anstrebt. Für 1.7+ sind betriebliches Commitment und Identität nur dann möglich, wenn eine Verbundenheit besteht, die auf freundlichen und frohen Erwartungen basiert. Auf diese Weise stellen sich Commitment und Identität im Endeffekt als emotionale Abhängigkeit heraus, die wenig mit den Kernmotiven und Zielen des betrieblichen Verhaltens zu tun hat.

Zuverlässigkeit und soziale Verantwortung Für 1.7+ ist eine bedingte oder beschränkte Zuverlässigkeit in allen Situationen charakteristisch, die vor allem auf seiner positiven, wertebasierten Orientierung und auf seinem hohen betrieblichen Commitment beruht. Paradoxerweise zeigt 1.7+ nur dann maximale Zuverlässigkeit, wenn eine reale Bedrohung der ihm wichtigen freundschaftlichen Beziehungen und der positiven Atmosphäre besteht. Anders gesagt kann 1.7+ maximale Effektivität und Zuverlässigkeit nicht durch das Schaffen harmonischer Beziehungen erreichen, sondern durch ihr Vorhandensein! Auf diese Weise zeichnet sich die 1.7+ Kultur durch hohe Zuverlässigkeit vor allem im Bereich zwischenmenschlicher Beziehungen aus. Die soziale Verantwortlichkeit von 1.7+ ist sehr hoch und eine der wichtigsten Komponenten seiner wertebasierten Orientierung. 1.7+ ist im Rahmen der Philosophie der sozialen Verantwortlichkeit, die von der Organisation Anteilnahme und Kooperation bei sozialen Problemen fordert, zutiefst solidarisch eingestellt. Aus der Perspektive von 1.7+ sind diese Probleme außerordentlich wichtig, allerdings beschränkt sich seine reale Teilnahme auf Worte und Zuspruch. Das echte Übernehmen sozialer Verantwortung rückt in der Regel erst dann in den Vordergrund, wenn sein Vorgesetzter es aus der Situation heraus verlangt.

Transparenz und Ehrlichkeit Unter Transparenz und Ehrlichkeit versteht 1.7+ eine warme, freundschaftliche Atmosphäre, in der die Mitarbeiter sich gegenseitig unterstützen und begeistern und unabhängig von den erreichten Resultaten Genuss durch den Arbeitsprozess haben. Ehrlichkeit erhält dabei eine spezifische Form: In der Regel werden vor allem angenehme Dinge kommuniziert, unangenehme Themen werden ganz ignoriert. Personen der 1.7+ Kultur geben sehr gerne positives Feedback, regen einander zu Kompromissentscheidungen an, delegieren ihre Verantwortung an andere. Es ist üblich, für positive Kritik zu danken und sich bei negativer zu entschuldigen. Deswegen konzentriert sich der allgemeine Blick bei der Entwicklung der Organisation nicht auf die Ergebnisse, sondern auf den Prozess, was dazu führt, dass wertvolle betriebliche Ressourcen nicht genutzt werden.

7.3 Kultur und Macht bei 1.7PLUS

Akzent auf Belohnung und Information

Bestrafung 1.7+ nimmt Bestrafung als Instrument der Einwirkung auf das Verhalten eines Mitarbeiters und dessen Veränderung wahr. 1.7+ versucht auf jeden Fall Bestrafung zu vermeiden, da er der Meinung ist, dass alle Mitarbeiter von Natur aus ehrlich sind und ihre Arbeit mit Qualität ausüben wollen. Treten ernsthafte Fehler und Verstöße auf, ist es nicht die Schuld des Mitarbeiters, sondern ein Zusammentreffen ungünstiger Umstände. Wird bestraft, erfolgt diese nur auf weiche, duldende, unschuldige und beruhigende Art. Dabei wird Bezug darauf genommen, dass die Bestrafung nicht durch 1.7+ erfolgt, sondern durch seinen Vorgesetzten: „Ich hätte das niemals angesprochen, aber ihr versteht, dass ich dazu gezwungen werde. Nehmt es euch nicht zu Herzen, alles wird sich bald regeln."

Belohnung 1.7+ betrachtet Belohnung als natürliches Mittel zur Bildung einer warmen, freundschaftlichen Atmosphäre. 1.7+ ist überzeugt, dass alle Menschen von Natur aus ehrlich und gleich sind. Deswegen wird Lob unabhängig von den erreichten Ergebnissen geäußert. 1.7+ lobt seine Mitarbeiter gerne und übermäßig und auch für sehr „schwache" Ergebnisse. Das Fehlen „starker" Ergebnisse führt nicht dazu, dass frühzeitig Bewertungskriterien zur ausgeführten Arbeit aufgestellt werden, weswegen Mitarbeiter sich daran gewöhnen, dass ihre Arbeit sogar bei geringen Resultaten belohnt wird oder sie sogar aus nicht nachvollziehbaren Gründen belohnt werden.

Position Für 1.7+ ist seine Position in der Organisation die Möglichkeit, auf die Bildung freundschaftlicher, harmonischer Beziehungen im Team hinzuwirken, aber auch um Mitarbeiterfeste zu organisieren, Geschenke zu verteilen und unterdrückte Rechte der Mitarbeiter einzufordern. 1.7+ unterstreicht selten seine Machtposition und versucht stattdessen, in eine enge freundschaftliche Zusammenarbeit überzugehen und eine gute Teamatmosphäre herzustellen. Er unterstreicht mit allen Mitteln seine Nähe und Gleichstellung mit den Mitarbeitern. Dadurch, dass er seine Mitarbeiter ehrlich und fleißig findet, gibt er ihnen in der Regel keine Anweisungen sondern setzt auf die Bedeutung harmonischer Beziehungen. Damit überlässt er die Arbeit sich selbst. 1.7+ hat keine überhöhten Karriereabsichten, ist aber gleichzeitig voller Hoffnung, dass seine Vorgesetzten jene Atmosphäre und die Beziehungen schätzen, die dank seiner Bemühungen geschaffen wurden, sodass seine Tätigkeit durchaus zu einem Aufstieg in der Organisation führen kann. 1.7+ ist nur dann genötigt seine Macht auszuüben, wenn seine Vorgesetzten auf konkreten Resultaten bestehen. Aber auch in dem Fall kann er sagen: „Ich bitte euch so selten um etwas, aber jetzt müssen wir das um jeden Preis machen! Macht mit, wenn euch unser Team und unsere Freundschaft etwas wert sind und ihr nicht wollt, dass ihr einen anderen Vorgesetzten bekommt!"

Information Informeller Austausch wird bei 1.7+ vor allem zur Bildung einer freundlichen und enthusiastischen Atmosphäre genutzt. Deswegen sammelt 1.7+ mit Vergnügen positive Informationen und informiert andere ausführlich, wenn es um Dinge geht, die die Beziehung innerhalb des Teams festigen. Negative Informationen werden so verpackt, dass ihr Inhalt nur schwer erfasst werden kann. Die Sammlung von Informationen bleibt deswegen sehr oberflächlich und geschieht nur dann, wenn man sie nicht vermeiden kann. Informationen, die die Arbeit betreffen, werden nur dann kommen, wenn der Vorgesetzte es ausdrücklich fordert. Dabei bevorzugt es 1.7+, wichtige Informationen so lange nicht weiterzugeben, bis er sie selbst eingeschätzt hat. In der Regel erhält die Information nach einer solchen „Bewertung" einen durchaus positiven und optimistischen Charakter.

Kompetenz 1.7+ verfügt über außerordentlich hohe Kompetenz beim Aufbau harmonischer Beziehungen und eines angenehmen Organisationsumfeldes. Im professionellen Bereich ist seine Kompetenz allerdings gering, da er neues Wissen und neue Fähigkeiten, die sich im Prozess ergeben, nicht anwendet, sondern auf die zwischenmenschlichen Beziehungen setzt, die im Verlauf des Lernprozesses entstehen. Deswegen fehlt es ihm an eigener Professionalität, was er dadurch zu kompensieren versucht, dass er seine Verantwortung an andere delegiert und stattdessen enge, freundschaftliche Beziehungen ausbaut. Er ist nicht in der Lage selbstständig zu handeln. Der Fokus seiner Handlung ist nicht auf betriebliche Prozesse und deren Optimierung ausgerichtet, sondern auf die Gefühle, Emotionen und Launen seiner Mitarbeiter. Von seiner werteorientierten Einstellung ausgehend, unterstreicht und unterstützt 1.7+ ständig die Ausbildung seiner Mitarbeiter. Leider erlaubt ihm das Fehlen seiner Professionalität nicht, dass andere von ihm lernen können.

Ausstrahlung 1.7+ verfügt aufgrund seiner werteorientierten Einstellung, seiner unverwechselbaren positiven Haltung und seiner persönlichen Attraktivität über ein stark ausgeprägtes Charisma. Das trägt vielfach einen situativen Charakter und ist wenig mit den Kernzielen und Aufgaben der Organisation verknüpft. Am stärksten äußert sich sein Charisma bei Mitarbeiterfesten, wo 1.7+ in der Lage ist, mit seiner Energie, seinem

Pathos und seiner Art zu reden das Team „mitzureißen" und von den großartigen Perspektiven zu überzeugen, die sich in seiner Vorstellung aufzeigen. Seine Ausstrahlung ist auch dann stark, wenn betriebliche Ergebnisse durch Zufall erreicht wurden, durch eine günstige Wirtschaftskonjunktur, durch Fehlkalkulation der Konkurrenz, durch marktökonomische und politische Fakten usw. Nur dann kann 1.7+ für kurze Zeit als ideale und sogar visionäre Führungskraft wahrgenommen werden, die in der Lage ist, ein harmonisches Team zu leiten und ein hohes Ergebnis zu erreichen. Unter disruptiven Wettbewerbsbedingungen am Markt und der Notwendigkeit, ständig Spitzenresultate zu erreichen, bei gleichzeitigem Fehlen beständiger Ergebnisorientierung, zerstört 1.7+ diese großartigen Perspektiven und seine charismatische Wirkung. Allen wird klar, dass die Worte und Taten von 1.7+ in der Sache weit auseinanderklaffen. Auch wenn er Leben in sein Team bringt, freundlich, höflich und in jeglicher Beziehung angenehm ist, ist er in schwierigen Situationen des betrieblichen Lebens nur mit Worten bereit, Verantwortung zu übernehmen und Menschen zu führen.

7.4   Fähigkeiten in der Zusammenarbeit bei 1.7PLUS

Konflikte lösen

Ein Konflikt bedroht die positive optimistische Einstellung von 1.7+, sodass er einen Konflikt als etwas unvermeidbar Böses betrachtet. Er versucht ihn deswegen zu umgehen oder ignoriert seine Existenz. Begegnet er der Gefahr, dass ein Konflikt entsteht, versucht 1.7+ mit allen Mitteln, die entstandenen Meinungsverschiedenheiten zu glätten und, wie es ihm scheint, eine harmonische, freundschaftliche Beziehung zu schaffen und aufrechtzuerhalten. Das wesentliche Mittel zur Konfliktüberwindung ist dabei die Aufforderung, sich zu beruhigen und mögliche Widersprüche nicht wahrzunehmen, da alles gar nicht mal so schlecht läuft und sich wieder regelt und gut wird. Verschärft sich ein Konflikt und wird unvermeidbar, ist 1.7+ genötigt, über seine Gründe nachzudenken. Von seiner Werteeinstellung ausgehend fühlt er, dass ungelöste Konflikte ein ernsthaftes Hindernis auf dem Weg zur Schaffung harmonischer Beziehungen sind und es notwendig ist, diese irgendwie zu lösen. Er meidet das Konfliktthema nicht und ist bereit, darüber zu reden, aber bis zur wirklichen Auseinandersetzung mit den Ursachen und der Suche nach optimalen Lösungswegen lässt es 1.7+ nicht kommen. Seine Hauptposition in Bezug auf Konflikte ist, dass diese eine Bedrohung bei der Bildung harmonischer Beziehungen und ein Hindernis bei der Schaffung einer enthusiastischen und freundschaftlichen Atmosphäre sind. Genau darüber ist er bereit, mit seinen Mitarbeitern zu reden, ohne dabei Schritte zur Lösung des Konflikts zu unternehmen. Alles bleibt auf einem theoretischen Niveau und der Aussage, wie schädlich, unzulässig und hinderlich Konflikte sind.

1.7+ ist aufrichtig überzeugt, dass es, wenn bereits harmonische Beziehungen bestehen und Menschen durch optimistische Erwartungen verbunden sind, keinerlei Gründe für Widersprüche und Konflikte geben darf. Deswegen sind Konflikte seiner

Meinung nach eine erdachte, fruchtlose und schädigende Erscheinung. Bei der Entstehung eines Konflikts versucht 1.7+ einfach die Aufmerksamkeit davon abzulenken, indem er seine Mitarbeiter beruhigt und ermuntert. Er achtet sehr genau auf die Stimmung in seinem Team. Wenn er fühlt, dass eine Spannung weiterhin wächst, versucht er, diese aus der Welt zu schaffen, indem er alle von der Illusion und Bedeutungslosigkeit der entstandenen Widersprüche überzeugen will. Er versucht dabei nicht, Ursachen zur Entstehung der Widersprüche zu untersuchen, sondern will stattdessen die Konfliktparteien überzeugen, dass es den Konflikt in einem Team, in dem die Zusammensetzung gut ist und alles immer gut sein wird, nicht geben darf.

Gelingt es nicht, einen Konflikt zu vermeiden, versucht 1.7+ die streitenden Kollegen zu beruhigen. Er ist dabei überzeugend und kreativ, indem er negative Folgen des Konflikts beschreibt und die Vorteile freundschaftlicher Beziehungen unterstreicht. Er bezieht sich auf die Situation und reduziert dabei die Bedeutung entstandener Widersprüche und zeichnet farbenfrohe Perspektiven, die alle divergierenden Meinungen aufheben. Fühlt 1.7+, dass ein möglicher Konflikt zu einer ernsthaften Bedrohung werden kann, die die Freundschaft gefährdet, kann er weiter gehen: „Also, sind eure gegenseitigen Vorwürfe wichtiger als meine freundschaftliche Einstellung euch gegenüber?" In dieser Situation beginnen die Konfliktparteien zu begreifen, dass für 1.7+ freundschaftliche Beziehungen derart wichtig sind, dass er zu härteren Maßnahmen greifen kann.

1.7+ sieht im Konflikt kein positives Potenzial und keine Möglichkeit, die Zusammenarbeit effektiver zu gestalten. Deswegen werden alle grundlegenden Ursachen ignoriert und nicht zum Gegenstand der Besprechung gemacht. Infolgedessen kann diese Unlust, die Konfliktursachen zu analysieren, zu noch ernsthafteren Folgen führen, da 1.7+ in der Regel keine klaren Kriterien für die Bewertung von Handlungen aufstellt. Alle bevorzugen es, ihre Arbeit aus purem Enthusiasmus zu beginnen, indem sie davon ausgehen, dass Planung und klare Kriterien den Wunsch etwas zu leisten mindern. Hier gilt das Prinzip:

„Menschen sind talentiert und arbeiten mit Enthusiasmus; alles andere regelt sich von alleine." Durch fehlende Kriterien erscheinen solche Anmerkungen wie eine subjektive Meinung. Die Bewertung der Effektivität von Handlungen wird dadurch erschwert, dass es keine Standards zur Veränderung und Optimierung des Verhaltens gibt.

Informationen austauschen

1.7+ verfügt über eine hohe Kommunikationskompetenz, die es ihm ermöglicht, harmonische und herzliche Beziehungen mit anderen aufzubauen und aufrechtzuerhalten. Für ihn sind ein ansteckender Optimismus und eine wohlwollende Kommunikationsart kennzeichnend, er ist empathisch und seinem Gesprächspartner gegenüber aufmerksam. 1.7+ verfügt über ein feines Verständnis von menschlichen Bedürfnissen, was es ihm ermöglicht, ihre Motive zu verstehen und ihr Verhalten vorherzusagen. 1.7+ ist in der Lage, in seiner Abteilung einen intensiven Informationsaustausch herzustellen, wo neue Informationen durch informelle Gespräche in einer freundschaftlichen Atmosphäre ohne Hindernisse zirkulieren. Allerdings haben die Ziele zur Sammlung, Analyse und

Weitergabe der Information in der Regel wenig mit den Aufgaben, mit der Erreichung hoher betrieblicher Resultate und mit der Qualität der zu leistenden Arbeit zu tun. Sie sind vor allem auf die Bildung harmonischer Beziehungen und auf eine Atmosphäre allgemeiner Begeisterung ausgerichtet.

1.7+ nutzt die Suche und Sammlung von Information vor allem dafür, die Faktoren auszuschließen, die Widersprüche provozieren und eine Bedrohung der ruhigen und optimistischen Atmosphäre darstellen könnten. Dabei umgeht er in der Kommunikation Fragen zur Verbesserung der Effektivität und lenkt das Interesse eher auf Beziehung, positive Einstellung und hohe Erwartung. Fragen wie: „Welche Resultate sollen wir erzielen?" werden durch Fragen wie: „Was muss man tun, um die Qualität unserer Beziehung zu verbessern?" ersetzt. Anders gesagt wird die Aufmerksamkeit von 1.7+ vor allem den Fragen gewidmet, die nur einen indirekten Bezug zu den Unternehmenszielen haben. Da 1.7+ viel Zeit in Unterhaltung mit Menschen über deren Gedanken, Gefühle und Wünsche verbringt, wirkt er nicht nur ihrer professionellen Tätigkeit entgegen, sondern behindert diese auch, indem er seine Mitarbeiter von ihren Arbeitszielen ablenkt.

Seinen Charme und seine Eloquenz nutzend, kontrolliert 1.7+ ohne Probleme jede Diskussion, indem er sie auf eine für ihn günstige Bahn bringt und von konfliktverschärfenden Fragen ablenkt, die Spannungen in sein Team bringen könnten.

Hat sich jemand einen Fehler oder eine Fehlleistung in seiner Arbeit erlaubt, gibt 1.7+ sich keine Mühe, dies zu analysieren und die Gründe des entstandenen Problems herauszuarbeiten. Er bewertet zunächst, wie sich der Fehler auf die allgemeine Atmosphäre im Team auswirken kann. Ist ein negativer Einfluss vorhersehbar, kann 1.7+ sich nur ein bisschen über diesen beklagen oder ihn gänzlich ignorieren. Bringt der Fehler einen Konflikt mit sich, versucht 1.7+ eine herzliche und freundliche Atmosphäre herzustellen: „Ich bin sicher, es ist ein zufälliges Zusammentreffen der Umstände, aber nicht alles ist schlecht. Das Wichtigste ist jetzt, nicht in Panik zu geraten und über Kleinigkeiten zu streiten, alles wird sich regeln und wir werden noch ein großes Fest feiern!"

Die Kommunikation ist bei 1.7+ in größerem Maße auf den Informationsaustausch über die Gefühle und Emotionen der Menschen gerichtet, als auf die Besprechung betrieblicher Prozesse und Fakten. Nur in einer kritischen Situation, die wichtige harmonische Beziehungen zerstören könnte, kann er seine Aufmerksamkeit auf Ergebnisse konzentrieren und entstandene Probleme lösen.

Position beziehen
1.7+ vertritt nur Standpunkte, die es möglich machen, freundschaftliche Beziehungen zu verstärken und die Herausbildung optimistischer Erwartungen ermöglichen und keine ernsthaften Einwände und Konflikte hervorbringen können. Er verteidigt seine Meinung recht offen, wenn sie freundschaftliche Beziehungen nicht bedroht und eine positive Wirkung auf alle anderen hat. Sieht 1.7+ Meinungsverschiedenheiten, versucht er die entstandenen Widersprüche auszugleichen und die anderen zu überzeugen, dass seine Position nur allgemeinen Interessen dient und allen zugutekommt. Dort, wo Diskussion und Meinungskampf unvermeidbar sind, fehlt es 1.7+ an Energie und Motivation, seine

Position zu äußern und auch zu verteidigen. Die Werteorientierung von 1.7+, die mit den allgemeinen betrieblichen Interessen übereinstimmt, gibt ihm einen großen Vorteil in der Verteidigung seiner Position. Die innere Überzeugung, dass seine Position die allgemeine Sicht der Organisation oder gar der Gesellschaft repräsentiert, ermöglicht es 1.7+, einen starken Einfluss auf die Überzeugung und das Verhalten anderer Mitarbeiter auszuüben.

1.7+ verteidigt seine Position aktiv und enthusiastisch, wenn er das Wohl aller sieht. Verschärft sich eine Situation oder kann sie in einen Konflikt übergehen, der negative Folgen für die Beziehung oder für 1.7+ hat, werden ihm persönliche oder teambildende Motive zugesprochen. Dann ist er bereit, von seinem Standpunkt abzuweichen. Er kann aber auch seinen Standpunkt nochmals verteidigen, wenn er die Unterstützung der Mehrheit spürt.

Um die guten Beziehungen nicht zu gefährden, hört 1.7+ zunächst die Meinung der anderen, um erst danach seine eigene auszudrücken: „Ich möchte nicht, dass meine Meinung auf eure Standpunkte Einfluss hat. Mir ist wichtig, die Meinung von jedem von euch zu kennen. Meine Meinung ist so wichtig, wie die Meinung jedes Teammitglieds!" Solche Äußerungen geben den anderen zu verstehen, dass Frieden und Harmonie am wichtigsten sind. Wo Unterstützung offensichtlich ist und 1.7+ sich sicher fühlt, äußert er seine Meinung offen und deutlich und kann sogar aufdringlich wirken. Infolgedessen bevorzugen Mitarbeiter, die ihre Meinung äußern würden, zu schweigen.

1.7+ ist in der ersten Reihe, wenn es darum geht, Mitarbeiterfeste zu organisieren, Urkunden oder Geschenke zu überreichen, über Erfolge und Prämien zu reden, verbesserte Pausenregelungen zu besprechen oder die Erhöhung des Lohnbudgets zu verkünden. Dies ist, was er gerne mit Stolz und Überzeugung tut. Überträgt 1.7+ diese Energie und Begeisterung ins alltägliche Arbeitsleben, wirken seine Initiativen inhaltsleer. So kann 1.7+ plötzlich vorschlagen, sowieso schwer erfüllbare Planvorschriften zu erhöhen oder ein neues Projekt zu starten, dessen Realisierung objektiv unrealistisch ist. Solche spontanen Initiativen sind nicht mit seiner Umorientierung den Ergebnissen gegenüber verbunden, sondern spiegeln seinen übertriebenen, wenig gerechtfertigten Optimismus und seine Fantasie wieder. In so einer Situation blicken sich Kollegen nur an und sagen: „Jetzt hat er Blut geleckt." Das Fehlen von klaren Zielen und deutlichen Kriterien hinsichtlich der Qualität der Arbeit bedingt, dass 1.7+ weder seine eigene, noch die Initiative und Arbeit einer anderen Person im Ganzen objektiv einschätzen kann. Hieraus entstehen inhaltslose Ideen und Illusionen, dass alles gut ist und sich in die richtige Richtung bewegt.

Entscheidungen treffen

1.7+ trifft Entscheidungen sehr vorsichtig. Er ist bemüht, Unzufriedenheit und Bedrohung für das gute Betriebsklima zu vermeiden. Eine Entscheidung wird so getroffen, dass keine Konflikte und Streitigkeiten hervorgerufen werden können. 1.7+ vermeidet es, Entscheidungen zu treffen, ohne die Frage ausführlich mit allen zu besprechen und die Position der anderen herauszufinden. Dabei wird aller

Wahrscheinlichkeit nach die Entscheidung getroffen, mit der alle einverstanden sind und die eine Stärkung des freundlichen Klimas unterstützt ohne Konflikte hervorzurufen.

1.7+ trifft gerne Entscheidungen, die annehmbare Resultate erbringen und Freundlichkeit und Optimismus fördern. Er bevorzugt es, ungünstige Entscheidungen zu vertagen oder zu delegieren, wenn sie die harmonische Beziehung im Team und das freundliche Klima stören. Muss 1.7+ komplizierte Entscheidungen treffen, bevorzugt er es zu warten, bis sie sich von alleine klären oder bis günstigere Bedingungen auftreten. Unter allen anderen Umständen verlangsamt sich der Prozess durch langwierige Diskussionen, an denen mehr Personen als notwendig teilnehmen. Er hat keine klaren Kriterien darüber, wie eine Entscheidung gefällt werden soll. Hierdurch werden Diskussionen unkontrollierbar und das ursprüngliche Thema kann ganz verloren gehen.

Im Treffen einer Entscheidung zeigt 1.7+ wenig Selbstständigkeit, sondern folgt lieber der Meinung seines Vorgesetzten und betrieblichen Regelungen. Dies gibt seinen Entscheidungen mehr Gewicht und befreit ihn von den Folgen eventueller Fehler oder Misserfolge.

Für 1.7+ sind eine einhellig getroffene, auf Konsens basierende Entscheidung und auch der Prozess der Entscheidungsfindung wichtiger als das Ergebnis, das durch die Entscheidung erreicht wird. Er versucht so zu entscheiden, dass einerseits das System der harmonischen Organisationsbeziehung gestärkt, andererseits aber auch die Ansprüche des Vorgesetzten befriedigt werden. Selbstverständlich ist es eine äußerst schwierige Aufgabe, solche Entscheidungen zu finden, und dies führt bei 1.7+ zu Unwohlsein und Stress.

Kritik üben

In der Kritik und im Feedback, das 1.7+ durchführt, fehlt es oft an Meinungsvielfalt und Konstruktivität. Er beurteilt sogar geringfügige Produktivität seiner Mitarbeiter übermäßig positiv und ist stets bestrebt, sie auch in Situationen aufzumuntern und zu loben, in denen sie es überhaupt nicht verdient haben. Positive Werteorientierung führt 1.7+ dazu, stets Positives in der Arbeit seiner Mitarbeiter zu sehen und sich unwohl zu fühlen, wenn es notwendig wird, etwas Unangenehmes zu sagen. Deshalb bevorzugt 1.7+ positives Feedback.

Ein hohes Niveau an Menschenorientierung und eine allgemeine Ausrichtung auf betriebliche Ziele zwingen 1.7+, ein offenes objektives Feedback, selbst unwilligen Mitarbeitern gegenüber, zu vermeiden, weil es dem allgemeinen moralpsychologischen Klima Schaden zufügen könnte. Nur bei Gesprächen unter vier Augen wird er vielleicht negative Kritik äußern, aber auch in diesem Fall herrscht eher Mitgefühl. Er versucht, harte Beurteilungen zu vermeiden und ein Höchstmaß an Sympathie und Unterstützung zu zeigen. Auch wenn ihm eine solche Herangehensweise erlaubt, sogar mit unwilligen Mitarbeitern nette Beziehungen aufrechtzuerhalten, ändert es nur geringfügig deren Verhalten und ihre Einstellung zur Arbeit. In diesem Fall wird eine zusätzliche Belastung auf ehrliche und effektive Mitarbeiter verlagert.

Kritik wird vor allem als Lob geäußert. Unterschiede in Bewertungen werden in der Regel austariert, um die guten Beziehungen nicht zu gefährden. Gründe für diese Meinungsverschiedenheiten werden keiner tiefen Analyse unterzogen, um Widersprüche innerhalb des Teams nicht zu verschärfen. Dabei versucht 1.7+ seine Aufmerksamkeit auf Aufgaben zu lenken, die leicht ausführbar sind und seine optimistische Einstellung unterstützen und verstärken können. Unangenehm schwere Aufgaben werden in der Regel unwillig und oberflächlich diskutiert.

Die Realisierung von Kritik und Feedback äußert sich besonders stark in der Orientierung von 1.7+ auf den Wert des Menschen jenseits der Qualität seiner Arbeit und seiner Produktivität. Anders gesagt liegt der wesentliche Gegenstand der Kritik – die Qualität der Arbeit des Mitarbeiters – am Rand der Aufmerksamkeit von 1.7+. In Bezug auf die eigene Arbeit nimmt 1.7+ gerne positive Kritik und Feedback sowie auch objektive und negative Aspekte und Vorschläge zur Verbesserung auf. Wenn es notwendig ist, wird die Kritik durch Bestätigung oder mit Entschuldigung angenommen.

Die Qualität und Tiefe der Kritik von 1.7+ ist durch den Rahmen seiner eigenen Vorstellung eingeschränkt. Bei fehlenden Kriterien zur Erfüllung der Aufgaben wird Kritik oft zur Besprechung außerbetrieblicher Fragen genutzt und nicht für arbeitsbezogene Themen. Äußert irgendwer Sorge über die Qualität der Arbeit, versucht 1.7+ eine positive Note hineinzubringen, indem er alle überzeugt, sich auf positive Aspekte der momentanen Situation und baldige Veränderungen und Verbesserungen zu konzentrieren.

Je mehr Probleme entstehen, desto mehr bemüht sich 1.7+, anderen Selbstbewusstsein einzuflößen und die verloren gegangenen Erwartungen wiederherzustellen. Die Devise von 1.7+ ist darauf ausgerichtet, unter allen Umständen Hoffnung zu bewahren, immer anderen zu helfen und Hindernisse zu überwinden. In solchen Situationen kennt 1.7+ meist nur einen Weg: den festen Glauben daran, dass alles gut wird. Er ist nicht in der Lage, aktiv an der Überwindung von Misserfolgen zu arbeiten.

7.5   Schlussfolgerungen

1.7+ ignoriert die Ergebnisse O, indem er versucht, alle Ressourcen R zur Bildung harmonischer, freundschaftlicher Beziehungen in der I-Zone zu nutzen. Im Kern ist das oberste Ziel von 1.7+ ein harmonisches, fröhliches und konfliktfreies Organisationsleben voller Enthusiasmus und freudvoller Erwartungen. Dieses Ziel ist natürlich utopisch und unvereinbar mit den realen Zielen, Aufgaben und den Bedingungen der Organisation. Diesen Widerspruch versucht 1.7+ zugunsten von freundschaftlichen Beziehungen, einem angenehmen Klima und einer allgemein positiven Atmosphäre in der I-Zone zu lösen. Selbstverständlich gelingt ihm das nicht. Je mehr Bemühungen dafür aufgewendet werden, angenehme Beziehungen herzustellen, sich von Konflikten zu lösen, indem man die Mitarbeiter durch künftige Erfolge motiviert, desto mehr Enttäuschung entsteht im Endeffekt. Wie unverbesserliche Fantasten trösten sich die Mitarbeiter mit ungerechtfertigten Hoffnungen, nähren sich durch ständiges Lob und interessieren sich zu wenig dafür, ob ihre Hoffnungen wahr werden. Die Realität ernüchtert die Fantasie und Hoffnung von 1.7+, indem sie durch die Priorität und Notwendigkeit, Ergebnisse zu erreichen, von Zeit zu Zeit sein Verhalten korrigiert. Geschieht dies nicht, ist angesichts der harten Organisationsrealität die Enttäuschung groß. Nichtsdestoweniger verfügt 1.7+ über eine umfassende Attraktivität für seine Mitarbeiter, indem er sie auf harmonische Beziehungen und Perspektiven hin orientiert, auch wenn diese sehr selten oder gar nicht wahr werden. Sie verfügen über ein lebenserhaltendes und motivierendes Potenzial.

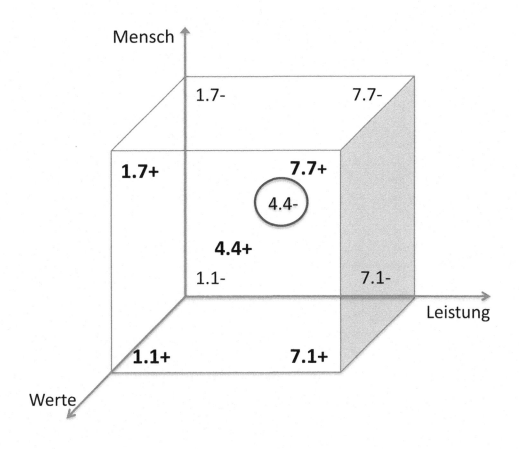

© Springer-Verlag GmbH Deutschland, ein Teil von Springer Nature 2019

A. Zankovsky und C. von der Heiden, *Leadership mit Synercube,*

https://doi.org/10.1007/978-3-662-58373-9_8

Mittlere Ergebnis- und Menschenorientierung sowie formale, gleichgültige Einstellung der Arbeit und der Organisation gegenüber. Berechenbar durch den Wunsch, sowohl Neues als auch Risiko und Konflikte zu vermeiden und durch das Bestreben, alles nach Regeln und Richtlinien zu gestalten. Konservatives Denken und Verhalten dominiert. 4.4− empfindet Freude bei strenger und klarer Befolgung von Instruktionen und hat Angst vor Neuem und Ungewohntem.

8.1   I-Zone unter Bedingungen von 4.4MINUS

In 4.4− Teams brodelt die Gerüchteküche, da 4.4− offene Diskussionen sorgfältig vermeidet und sich lieber unter vier Augen mit anderen unterhält.

Statt einer offenen und direkten Besprechung werden Fragen nicht selten ohne die direkt Beteiligten, besprochen und dabei wird auf Kommentare Dritter gesetzt. Für die meisten Menschen sind dies ziemlich klare Belege dafür, dass man es mit der Äußerung der eigenen Meinung nie eilig haben, sondern diese lieber für sich behalten sollte. Dies führt zu Informationsverzerrung, da Menschen oft Schlussfolgerungen ziehen und Annahmen treffen, die auf Gerüchten und unvollständiger Information basieren. Mitarbeiter werden so misstrauisch, dass sie, wenn eine Frage nicht direkt an sie adressiert ist, Unruhe und Unwohlsein empfinden und versuchen, sich von einer bindenden Antwort zu distanzieren. Das alles stört die betrieblichen Prozesse und es erfordert hohen Aufwand, die Beziehung zu bewahren und die Arbeitseffektivität wenigstens auf einem gemäßigten Niveau zu halten.

Von diesem Moment an beginnen alle dem Beispiel der Führungskraft zu folgen, sodass Gerüchte dann eine offene und ehrliche, zweiseitige Diskussion ersetzen. Im 4.4− Team sind die einzig annehmbaren Methoden zur Besprechung von Fragen der Kompromiss, das Nachgeben und das Befolgen der Mehrheitsmeinung. Ein Kompromiss trägt dabei selten eine konstruktive Komponente und wird nicht als Faktor zur Konfliktbearbeitung gesehen, sondern ausschließlich zur Vermeidung von Konflikt um jeden Preis verwendet. Innere Entfremdung und mangelnde Loyalität führen dazu, Besprechungen zu fingieren, anstatt Probleme offen und aufrichtig anzusprechen. Menschen, die verschiedene Standpunkte auf eine Gruppenbesprechungsebene bringen, werden dafür kritisiert, dass sie Umstände machen, den Prozess bremsen und sich egoistisch verhalten. In Wirklichkeit bedrohen sie die höfliche aber formale und Ehrlichkeit unterdrückende Atmosphäre, in der es niemandem gestattet ist, Regeln zu brechen.

Das Einhalten formaler Regeln erlaubt es der 4.4− Führungskraft, sich sicher zu fühlen und ein vollwertiges Mitglied des Teams zu sein. Andere im Team begreifen allerdings, dass Regeln als Schutz genutzt werden, und dass so aufkommende Diskussionen vermieden werden sollen. Menschen fühlen sich unfähig, ihre Meinung auszudrücken, wenn gute Ideen und kreative Vorschläge ignoriert werden und zugunsten von früher aufgestellten Regeln in der Minderheit bleiben. Engagierte Beteiligung an einer Sache und die Suche danach, was richtig ist, werden ständig durch Verweise auf formale

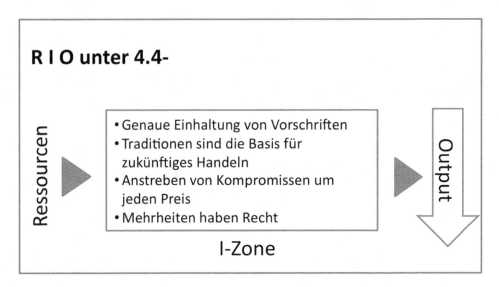

Abb. 8.1   4.4−

Regeln und frühere Erfahrung ersetzt: „In solchen Situationen können wir nur nach den abgestimmten Regeln handeln!" oder „Genauso haben wir es früher gemacht!"

4.4− nimmt an, dass Balance und Kompromiss die bessere Variante einer Beziehung darstellen als das Risiko, das mit Kreativität und starker Einbeziehung von Menschen verbunden ist. Es ist dabei unwichtig, dass das Ergebnis O nicht so gut ist, wie es sein könnte. Entsteht ein Konflikt, ist die Reaktion von 4.4− nicht die Analyse von Fakten, sondern eine sofortige Anpassung kontroverser Meinungen unter Zuhilfenahme von Kompromissen und durch ein Gleichgewicht der verschiedenen Bedürfnisse der Konfliktparteien (s. Abb. 8.1).

4.4−betrachtet das schnelle Erreichen von Kompromissen als Sieg beider Seiten, da jeder das bekommt, was er erreichen wollte. Eine solche Annäherung führt allerdings zu halbherzigen und wenig nachhaltigen Entscheidungen, wodurch sich Menschen letztlich hintergangen fühlen. Für 4.4−ist es wichtiger, dass beide Streitenden als Gewinner herausgehen oder wenigstens etwas bekommen. Unabhängig von der Richtigkeit der zu treffenden Entscheidung vermeidet 4.4−eine klare Unterteilung in Sieger und Verlierer. Auch wenn beide Konfliktparteien sich für einige Zeit beruhigen, entflammt der Konflikt in der Regel von neuem und übt dabei einen negativen Effekt auf die Beziehung der Mitarbeiter aus.

4.4−kann aufgrund seiner unehrlichen, gleichgültigen und vorsichtigen Einstellung keinen Vorteil in einer synergetischen Zusammenarbeit des Teams erkennen.

8.2   Kultur und Werte bei 4.4MINUS

Kultur formeller Regeln und Kriterien sowie Kultur der Angst vor Neuem und vor Entscheidungen.

Vertrauen In der 4.4−Kultur vertraut man vor allem formalen Regeln und Vorschriften sowie geprüften Entscheidungen und bereits erprobten Erfahrungen und Handlungsmethoden. Übermäßiges Vertrauen wird auch auf Vorgaben des Vorgesetzten ausgeweitet, die ohne Einspruch und kritikfrei aufgenommen werden. Besonderes Vertrauen unter den Mitarbeitern erhalten diejenigen, die bereits geltende Regeln und Normen streng befolgen sowie über Vollmachten verfügen: „Warum etwas besprechen, wenn uns gesagt wurde, es so zu machen?" Alles Neue löst besonderes Misstrauen aus, auch wenn die Vorteile offensichtlich sind: „Wir werden noch sehen, zu was das alles führt!" Menschen, die neue und untypische Ideen generieren, lösen Misstrauen und Abneigung aus.

Gerechtigkeit Für 4.4−ist es gerecht, wenn Verhaltensweisen und Handlungen belohnt und unterstützt werden, die streng formale Regeln und Normen befolgen. Ist ein Mensch dazu unfähig oder will er die Regeln und Normen nicht befolgen, ist es gerecht dieses Verhalten zu stoppen und zu bestrafen. Die gerechteste Methode der Konfliktüberwindung ist für 4.4−der Kompromiss, bei dem keine Seite ohne Gewinn bleibt, auch wenn dieser minimal ist. Ist es angebracht, Entscheidungen zu fällen, die außerhalb der getroffenen Normen und Standards liegen, können diese offensichtlich ungerecht und unfair sein. Allerdings sind selbst ungesunde Kompromisse und ungerechte Entscheidungen nach 4.4−gerecht, da sie für das Gemeinwohl getroffen werden und helfen, den Status quo zu bewahren.

Commitment und Identität 4.4−identifiziert sich nicht mit der Organisation, den Mitarbeitern und den Zielen, sondern mit den bestehenden formalen Regeln, Normen und Traditionen, die in jahrelangen Prozessen der Sozialisierung innerhalb der Organisation erworben wurden. Menschen des Typs 4.4−sind auf ihre eigene Art und Weise mit der Organisation verbunden, indem sie sich mit einem Regelrepertoire ausstatten und jegliche Möglichkeit zur Veränderung ablehnen. Dabei erkennen sie nur diese Form von Commitment und Identität an und sind der Meinung, dass diese auch von der Mehrheit geteilt wird.

Zuverlässigkeit und soziale Verantwortung Für 4.4−ist Zuverlässigkeit eine Möglichkeit, Verhalten zu verstehen und zu prognostizieren. Dies ist nur dann möglich, wenn alle Menschen strenge Regeln und Normen befolgen. So wird menschliches Verhalten klar und vorhersehbar. Alle handeln so, wie es vorgeschrieben ist, nach längst ausgearbeiteten und formalisierten Bedingungen. Dabei geht man davon aus, dass man früher so gehandelt hat und damit auch erfolgreich war. Bereits geprüfte Wege und Handlungsmethoden machen das Leben klar und zuverlässig. Veränderungen sowie alles Neue machen das Leben im Umkehrschluss unzuverlässig und unvorhersehbar. Die Notwendigkeit für Veränderung wird nicht betrachtet. Darüber, dass Veränderungen eingefordert werden können, denkt 4.4−selten nach. Das wichtigste ist, streng nach Regeln zu handeln, ein ununterbrochenes funktionierendes System zu ermöglichen und sich in der notwendigen Richtung ohne Abweichung und Risiko zu bewegen. Soziale

Verantwortung drückt sich für 4.4− vor allem in strenger Befolgung sozialer Normen aus, die unbezwingbar und unveränderlich erscheinen. Diejenigen, die davon abweichen oder bewährte Regeln und Normen ablehnen, hält 4.4− für verantwortungslos und unzuverlässig.

Transparenz und Ehrlichkeit In der 4.4− Kultur werden Transparenz und Ehrlichkeit als strenge Befolgung von bewährten und allgemein bekannten Handlungsmethoden verstanden. Fällt dabei etwas aus dem Rahmen dessen, was verlangt wird, wird es entweder ignoriert oder negativ bewertet. Neuerungen werden als Bruch oder als Verletzung des richtigen Laufs der Dinge wahrgenommen und abgelehnt, das Sammeln und die Analyse von Informationen werden nur durch die Parameter beschränkt, die durch Regeln und durch den Vorgesetzten festgelegt worden sind. Feedback wird von 4.4− nur sehr verhalten oder in Form von Beschwerden an Dritte erteilt.

Misserfolge oder Fehler anderer werden mit Abweichungen von Regeln und Normen gleichgesetzt. Muss 4.4− aus bestimmten Gründen selbst Regeln brechen, werden diese Abweichungen durch äußere Umstände erklärt. Dabei dominieren Versuche sich zu rechtfertigen, und nicht die wirklichen Gründe und die Suche nach wahren Argumenten.

8.3   Kultur und Macht bei 4.4MINUS

Akzent auf formalen Aspekten von Position und Kompetenz

Bestrafung Das Wichtigste ist für 4.4− eine strenge und konsequente Einhaltung vorhandener Normen und Standards. Lehnt jemand eine strenge Befolgung ab, so muss er unabhängig von den Umständen und Gründen bestraft werden. Bestrafungen dürfen nicht subjektiv sein, Strenge muss reglementiert werden um ein stabiles, gewohntes, funktionierendes System zu ermöglichen. Bestrafung ist mit Befolgung von Regeln und nicht mit dem Ergebnis verbunden.

Belohnung 4.4− steht Belohnung sehr verhalten gegenüber, er ist der Meinung, dass alle die strengen und präzise vorhandenen Normen und Regeln befolgen sollen. Deswegen verdienen diejenigen, die es tun, kein besonderes Lob, da sie ohnehin das tun, was sie tun müssen. Diejenigen, die von Regeln und Normen abweichen oder diese nicht einhalten, sollen auf keinen Fall mit einer Belohnung rechnen, da sie a priori schlechte Mitarbeiter sind. Wird Belohnung trotzdem gewährt, ist sie nur entfernt mit den Handlungsergebnissen verknüpft. 4.4− ist auf die Erreichung von Ergebnissen ausgerichtet, die ein mittleres Niveau nicht überschreiten. Derjenige, der bemüht ist, hohe Ergebnisse zu erzielen, ruft in 4.4− Misstrauen und Wachsamkeit hervor. Solche Mitarbeiter werden verdächtigt, Vorteile bekommen zu wollen.

Position Für 4.4−ist die hierarchische Position äußerst wichtig; sie wird als Schlüssel-
element des betrieblichen Systems betrachtet, auf dem das ganze Konstrukt von Regeln
und Normen aufgebaut ist. Jede Stufe der Hierarchie setzt einen festen Umfang von Verpflichtungen voraus. In diesem Rahmen kann ein Manager handeln. 4.4−ist gut über
seine Verpflichtungen informiert und nutzt seine Position dazu, die Mitarbeiter daran
zu erinnern, die betrieblichen Regeln und Normen einzuhalten. Dabei bestehen im Verhalten von 4.4−deutliche Unterschiede in der Beziehung zu seinen Mitarbeitern, Kollegen und Vorgesetzten. Die Mitarbeiter und Kollegen sollten seiner Meinung nach streng
seine Regeln befolgen. Die Vorgesetzten sind die Verkörperung des Systems, weswegen
ihre Hinweise und Entscheidungen als bedingungslose Regeln und Normen für die Mitarbeitern gelten.

Information Die wichtigsten Informationsquellen sind für 4.4−die betrieblichen
Dokumentationen, besonders die Organisationshandbücher und die Arbeitsplatzbeschreibungen. 4.4−weiß am besten, wer was tun muss, über welche Rechte und Pflichten die Mitarbeiter verfügen und wo der Bereich seiner Verantwortung beginnt und
endet. Diese Information ermöglicht es 4.4−, sich nicht nur von vielen aktuellen Problemen und Aufgaben zu schützen, sondern auch, seine eigene Position zu stärken. Ein
Austausch von Informationen dient nur dem Ziel, den Status quo zu wahren. Die Kommunikation mit den Untergebenen wird in der Regel durch Hinweise auf die Notwendigkeit, Regeln und Standards zu befolgen, beschränkt. Hinweise des Vorgesetzten nimmt
4.4−ohne Nachfrage an und bemüht sich, diese akzeptabel auszuführen. Eine intensivere Kommunikation realisiert 4.4−in seiner Hierarchie nur dann, wenn er sich auf die
Verteidigung seiner Position einstellen muss und sich vor Neueinführungen und Veränderungen schützen will.

Kompetenz Über die höchste Kompetenz verfügt 4.4−im Bereich des formalrechtlichen
Wissens. Er orientiert sich detailliert an organisatorischen Instruktionen, Regeln und
Gesetzen und verfügt über bewährte Herangehensweisen und Methoden. Solche Personen haben sehr fundierte professionelle Kenntnisse, die allerdings weder vervollständigt
noch erweitert werden. Es dominiert die Vorstellung, dass alles, was richtig ist, bereits
bekannt gegeben und bestimmt wurde, sodass es keine Notwendigkeit gibt, das Rad neu
zu erfinden. Das vorhandene Wissen, die Fähigkeiten und Kenntnisse von 4.4−werden
als ausreichend und vollkommen wahrgenommen. Er geht davon aus, dass es in der durch
ihn ausgeübten Arbeit nichts Neues gibt und nichts Neues geben kann. Er ist der Meinung, dass neue Wege zu riskant sind, sich in der Regel nicht bewähren und nur unnötige
Probleme und Fehler mit sich bringen.

Ausstrahlung 4.4−hat die Ausstrahlung einer Person, die alle Traditionen, Normen
und Regeln der Organisation kennt. Dies wird durch die Überzeugung begleitet, dass
ein Mensch, der die Regeln kennt, stets weiß, was besser ist. Das führt dazu, dass die
Umgebung 4.4−als selbstsicheren, langweiligen Menschen wahrnimmt, der alles ohne

Seele und Gefühle macht. Deswegen löst sein Aufruf an die Mitarbeiter, eine dringende oder schwierige Aufgabe durchzuführen, keinen enthusiastischen Zuwachs an Motivation aus. Für viele tritt 4.4− als Verkörperung von formalen und gesichtslosen Regeln auf, die für viele besonders große Organisationen typisch sind.

4.4− möchte sich nicht von anderen unterscheiden, da er, unabhängig von seiner Gleichgültigkeit der Organisation gegenüber, kein schlechter Mitarbeiter sein will. Ein schlechter Mitarbeiter zu sein bedeutet, sich auffallend zu verhalten, Kritik hervorzurufen, in Konflikt mit anderen Mitarbeitern zu treten und im Endeffekt ins betriebliche Leben involviert zu werden. 4.4− bevorzugt mittelmäßige Effektivität, eine normale Beziehung zu den Mitarbeitern und eine strenge Befolgung der bestätigten Regeln, also alles, was ihm ein ruhiges, konfliktfreies Leben ermöglichen kann. Der Mangel an gegenseitigem Vertrauen, Respekt und Aufrichtigkeit lässt es nicht zu, zuverlässige harmonische Beziehungen aufzubauen. Stattdessen baut er Beziehungen auf der Einhaltung von Instruktionen auf und entspricht damit der Losung: „Eine schlechte Welt ist besser als Krieg".

Die Notwendigkeit, Distanz zu anderen zu halten und seine gleichgültige Position zu verstecken, hält 4.4− davon ab, seine persönliche Überzeugung offen auszudrücken. Stattdessen werden die Überzeugungen durch allgemein bekannte und angenommene Regeln ausgetauscht. Wenn 4.4− in bestimmten Fällen seine eigene Meinung äußern muss, gelingt es ihm nur mit großer Mühe. Er fühlt sich nur dann sicher und komfortabel, wenn die Beziehung ausschließlich auf formalen und äußeren Prinzipien basiert.

8.4   Fähigkeiten in der Zusammenarbeit bei 4.4MINUS

Konflikte lösen

4.4− steht Konflikten außerordentlich negativ gegenüber und hält sie für eine der Hauptbedrohungen für ein routinemäßiges Leben. In seinem Inneren ist 4.4− überzeugt, dass es in der Organisation keine Gründe für Widerstand und Konflikte gäbe, wenn Menschen vorhandenen Regeln und Herangehensweisen folgen würden. Außerdem birgt ein Konflikt die Gefahr, zu stark in betriebliche Probleme involviert zu werden und die gleichgültige Beziehung aufzugeben, was 4.4− sorgfältig umgeht. Deswegen bevorzugt er es, sich von Konfliktsituationen zu distanzieren, indem er eine neutrale Position einnimmt und abwartet, bis ein Problem sich von alleine löst. 4.4− ist auf solche Lösungen hin orientiert, die eine Verschärfung von Widersprüchen verhindern, und geht von formalen Regeln aus, die in der Organisation bei derartigen Fragen angewendet werden. Ferner ruft er seine Mitarbeiter zum Kompromiss auf, um Ruhe und Distanz zu bewahren.

Ist ein Konflikt unvermeidbar, ist 4.4− bereit, seine Existenz anzuerkennen und bemüht sich um Lösungsversuche. Dabei ist die Hauptmethode die Suche nach einem Kompromiss um jeden Preis. Das Ziel ist, die entstandenen Widerstände durch Zugeständnisse von beiden Seiten aufzulösen und von der Mehrheit Unterstützung zum

Kompromiss zu bekommen. Genau diese Unterstützung durch die Mehrheit rechtfertigt für 4.4− einen Kompromiss: „So hat ja auch die Mehrheit entschieden!"

Bei Entstehung eines Konflikts analysiert 4.4− nicht offensichtliche Fakten oder tiefer liegende Ursachen von Widersprüchen, sondern versucht, unmittelbar kontroverse Meinungen zugunsten der Suche nach einem Gleichgewicht zwischen den Interessen und Bedürfnissen der Teilnehmer auszutarieren. 4.4− bemüht sich, schnellstmöglich einen Kompromiss zu finden und stellt den zeitweiligen Frieden als ernsthaften Sieg beider Seiten dar. Eine „Win/Win"-Situation auf niedrigem Niveau: „Denn niemand verliert und jeder gewinnt wenigstens ein bisschen!"

Ein Kompromiss ohne Analyse der inneren Ursachen des Konflikts führt aber zu Entscheidungen, die ein ambivalentes Gefühl hinterlassen: Der Konflikt wurde zwar überwunden und man kann aufatmen, gleichzeitig bleibt aber innere Unruhe und Unzufriedenheit. Im Endeffekt fühlen sich beide Seiten betrogen. 4.4− nimmt dies zwar wahr, fühlt sich allerdings nicht für eine bessere, befriedigendere Konfliktlösung verantwortlich.

Für ihn ist eine bedingte Regulierung und die Aufrechterhaltung einer von außen sichtbaren Stabilität wichtiger als eine schwierigere aber konstruktivere Lösung der aufgestauten Widersprüche. Haben beide Konfliktparteien wenigstens etwas gewonnen, halten sie ihr fehlendes Einverständnis und ihre Unzufriedenheit zumindest eine Zeit lang zurück. Auch wenn sich beide Seiten für eine kurze Zeit beruhigen können, ermöglicht es eine solche Taktik nicht, den Konflikt als wichtigste Ressource der Organisationsentwicklung zu nutzen. In der Regel entflammt der Konflikt immer wieder von neuem und wirkt sich negativ auf Beziehungen in der I-Zone aus.

Indem er mit allen Kräften bemüht ist, Konflikte zu vermeiden, kalkuliert 4.4− sorgfältig jede seiner Handlungen. Dabei stützt er sich auf Regeln, Präzedenzfälle und frühere Erfahrungen des Unternehmens und die Mehrheitsmeinung, denn so befindet er sich niemals in der Opposition. Die Devise von 4.4− ist: „Es ist weniger gefährlich, sich nicht in Konflikte involvieren zu lassen, als es hinterher zu bedauern!" und „Auch wenn ein Konflikt nicht bis zum Ende gelöst wurde, habe ich alles zu seiner Lösung beigetragen!". Er vermeidet mit allen Mitteln Konflikte, die er für eindeutig destruktiv hält.

Für 4.4− bedeutet Konflikt den Sieg eines Menschen und die Niederlage eines anderen. Deswegen liegt im Konflikt die Bedrohung der Stabilität: Der Verlierer kann sich in die Opposition begeben und Veränderungen einfordern. Noch viel schlimmer ist der Fall, wenn der Konflikt zunimmt, sodass beide Parteien in die Opposition rücken können. So ist 4.4− genötigt, zwischen zwei Konfliktherden zu balancieren. Das Vermeiden von Konfrontation um jeden Preis ist die wichtigste Bestrebung von 4.4−. Genau diese Befürchtung zwingt ihn, einen Kompromiss statt einer wirklich konstruktiven Lösung zu suchen. Dabei denkt 4.4−: „Auch wenn jeder von allem, was er wollte, nur ein bisschen bekommt, ist das besser als nichts zu bekommen!" Für 4.4− ist es in jeder Situation wichtiger zu bestimmen: „Was ist annehmbar für alle?" und nicht „Was wäre richtig gewesen?"

Zieht sich ein Konflikt in die Länge, versucht 4.4– sich so weit wie möglich von ihm zu distanzieren. Er glaubt aufrichtig, dass er bemüht ist, den Konflikt auf die beste Art und Weise zu lösen. In Wirklichkeit versucht er nur, Vorfälle aus der Vergangenheit als Methode zur Konfliktbewältigung zu nutzen. Er argumentiert ungefähr wie folgt: „Wieso hören wir nicht auf, uns zu streiten, und kommen schon jetzt zu einer Lösung?" oder „Diese Frage müssen Dritte für uns lösen!" Eine andere Methode, einen Konflikt zu beenden, ist es, die Streitenden so weit wie möglich voneinander zu trennen. Dabei erhofft sich 4.4–, dass der Konflikt für immer aus der Welt ist und im Team wieder eine friedliche Atmosphäre herrscht. In Wirklichkeit hat sich der Konflikt nur beruhigt. Im schlimmsten Fall entflammt er mit neuer Kraft, da die Streitenden bisher nicht die Möglichkeit hatten, ihre Meinung zu äußern und eine richtige Lösung zu finden.

Informationen austauschen

4.4– hat nur geringe kommunikative Kompetenz. Das Bestreben, strenge Regeln und Normen zu befolgen, beschränkt ihn in der Kommunikation. 4.4– sammelt Informationen aktiv um Meinungen und Stimmungen anderer kennen zu lernen, was es ihm ermöglicht, eine normale Arbeitsbeziehung mit allen aufrechtzuerhalten. Der Informationsaustausch hilft 4.4– zu beurteilen, wie stabil und glatt Dinge ablaufen, und darauf zu achten, dass Normen, Instruktionen und Regeln richtig und korrekt eingehalten werden. Themen, die betriebliche Regeln und Reglements betreffen, kann 4.4– gerne und lange diskutieren. Es handelt sich dabei um sein „Steckenpferd" und er ist bereit, seine Meinung und Erfahrung mit allen zu teilen, indem er zu Fragen und Diskussionen einlädt. In dieser Hinsicht ist ihm keiner ebenbürtig.

Andere Themen interessieren ihn wesentlich weniger, obwohl er aus ihnen tiefere Kenntnisse gewinnen könnte. Wenn er Fragen stellt, basiert seine eigene Meinung auf der Meinung seiner Kollegen und auf gültigen Regeln. Die Meinung der Kollegen und Mitarbeiter wird mehr als Information wahrgenommen, aber in keiner Weise kommentiert. Gehen Meinungen von anderen auseinander, beginnt 4.4– aktiv Informationen zu suchen, äußert seine Meinung aber nicht. Er lässt die Existenz anderer Meinungen zu, die sich von seiner unterscheiden, bevorzugt es aber, seine Position nicht transparent zu machen. Wie 1.7– sammelt 4.4– relativ aktiv Informationen, allerdings nur oberflächlich. Ziel des Erhalts von Information ist das anschließende Äußern der Meinung der Mehrheit und nicht das Herausbilden des besten Lösungswegs. Die Informationssuche selbst erfolgt über zwei Wege:

Erstens mithilfe von persönlichen Treffen und Besprechungen „unter vier Augen". Dies erlaubt 4.4– jede Frage mit jedem individuell zu besprechen.

Dabei stellt er verschiedenste Fragen:

- Um die Laune seines Gegenübers festzustellen: „Wie fühlen Sie sich in dieser Situation?"
- Um eine mögliche Variante der Entwicklung der Umstände herauszufinden: „Wie stellen Sie sich den Ausgang dieser Situation vor?"

- Um den Zustand der Beziehung herauszufinden: „Was, denken Sie, findet gerade in unserem Team statt?"
- Um die Beliebtheit dieser oder jener Entscheidung herauszufinden: „Es scheint, als würde der Mehrheit eine solche Entscheidung gefallen. Was denken Sie darüber?"

In jedem dieser Fälle vermeidet es 4.4− seine eigene Meinung zu äußern, bis er die populärste Entscheidung herausgefunden oder eine Anweisung von „oben" erhalten hat.

Zweitens nutzt 4.4− häufig eine indirekte Methode zur Informationsgewinnung, um die nötigen Schlüsse ziehen zu können. Er möchte künftig nicht mehr in das Problem involviert werden und seinen Standpunkt dazu nicht äußern. Bis dahin ist er bemüht, aus früheren Erfahrungen zur Lösung ähnlicher Fragen zu lernen, indem er sich mit den Mitarbeitern berät, die in dieser Frage in der Expertenrolle auftreten können. Allerdings sind solche Gespräche nicht sehr effektiv, da 4.4− seine Fragen neutral und leidenschaftslos formuliert: „Ich habe gehört, Sie hatten eine bestimmte Erfahrung in der Entwicklung der Produkte in der neuen Region?" oder „Wir wissen nicht, in welche Richtung wir uns jetzt bewegen sollen!" Solche Äußerungen lassen sein Gegenüber bezüglich des wahren Gesprächsziels im Unklaren.

Fragen von 4.4− werden mit zwei Eigenschaften beschrieben.

Erstens handelt es sich meistens um offene Fragen, sodass sich 4.4− nicht in einer Konfliktsituation befinden kann. Hat ein Mitarbeiter einer 4.4− Führungskraft im Vertrauen mitgeteilt, dass ein anderer Mitarbeiter mit dem Zustand der internen Strategie unzufrieden ist, wird 4.4− diese Informationen mithilfe von „Drumherum-Fragen" sammeln:

„Ich habe viel von der neuen Strategie gehört, die wir einführen sollen, was denken Sie darüber?" oder „Ich habe gehört, Sie machen sich Sorgen um die neue Strategie, die wir einführen sollen?" Wohingegen eine direkte und effektivere Frage wäre: „Ich habe gehört, Sie sind nicht mit den Rechenschaftsprinzipien einverstanden, die in der neuen Strategie enthalten sind. Was genau gefällt Ihnen nicht?" 4.4− nimmt an, dass Mitarbeiter selbst die nötigen Informationen mitteilen müssen und man dafür nur einige indirekte Fragen stellen muss, sodass man das Gespräch in die richtige Richtung lenken kann.

Zweitens teilt 4.4− den anderen seine eigenen Gedankengänge so lange nicht mit, bis eine Entscheidung deutlich geworden ist. Dafür nimmt 4.4− eine neutrale Vermittlerrolle ein. 4.4− bespricht persönliche Meinungen der Mitarbeiter über die neue Strategie nicht. Seine vorsichtige Vorgehensweise rettet ihn vor schwierigen Situationen und ermöglicht ihm, alle Fakten über die aktuelle Frage zu sammeln. Fragt man ihn direkt nach seiner eigenen Meinung, wird er antworten: „Also ich kann nur das mitteilen, was ich in dieser Frage gehört habe." Alternativ bezieht er sich auf betriebliche Regeln in diesem Bereich:

„Bei uns in der Firma geht man in solchen Fällen nur so vor. Das habe ich mir nicht ausgedacht. Das ist durch Zeit und Erfahrung erprobt!" Solche Äußerungen ermöglichen es 4.4−, auf die Seite überzugehen, bei der er die Unterstützung der Mehrheit bekommen wird.

Position beziehen

4.4− vergleicht seine Meinung mit den Erwartungen der Führung, der Tradition der Firma sowie der Mehrheit der Mitarbeiter. Er hält seine eigene Meinung zurück, solange er nicht die möglichen Folgen seiner Position oder seiner Einstellung kennt, oder bis er nicht die volle Unterstützung durch andere bekommt. Dies ermöglicht es ihm, eine Meinung zu äußern, die sowohl durch die Führung, als auch durch die Mitarbeiter unterstützt wird: „Unter diesen Umständen bin ich mit eurer Meinung einverstanden!" 4.4− ist bemüht, eine weit verbreitete oder die am wenigsten gefährliche Position einzunehmen. Wenn man auf ihn keinen Druck ausübt, gibt er nach. 4.4− verteidigt seine Position nicht, ehe er sich nicht von ihrer Akzeptanz durch die Mehrheit der anderen Menschen überzeugt hat. Neben seinen eigenen Überzeugungen sind für ihn auch die Sicherheit seines Wegs sowie politische Strömungen wichtig. Eine solche vorsichtige Vorgehensweise zwingt ihn ständig, andere Meinungen zu bewerten und sich der Meinung anzuschließen, die durch die Mehrheit gestützt wird.

4.4− kann seine Meinung überzeugend verteidigen, wenn sie mit der Meinung der Mehrheit übereinstimmt. Wird auch diese Meinung infrage gestellt, ändert er sie sofort oder überträgt die Verantwortung auf andere, um Konflikte zu vermeiden. Ein typischer Ausdruck in dieser Situation ist: „Wofür den strafen, der die Botschaft gebracht hat? Ich gebe nur eine fremde Meinung weiter!" oder: „Es kann uns nicht gefallen, aber genauso verhielt man sich früher in ähnlichen Situationen, also haben wir keine andere Wahl!" Solche Worte befreien 4.4− automatisch von der Verantwortung für eine zuvor geäußerte Meinung. Wenn daraufhin aber noch Kritik folgt, tritt 4.4− ganz in den Schatten und distanziert sich von der Teilnahme, bis bessere Zeiten eintreten. Dabei sagt er: „Wir erreichen nichts, wenn wir uns streiten. Ich glaube, wir sollten dieses Thema lassen, um uns zu beruhigen." Mit anderen Worten bevorzugt es 4.4−, die Vermittlerrolle zwischen den Streitenden und dem Friedensstifter einzunehmen. Er versucht Widersprüche zu glätten und zu Kompromissen aufzurufen: „Ich glaube, wir sollten alle darüber nachdenken, wie wir zum Einverständnis kommen. Ich glaube, jeder muss nachgeben, damit wir weiterkommen!" Das Ziel von 4.4− ist dabei nicht, sich voranzubewegen, sondern einfach den Streit zu beenden.

4.4− äußert eine aktive Position, die auf vergangenen Erfahrungen und früheren Herangehensweisen beruht. Er vermeidet Überraschungen und bespricht dafür verschiedene Möglichkeiten der Entwicklung von Situationen mit den Mitarbeitern, um ihre Reaktion auf verschiedene Vorschläge kennenzulernen. Muss er unpopuläre Maßnahmen treffen, versucht 4.4− sich um jeden Preis auf Regeln und Präzedenzfälle aus der Vergangenheit zu beziehen, um seine Handlung zu rechtfertigen.

4.4− handelt nur dann präzise und schnell, wenn er klare Anweisungen erhalten hat oder es bereits in der Vergangenheit entsprechende Situationen gab, auf die er sich berufen kann. Nur dann ist er in der Lage, effektiv zu arbeiten und professionelle Beziehungen aufrecht zu halten; besonders wenn jemand anderes – eine Autoritätsfigur oder ein Teammitglied – die Richtung bestimmt, der alle folgen müssen. Dabei riskiert er nichts, da seine Ziele jemand anderes festlegt, der der Initiator dieser Handlung ist.

Das befreit 4.4− von der Verantwortung für einen unangenehmen Ausgang. Solange die Handlung vorhersagbar ist, kann 4.4− auch effektiv sein. Tritt ein Problem auf, bleibt 4.4− stehen und wartet auf weitere Anweisungen.

4.4− ist außerordentlich vorsichtig in der Äußerung seiner Position, er hat Angst, initiativ zu werden, wenn er nicht über erschöpfende Informationen zu einer Frage verfügt, sondern fragt sich: „Was denkt die Mehrheit der Mitarbeiter darüber?", „Was sind bereits bestehende Traditionen?", „Was passierte früher in solchen Fällen?". Ist die Frage auch noch konfliktträchtig, vertagt er die Entscheidung so lange, bis deutlich geworden ist, was die Mehrheit denkt. 4.4− lobt bei Kollegen die Neigung nachzugeben, um voranzukommen, dabei ist aber seine Hauptsorge nicht die effektive und qualitative Bewegung hin zum Ergebnis, sondern nur die Vermeidung von Unstimmigkeiten in Meinungsverschiedenheiten und Konfliktsituationen. Deswegen schließt er sich nicht irgendeiner Meinung an, solange er sich nicht vom politisch korrekten Weg der Problemlösung überzeugt hat.

Kommt es dennoch zu einem Konflikt, wird es 4.4− anstreben, die destruktiven Folgen des Konflikts zu vermeiden; er tritt unmittelbar mit den Konfliktparteien in Kontakt, ohne zu versuchen, die Ursachen zu erschließen. Um nichts zu riskieren, nimmt er die neutrale Rolle des Beobachters oder des Kompromiss-Vermittlers ein, damit die Ordnung wieder hergestellt werden kann, ohne dass er dabei selbst Position beziehen muss. Entbrennt ein Konflikt und entsteht Widerstand, der seine Neutralität bedroht, zieht sich 4.4− sofort zurück. Im Vergleich mit 1.7− nimmt 4.4− lieber die Initiative auf sich, aber nur so lange, bis seine Handlung positives Feedback erhält und unterstützt wird. Unabhängig von der Beliebtheit der geäußerten Initiative unternimmt 4.4− in einer Konfliktsituation alles, um nicht zur Zielscheibe der Kritik anderer zu werden. Deswegen sagt er: „Ich bin damit selbst nicht einverstanden, aber mir sind meine Hände gebunden." Oder „Ich bin mit dem, was ihr sagt, einverstanden, aber die Entscheidung treffe nicht ich!" Das ermöglicht es 4.4−, eine gute Beziehung zu beiden Konfliktparteien aufrechtzuerhalten. In Wirklichkeit riskiert 4.4− sowohl seine eigene, als auch die Autorität der anderen. Der versteckte Sinn seiner Worte: „Mir ist egal, was hier vorgeschlagen wurde. Warum soll es euch interessieren?"

Entscheidungen treffen
Das Wichtigste beim Treffen einer Entscheidung ist die Mehrheitsmeinung und das Einverständnis durch die streitenden Parteien. Zugunsten des Vorankommens ist 4.4− immer bereit, Kompromisse einzugehen, auch wenn die Entscheidung nur zur Hälfte richtig ist. Er möchte unpopuläre, risikoreiche und mit dem Team nicht abgestimmte Entscheidungen vermeiden. Dabei ist 4.4− sehr vergangenheitsorientiert. Entscheidungen werden nur auf Grundlage der vorherigen Sachlage, Erfahrungen, Traditionen und Präzedenzfälle getroffen. Er denkt nicht darüber nach, ob die vorherige Erfahrung in der Gegenwart noch aktuell ist. Möglicherweise haben sich Fakten verändert, es existieren einfachere Wege – das interessiert ihn alles nicht.

Entscheidungen im Stil von 4.4− sind einfach und geradlinig, da sie auf früheren Erfahrungen, allgemein angenommenen Regeln und auf der Anweisung durch den Vorgesetzten basieren. Enthält die angenommene Entscheidung keine Widersprüche und gibt es auch in der Vergangenheit ähnliche Fälle, führt 4.4− diese schnell und einfach aus. Ist die Entscheidung nicht so einfach, benutzt 4.4− eine Vielzahl von Maßnahmen, um seine weitere Handlungsweise nach der Entscheidung abzusichern.

Eine dieser Methoden ist der Anschluss an die Mehrheitsmeinung. 4.4− bespricht mit jedem die Umstände der aktuellen Entscheidung und die möglichen Alternativen, um die für alle annehmbare Variante zu erkennen. Danach organisiert er eine Gruppendiskussion, um sich von der Unterstützung durch die Mehrheit zu überzeugen. Er klärt darüber hinaus die Erwartung des Vorgesetzten. Während der Besprechung versteckt 4.4− absichtlich die Variante seiner eigenen Entscheidung, bis er die Tendenzen der anderen geklärt und herausgefunden hat. Erst dann ruft er aus: „Genauso dachte ich!" Nach Meinung von 4.4− ist seine sichere Lage in der Situation wichtiger als die richtige Entscheidung. Die Minderheitsmeinung, die im Verlauf der Besprechung geäußert wurde, kann kreative oder neue Vorschläge erhalten, welche aber mit den Worten: „Wir haben keine Möglichkeit, das zu prüfen" oder „Interessante Idee, aber in dieser Situation wird es nicht funktionieren" abgelehnt werden.

Eine andere Methode von 4.4− beim Treffen von Entscheidungen ist es, eine „historische" Grundlage zu finden. 4.4− möchte nicht seinen Kopf riskieren und versucht Prozeduren einzuhalten. Er klärt den Standpunkt der anderen, die in der Vergangenheit ähnliche Entscheidungen treffen mussten. Das Herausfinden der Meinungen anderer und das Durchführen von Untersuchungen bis zum Treffen einer Entscheidung ist eigentlich der richtige Weg, um ein gutes Ergebnis zu erzielen. Das wahre Motiv der Untersuchung durch 4.4− ist jedoch nicht das Treffen einer richtigen Entscheidung, sondern der Wunsch, nichts zu riskieren.

Der dritte Charakterzug von 4.4− beim Treffen von Entscheidungen ist das Bewusstsein, dass man sich Menschen gegenüber gerecht verhalten muss. Gerechtigkeit wird von 4.4− allerdings sehr speziell wahrgenommen. Er ist der Meinung, dass Prämien und andere Güter in Betrieben, unabhängig von der wahren Investition des einzelnen Mitarbeiters oder der Abteilung, gleichberechtigt verteilt werden müssen. Es kann vorkommen, dass ein Mitarbeiter qualifizierter für die Ausführung einer konkreten Projektaufgabe ist, aber 4.4− die Aufgabe an einen anderen weniger qualifizierten Mitarbeiter delegiert, damit die Arbeit „gleichmäßig" verteilt ist. Dies senkt zweifelsohne die Effektivität, da Aufgaben ohne Berücksichtigung der Ressourcen an Mitarbeiter verteilt werden und ihre Schwächen und Stärken nicht berücksichtigt werden, was die Motivation der Mitarbeiter senkt. 4.4− bevorzugt es, alle Mitarbeiter im Sinne einer Quotenregelung gleich zu behandeln, und versteckt hinter dieser Gerechtigkeit seine Gleichgültigkeit und seine Ängste.

Kritik üben

4.4– nutzt das große Potenzial konstruktiver Kritik nicht. Er gibt anderen weder Feedback noch erhält er selbst welches. Er bevorzugt ein informelles, indirektes Feedback, dessen Inhalt nur schwer begreifbar ist. Muss er etwas Unangenehmes mitteilen, bemüht er sich, dies nicht direkt zu tun, sondern durch Andeutungen, um den Kritisierten nicht zu enttäuschen, sondern mit ihm eine gute Beziehung aufrecht zu erhalten. 4.4– äußert Kritik nur in unkonstruktiver und verwaschener Form. Über reale Schwächen und Fehlverhalten wird nur in Andeutungen gesprochen, auch wenn sie schwerwiegend sind. Er verallgemeinert Kritik und formuliert meist nicht präzise. Es mangelt ihm an Offenheit.

4.4– beschäftigt sich nur unter Zwang mit Kritik und befürchtet, dass die Arbeit dabei vollkommen zum Erliegen kommt. Er reagiert dann, wenn der Vorgesetzte es fordert. Dies tut er in der Regel informell unter vier Augen und verweist dabei ständig auf vergangene Erfahrungen und Normen von Effektivität. Zum Zeitpunkt der Besprechung berührt er in der Regel nur die Fragen, die den normalen Verlauf der Dinge betreffen. Neue, kreative Ideen, die zu Synergieen führen könnten, werden abgelehnt. Vorschläge, die außerhalb des Rahmens der geplanten Handlungen liegen, beinhalten nach Meinung von 4.4– ein gewisses Risiko und können den normalen Handlungsverlauf stören. In solchen Fällen ist er höflich und sagt häufig: „Ja, das ist eine interessante Idee, die aber zu früh kommt. Wir können sie in der Zukunft berücksichtigen!"

Das Niveau der Kritik von 4.4– erreicht nie die notwendige Effektivität, da der Vertreter dieses Stils keine konkrete Information darüber gibt und diese auch nicht einfordert. Stattdessen sind seine verschwommenen und offenen Fragen darauf ausgerichtet, dass das Gegenüber seine Informationen selbst preisgibt. Besonders deutlich wird die Vermeidung, wenn das Gesprächsthema einen Widerspruch enthält und zum Konflikt führen kann. Verspätet sich beispielsweise jemand bei Besprechungen, versammelt eine Führungskraft 4.4– alle Teilnehmer und äußert eine kritische Anmerkung: „Haben wir ein Problem mit der Pünktlichkeit bei Besprechungen?" oder „Sollen wir unsere Meetings auf die zweite Tageshälfte verlegen, damit alle pünktlich kommen können?" Ein anderes Beispiel ist, wenn ein Mitarbeiter ohne gute Gründe häufig Urlaubstage nimmt oder krank ist. Anstatt ihm seine Meinung direkt mitzuteilen, bespricht 4.4– lange die Regelungen für Krankheit und Urlaub und lobt diese öffentlich. Diese Informationen kennen alle Mitarbeiter gut und haben diese aus dem Mund ihres Vorgesetzten nicht zum ersten Mal gehört. Es wird verlangt, dass sie sie noch einmal hören. Aus diesen Beispielen geht hervor, dass das ganze Team ein gewisses Unbehagen empfindet, da die Führungskraft das Verhalten bestimmter Mitarbeiter nicht offen besprechen will, obwohl sie die Verursacher der Probleme sind. Er beschränkt sich auf ein unklares, unkonstruktives Feedback.

Der Umgang von 4.4– mit kritischen Äußerungen kann wie folgt beschrieben werden: Bis ein Kompromiss erreicht wurde, werden persönliche Meinungen nicht geäußert oder nur in sehr verschleierter Form mitgeteilt. Durch eine solche Herangehensweise kann 4.4– aktiv an der Diskussion teilnehmen und diese lenken, ohne seine persönliche Position zu äußern. 4.4– nutzt die Möglichkeit seinen Standpunkt zu verbergen, bis es ein Einverständnis im Team gibt. Eine solche Führungskraft kann dies dann mit den Worten begleiten: „Ich schließe mich vollkommen dieser Meinung an!"

4.4− führt das Risiko eines Konflikts auf ein Minimum zurück und versucht vor allem die Meinung der Teammitglieder herauszufinden, um diese dann den anderen Interessierten mitzuteilen. Dadurch kann 4.4− Informationen so vorlegen, dass sie positiv klingen. Beispielsweise hat 4.4− von einer Mitarbeiterin erfahren, dass ein anderer Mitarbeiter ihre Ideen benutzt und sie für seine ausgegeben hat. 4.4− übergibt diese Information an den betreffenden Mitarbeiter wie folgt: „Ich wollte dir sagen, dass deine Kollegin leicht enttäuscht ist, wie du diese Ideen vorgestellt hast. Aber ich habe mit ihr gesprochen und alles geklärt." Ein solcher Satz gibt die Information über den entstandenen Konflikt in einer sehr weichen Form weiter, nicht so, wie es in Wirklichkeit ist. Leider ist diese Form sehr vernebelt und spiegelt keineswegs die Tatsachen wider. 4.4− gibt anderen keine Möglichkeit den Konflikt mithilfe konkreter Fakten zu lösen, indem er das Problem verwischt und kaschiert.

Im Endeffekt gewöhnen sich die Teammitglieder daran, selbst Kompromisse zu finden und Probleme zugunsten des Weiterkommens zu lösen, anstatt offene und ehrliche Kritik zu üben. Es gibt dabei zwar Fortschritt, aber der ist begrenzt und beinhaltet keine Perspektive. Oft führen solche Beziehungen in Zukunft zu noch größeren Konflikten. Dadurch, dass er Kompromisse will, fordert 4.4− seine Mitarbeiter stets auf, sich von kritischen Äußerungen zurückzuhalten. Dabei hofft er, dass Unzufriedenheit und divergierende Meinungen von alleine verschwinden und man sich später damit beschäftigen kann.

8.5 Schlussfolgerungen

4.4− verfügt über bemerkenswertes Potenzial zur Verstärkung der Möglichkeiten seines Teams. Allerdings wird dieses Potenzial im besten Fall nur zur Hälfte zum Wohl der Organisation und der Menschen genutzt. Hauptursachen sind seine formale, gleichgültige Beziehung zur Arbeit, die Angst vor Neuem und Ungewohntem und der Wunsch, Konflikte um jeden Preis zu vermeiden. Deswegen strebt 4.4− an, alles streng nach Vorschrift zu machen und fühlt sich dabei am wohlsten.

Eine solche Strategie ermöglicht es 4.4−, mittelmäßige Resultate zu erzielen und normale, konfliktfreie Beziehungen zu den Kollegen aufrechtzuerhalten. Er kann allerdings weder überdurchschnittliche Resultate erzielen, noch sich wirklich um Menschen kümmern.

In einer Konfliktsituation ist 4.4− immer auf der Suche nach einer Kompromisslösung, indem er versucht, der Mehrheitsmeinung zu folgen und im Rahmen bisheriger Erfahrungen und auf Basis der gewohnten Sachlage zu handeln. Seine Hauptfeinde sind Veränderungen und Reformen. Eine normale, pünktliche Handlungsweise, auch wenn sie mit Mängeln behaftet ist, wird von 4.4− als ideal betrachtet und Veränderungen werden als Bruch mit der Ordnung wahrgenommen. „Unordnung!" So reagiert 4.4− auf Ablehnung des gewohnten Reglements.

4.4− versucht nach Möglichkeit das Treffen von Entscheidungen zu vermeiden. Zwingen ihn die Umstände zu entscheiden, lehnt er die Alternativen ab, deren Folgen ihm zu riskant und unklar erscheinen. Er bevorzugt die Entscheidungen, die für alle annehmbar sind und auf früheren Erfahrungen und bereits erprobten Methoden beruhen. Solche Entscheidungen ermöglichen es 4.4−, Verantwortung abzuwälzen, wenn etwas ungünstig ist. Bei einer solchen Herangehensweise ist 4.4− nur in der Lage, mittelmäßige Resultate zu erzielen, die ihn aber selbst zufriedenstellen, da er dadurch in einem geschützten Raum weiterleben kann. Einerseits überfordert er sich nicht und fühlt sich in einer Komfortzone, andererseits ist der Vorgesetzte nicht immer zufrieden, aber kritisiert auch nicht stark, da er solche Resultate akzeptieren muss: „Auch wenn es nicht der beste Mitarbeiter ist – er arbeitet und auch nicht schlechter als alle anderen!"

Stil 4.4 PLUS: Pragmatiker (Mehrheiten und Kompromisse finden)

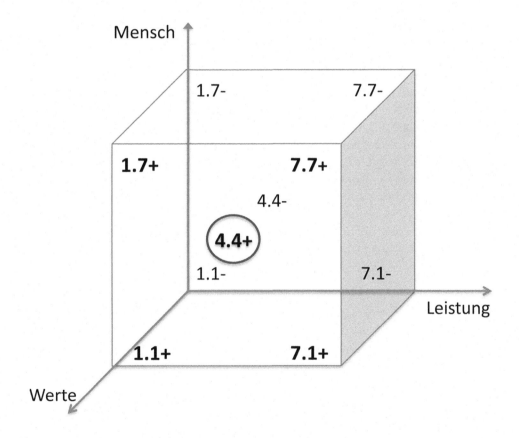

© Springer-Verlag GmbH Deutschland, ein Teil von Springer Nature 2019
A. Zankovsky und C. von der Heiden, *Leadership mit Synercube,*
https://doi.org/10.1007/978-3-662-58373-9_9

Mittlere Ergebnisorientierung und Menschenorientierung bei gleichzeitig starker Orientierung an den betrieblichen Werten. Das Verhältnis der Arbeit und der Organisation gegenüber ist von einem Grundinteresse und von Stolz über die betrieblichen Errungenschaften geprägt. 4.4+ ist ehrlich bestrebt, einen Beitrag zur Aufrechterhaltung der betrieblichen Tradition zu leisten, zu investieren und ein normales und stabiles Funktionieren der Arbeit zu ermöglichen. 4.4+ ist ein ehrlicher Patriot der Organisation. Er zeigt hohe Loyalität gegenüber seiner Organisation. Darüber hinaus dominiert traditionelles Denken und Verhalten. Er bevorzugt geprüfte, dauerhafte Techniken und Lösungen und ist bestrebt, eine Atmosphäre der Stabilität, der Sicherheit und des gesunden Konservatismus zu schaffen.

9.1   I-Zone unter Bedingungen von 4.4PLUS

Beziehungen im Team unter 4.4+ sind stabil und sicher, da sie durch die Orientierung auf die Werte der Organisation gestärkt werden. Die Menschen sind nicht gleichgültig gegenüber dem Betrieb und der Arbeit, sie sind dadurch loyal und engagiert. Versuche einer offenen und direkten Besprechung von Fragen „stolpern" oft über Reglements, deren Bruch bei 4.4+ Sorge und Unruhe hervorruft. Die Mehrheit der Menschen erkennt deutlich, dass ihre Initiativen und Aktivitäten durch Regeln eingeschränkt und vor allem darauf ausgerichtet sind, einen gewohnten traditionellen Arbeitsstil aufrechtzuerhalten oder zu erlauben. Eine solche Atmosphäre führt zur Unterschätzung wichtiger neuer Informationen, da die Menschen sich an ein schablonenartiges, normatives Denken gewöhnt haben, das auf Grundsatzentscheidungen und Traditionen aufbaut. Mitarbeiter werden vorsichtig, wenn eine Frage direkt an sie adressiert wird. Sie empfinden dabei Besorgnis und Unruhe und versuchen sich an eine ähnliche Situation in der Vergangenheit zu erinnern. Das alles senkt die Effektivität betrieblicher Prozesse und es bedarf vieler Bemühungen, um die Effektivität der Arbeit unter sich verändernden Bedingungen wenigstens auf einem mittelmäßigen Niveau aufrechtzuerhalten (s. Abb. 9.1).

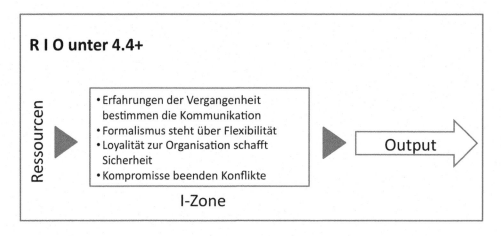

Abb. 9.1 4.4+

Im 4.4+ Team werden Einigkeit und Zusammenhalt geschätzt. Deswegen ist der Kompromiss bei entstehenden Widersprüchen die beliebteste und annehmbarste Methode zur Besprechung von Fragen. Im Unterschied zu 4.4− der den „faulen Kompromiss" um jeden Preis anstrebt und dabei sogar Ziele und Aufgaben der Organisation opfert, zielt 4.4+ überwiegend auf die Suche einer konstruktiven Lösung ab. Für ihn ist ein Kompromiss nicht nur ein Faktor zur Verhinderung eines entstehenden Konflikts, sondern ein Mittel, den Betriebsablauf unter Befolgung betrieblicher Normen und Traditionen stabil und sicher zu ermöglichen.

Menschen, die kritische Anmerkungen oder innovative Blickpunkte offen in der Gruppe diskutieren, werden dafür kritisiert, dass ihre Vorschläge nicht vollständig vorbereitet sind und nicht die gewaltige positive Erfahrung der Organisation berücksichtigen. Sie stören den normalen Ablauf. In Wirklichkeit bedrohen sie die standhafte Gewissheit von 4.4+, dass alles auch so gut ist. Durch die Einhaltung von Normen und Traditionen kann sich 4.4+ sicher fühlen und sich als selbstverwirklichte, erfolgreiche Person wahrnehmen. Allerdings begreifen andere, dass Regeln als Schutzwall vor Unbestimmtem, vor Neuem und vor Reformen genutzt werden, vor denen 4.4+ Unbehagen empfindet.

Der Wunsch zu tun, was üblich und korrekt ist, steht mit dem sich ständig verändernden Betriebsklima im Widerspruch. Versuche von 4.4+, vorhandene Normen und Erfahrungen unter neuen Bedingungen zu nutzen, bringen ihn nicht selten in eine schwierige Lage, allerdings ist er trotzdem nicht bereit, von seiner Sichtweise abzuweichen. Zeitweise ruft er aus: „Das ist Chaos! Die Regeln ändern sich jeden Tag, wie soll man unter solchen Bedingungen arbeiten?" Allerdings zwingt die Verpflichtung zur Sache 4.4+, Kompromisse und Lösungen zu suchen und zu finden, die unter allen Umständen eine sichere und dauerhafte Funktion der Organisation ermöglichen.

4.4+ nimmt an, dass ein gesunder Kompromiss, der die Interessen seiner Mitarbeiter berücksichtigt, die beste Variante für Beziehungen ist, zu der es keine Alternative gibt. 4.4+ kann die Vorteile einer synergetischen Zusammenarbeit nicht wahrnehmen. Er unterliegt zu sehr seinem traditionellen Denken und der Angst vor einer kritischen Sicht auf seine Erfahrung und die bestehenden Normen.

9.2 Kultur und Werte bei 4.4PLUS

Kultur von Stabilität, Tradition und Misstrauen gegenüber Veränderungen

Vertrauen Die 4.4+ Kultur basiert auf dem Vertrauen gegenüber den Normen und Regeln, den bisherigen Erfahrungen und der Geschichte der Organisation. Entsprechend verdienen diejenigen Vertrauen, die streng betriebliche Regeln und Normen befolgen und ihrem Betrieb gegenüber loyal und verbunden sind. Neue Herangehensweisen und Entscheidungen sind der Nährboden für Vorsicht und Misstrauen. Menschen, die ungewöhnliche Verhaltensformen äußern oder ungewöhnliche Ideen vorschlagen, rufen Misstrauen und Missgunst hervor. Vertrauen Neuem gegenüber entsteht erst nach dem Erwerb von neuem Wissen und nach ausreichender Praxiserfahrung.

Gerechtigkeit Gerechtigkeit trägt in der 4.4+ Kultur einen ausgleichenden Charakter, reale Leistungen werden selten hervorgehoben und oft dominiert die Regel der „goldenen Mitte", die von angepassten, durchschnittlichen Normen für Ergebnisse und Entlohnung ausgeht. Eine solche Kultur wird eher über eine Gerechtigkeit für die Mehrheit definiert, als über eine tatsächliche Gerechtigkeit und eine objektive Bewertung jedes Einzelnen hinsichtlich seiner Erfolge. Gerecht sind jene Entscheidungen, die auf traditionellen Normen und Erfahrungen basieren. Die gerechteste Methode zur Konfliktüberwindung ist für 4.4+ der Kompromiss, bei dem vor allem die betrieblichen Interessen berücksichtigt werden und Bedingungen für die Fortsetzung der Arbeit auf durchschnittlichem Niveau formuliert werden.

Commitment und Identität 4.4+ weist eine besonders hohe Identifikation mit seinem Unternehmen, den Mitarbeitern, der Mission und den Zielen auf. Dabei sind für ihn besonders jene etablierten Normen, Traditionen und geprüften Lösungswege wichtig, die sich bereits in seinem Unternehmen gebildet haben. Commitment und Identität sind bei 4.4+ dann besonders stark. 4.4+ Persönlichkeiten sind ihrem Unternehmen gegenüber loyal verbunden und nehmen sich selbst als seine Stütze wahr. Sie schätzen ihre eigene Investition in das Unternehmen und ihre lang andauernde Tätigkeit darin.

Zuverlässigkeit und soziale Verantwortung Für 4.4+ bedeutet Zuverlässigkeit die Befolgung von vielfach geprüften, traditionellen Herangehensweisen und die Beachtung von bereits vorhandenen betrieblichen Standards. Nur dann sind nach Meinung von 4.4+ das Unternehmen und die Tätigkeiten der Mitarbeiter stabil, sicher und korrekt. Bereits etablierte Traditionen und Werte, Loyalität und Commitment dem Betrieb gegenüber sind nach 4.4+ wichtige Anker für ein sicheres soziales System. 4.4+ fühlt sich sowohl für seine Mitarbeiter als auch für sein Unternehmen im Ganzen, die Rolle des Unternehmens und dessen Image in der Gesellschaft verantwortlich. Er unterstützt sozial erwünschte Entscheidungen und fühlt sich selbst seinen Handlungen und Taten gegenüber verantwortlich. Die Notwendigkeit von Veränderung wird mit dem Rückgang von Zuverlässigkeit und mit der Zunahme sozialer Instabilität assoziiert.

Transparenz und Ehrlichkeit In der 4.4+ Kultur bedeuten Transparenz und Ehrlichkeit, dass traditionelle Methoden und wertvolle soziale Normen befolgt werden. Der Austausch von und Zugang zu Informationen wird objektiv umgesetzt. Standards, die sich ändern, lösen Widerspruch und Misstrauen aus, was zur Informationsverzerrung und Unvollständigkeit von Informationen führt. Beziehungen werden durch ein hohes Niveau an Ehrlichkeit beschrieben. Loyalität und Commitment gegenüber dem Betrieb, seiner Geschichte und seinen Errungenschaften können dazu führen, dass die wirkliche Sachlage „rosarot" erscheint. Neueinführungen werden mit Bedacht wahrgenommen und erfordern eine überzeugende Begründung über ihre Notwendigkeit und ihre Wirksamkeit sowie eine lange Periode der Adaptation bis zur Akzeptanz. Feedback wird zwar gegeben, aber in einer korrigierten Form. Negative Informationen werden positiv umhüllt und nicht konkretisiert, was das Niveau an Transparenz und Ehrlichkeit senkt und die Informationen in einem besseren Licht darstellt.

9.3 Kultur und Macht bei 4.4PLUS

Akzent auf Position und Ausstrahlung

Bestrafung 4.4+ betrachtet Bestrafung als notwendige Maßnahme denjenigen gegenüber, die nicht begreifen wollen, dass bestimmte Verhaltensformen nicht erwünscht sind, obwohl ihnen dies schon gründlich erklärt wurde. Diese Verhaltensweisen fügen der Organisation, ihren Traditionen und ihrer Arbeit Schaden zu. Bei unwirksamen und destruktiven Verhaltensweisen ist 4.4+ geneigt, keine Absicht, sondern einen Irrtum zu sehen, den man nur durch Aufklärung überwinden oder verbessern kann. Ist eine Bestrafung dennoch nicht vermeidbar, muss sie reglementiert und frei von Subjektivität sein und das Aufrechterhalten von Traditionen sowie ein sicher funktionierendes System weiterhin ermöglichen. Bestrafung ist in vielerlei Hinsicht mit dem Nichtbefolgen von Traditionen und der Bedrohung der betrieblichen Tätigkeit, nicht aber mit dem Ergebnis verbunden.

Belohnung 4.4+ ist der Ansicht, dass nur diejenigen belohnt werden sollten, die sich an bestehende Traditionen, Normen und Regeln halten, ihre Arbeit auf einem angemessenen Niveau ausführen und Loyalität dem Betrieb gegenüber zeigen. 4.4+ hat eine Ergebnisorientierung, die durchschnittlich bleibt und ein normales Funktionieren des Betriebes ermöglicht. Besondere Leistungen werden dabei genauso belohnt wie durchschnittliche. 4.4+ hält es nicht für notwendig, diejenigen zu belohnen oder zu motivieren, die versuchen hohe Ergebnisse zu erreichen. Auf diese Art und Weise wird Belohnung relativierend genutzt und weist eine Diskrepanz zu den tatsächlichen Ergebnissen auf.

Position Für 4.4+ ist die Position jedes Einzelnen besonders wichtig, da sie die Grundlage für betriebliche Traditionen, Normen und Regeln darstellt. Er ist überzeugt, dass sein Unternehmen nur dann effektiv und zuverlässig funktionieren kann, wenn jeder Mitarbeiter auf seiner Ebene seinen Verpflichtung gut nachkommt. 4.4+ kennt den Umfang seiner statusbezogenen Befugnisse und erinnert andere nicht selten an die Notwendigkeit, seine jeweilige Verpflichtung in vollem Umfang auszuführen. Er delegiert Aufgaben nur widerwillig an seine Mitarbeiter. Er verliert Sicherheit und wirkt unentschlossen, wenn die Umstände außergewöhnliche Entscheidungen erfordern oder über den Rahmen seiner Befugnisse und das Gewohnte hinaustreten.

Information Die wesentlichen Informationsressourcen sind für 4.4+ etablierte betriebliche Traditionen, Normen und Regeln, die entweder durch betriebliche Dokumentation transparent gemacht oder informell als ein Element einer bestehenden Unternehmenskultur weitergegeben werden. 4.4+weiß, wer welche Aufgaben hat, wer über welche Rechte und Verpflichtungen verfügt und an welcher Stelle der jeweilige Verantwortungsbereich beginnt und endet. Der Informationsaustausch soll den zuverlässigen betrieblichen Ablauf sicherstellen und gleichzeitig der Stärkung seiner eigenen Position dienen. Im Austausch mit den Mitarbeitern wird in der Regel die Notwendigkeit von Loyalität und das Befolgen von Regeln und Standards unterstrichen. Aufforderungen durch seine Vorgesetzten empfängt 4.4+mit Enthusiasmus und versucht sie zeitnah und entsprechend auszuführen. Eine besonders intensive Kommunikation pflegt 4.4+im Kreis seines Teams, wenn er unter Bedingungen, die Neueinführungen und Veränderung erfordern, nach Entscheidungen sucht.

Kompetenz 4.4+verfügt in praxiserprobten Bereichen und traditionellen Herangehensweisen über eine besondere Kompetenz. Er orientiert sich am besten in Situationen, die ausgearbeitete, standardisierte Handlungen und Entscheidungen erfordern. 4.4+verfügt über eine Kompetenz, die auf den Traditionen des Unternehmens basiert. Er weiß, wie man welche Angelegenheiten regelt und was man „oben" darüber denkt. Allerdings fehlt ihm häufig Verständnis darüber, was man besser machen könnte, da er bestehende Standards nicht kritisiert. Oft verfügen solche Menschen über grundlegendes, professionelles Wissen, bauen allerdings dieses Wissen und diese Fähigkeiten nicht aus und empfinden sie meist als ausreichend. 4.4+geht davon aus, dass nicht immer alles richtig laufen kann. Deshalb ist ein strenges Befolgen von geprüften Lösungen und Techniken wichtig, da dies ein strukturiertes und zuverlässiges Funktionieren des Unternehmens gewährleistet.

Ausstrahlung 4.4+verfügt in der Regel über eine relativ starke Ausstrahlung und verliert so in keiner Situation seine Energie und sein Wissen. Er spürt deutlich die Bedürfnisse und Interessen seiner Mitarbeiter und versucht stets so zu handeln und zu wirken, wie es die Interessen des Unternehmens erfordern. Das wird von der Überzeugung begleitet, dass selbst die ernsthaftesten Probleme nicht neu sind und man ihnen bereits früher begegnet ist. Werden betriebliche Traditionen befolgt, indem geprüfte Lösungswege angewendet werden, und wird der Mehrheit gefolgt, ist es möglich, alle Schwierigkeiten und Krisen zu meistern. Das führt dazu, dass 4.4+von der Umgebung als zuverlässige, starke Persönlichkeit wahrgenommen wird, die das Unternehmen und seine Traditionen repräsentiert. In den Fällen, in denen 4.4+genötigt ist, seine Mitarbeiter aufzufordern eine dringende oder schwierige Arbeit auszuüben, sind diese Aufrufe wirksam, die Motivation zu steigern. Gleichzeitig sind seine vorsichtige Beziehung zu Innovation und Veränderung sowie seine unzureichende Ergebnisorientierung nicht zielführend. Es gilt, im vollem Maße sichere, harmonische Beziehungen aufzubauen, die auf gegenseitigem Vertrauen, Respekt und Ehrlichkeit basieren.

9.4   Fähigkeiten in der Zusammenarbeit bei 4.4PLUS

Konflikte lösen

4.4+ sieht Konflikte negativ und hält sie für eine der Hauptbedrohungen für eine stabile betriebliche Tätigkeit. 4.4+ ist davon überzeugt, dass es in der Organisation keinerlei Widerstand und Konflikte geben würde, wenn alle Mitarbeiter den betrieblichen Traditionen und Normen folgen, Loyalität zeigen und ihre Arbeit nicht auf unterdurchschnittlichem Niveau ausführen würden. Außerdem bedrohen Konflikte die Beibehaltung von etablierten Traditionen und Normen.

Gibt es dennoch einen Konflikt, bemüht sich 4.4+, bei den Kontrahenten einen gesunden Kompromiss zu finden, der es vor allem zulässt, die Arbeit auf einem normalen, stabilen Niveau weiterzuführen. Selbst in den schärfsten Konfliktsituationen ist 4.4+ in der Lage, gesunde Kompromisse zu finden, was er seiner hohen Orientierung an betrieblichen Werten verdankt.

Dabei trägt der Kompromiss für 4.4+ eine vollkommen andere Bedeutung als für 4.4−. Ist für 4.4− der Kompromiss das Weglaufen vor Problemen, das Glätten von Konflikten um jeden Preis, die Suche nach einer halb garen Entscheidung, von der jede Partei profitiert, so ist Kompromiss für 4.4+ die Suche nach einer konstruktiven Lösung, bei der nicht nur der Konfrontationsanteil sinkt, sondern auch noch ein sicheres Erreichen von betrieblichen Zielen möglich ist und die Festigung der Loyalität der Mitarbeiter gefördert wird.

4.4+ strebt eher den Ausschluss der fehlenden Ergebnisorientierung als das Erreichen maximaler Ergebnisse an. Es hat Priorität, Konflikten und Widersprüchen nicht die Chance zu geben, den normalen und gewohnten Ablauf zu stören. Dabei sucht er eine sichere und stabile Balance zwischen Ergebnisorientierung und Menschenorientierung. Genau dieses Gleichgewicht führt nach Meinung von 4.4+ zu Stabilität und ermöglicht es dem Unternehmen, Probleme und Schwierigkeiten zu überwinden.

4.4+ begreift, dass ein ignorierter Konflikt eine ernsthafte Bedrohung der normalen Tätigkeit darstellt und versucht infolgedessen nicht, sich von Konfliktsituationen zu distanzieren und eine neutrale Position einzunehmen, indem er abwartet, bis sich das Problem von alleine löst. Gleichzeitig ist 4.4+ auf eine Lösung ausgerichtet, die auf Traditionen und Grundsätzen basiert. Das macht es für ihn unmöglich, die tatsächlichen Konfliktursachen in vollem Maße aufzudecken und das positive Konfliktpotenzial zur Verbesserung der Effektivität zu nutzen.

Für 4.4+ ist es besonders wichtig, dass der erreichte Kompromiss die Unterstützung der breiten Mehrheit bekommt. Für den Erhalt einer solchen Unterstützung ist 4.4+ bereit, viel Zeit und Bemühungen aufzubringen, um die Konfliktparteien von der Notwendigkeit einer Kompromisslösung zu überzeugen.

Der Kompromiss zum Wohl des Unternehmens, ohne vertiefende Analyse der inneren Konfliktursachen, führt zu Entscheidungen, die traditionelle Einstellungen der Arbeit gegenüber festigen, aber nicht selten neue Möglichkeiten und Perspektiven außer Acht lassen. Auch wenn die Mehrheit der Mitarbeiter durch die Überwindung des Konflikts Erleichterung empfindet, löst dies bei Personen, die kreative Lösungen suchen, innere Unzufriedenheit und Enttäuschung aus. 4.4+ achtet in der Regel nicht darauf, weil er glaubt, etwas Unzufriedenheit in Kauf nehmen zu können, um den Status quo aufrecht-zuerhalten, der von der Mehrheit befürwortet wird. Eine solche Taktik führt nicht dazu, dass Konflikte als wichtigste Ressource zur Organisationsentwicklung genutzt werden. So wird auch der Veränderungsprozess gebremst und Passivität bei den Leuten gefördert, die solche Veränderungen initiieren könnten.

Auch wenn Konflikt mit Konfrontation und wachsender Angespanntheit in den Wechselbeziehungen der I-Zone zusammenhängt, hat er eine große Bedeutung für die Vorwärtsbewegung des Teams. Er eröffnet die Möglichkeit, das Problem von ver-schiedenen Seiten zu betrachten, verschiedene Meinungen und Überzeugungen zu beurteilen und zu vergleichen. Eine gute Idee kann, unabhängig davon, ob sie den fest-stehenden Normen und Regeln entspricht, entstehen und Nutzen bringen. Weitreichende Konfliktanalyse bedeutet, Probleme systematisch anzugehen und nicht einen passenden konstruktiven Kompromiss zu finden, der das Entstehen des nächsten Konfliktes ignoriert.

Für 4.4+ ist Konflikt eine Abweichung oder gar eine Bedrohung der bestehenden, funktionierenden Ordnung. Zieht sich ein Konflikt in die Länge, kann 4.4+ bis zum Äußersten gehen, zur Unterdrückung des Konflikts. Er wird dies allerdings nicht wie 7.1 – durch Ausübung seiner Macht tun. Er wird an gemeinsame Ziele und die Mehr-heitsmeinung appellieren. Unter dem Druck der Mehrheitsmeinung und der persönlichen Autorität von 4.4+ greifen die Konfliktparteien in der Regel zur aktiven Suche und fin-den schnell zu einem konstruktiven Kompromiss, indem sie den Fehler in der direkten Konfrontation erkennen. Wenn Konflikte im Interesse der Organisation gelöst werden, ist 4.4+ überzeugt, dass er über das optimale Modell verfügt.

Informationen austauschen

4.4+ tauscht aktiv Informationen mit allen Mitarbeitern aus und interessiert sich für ihre Meinungen und Vorschläge. Aufmerksam registriert er Informationen, die ihn von Vor-gesetzten und besser informierten Kollegen erreichen. Ist für die Entscheidungsfindung eine ausführlichere Information notwendig, sammelt 4.4+ diese zeitgerecht. In dringen-den Fällen befragt er andere. Auf direkte Fragen antwortet er gerne und ist bereit, andere Standpunkte zu berücksichtigen. Nichtsdestoweniger ist das Bestreben, vorhandenen Traditionen und einer bestehenden Ordnung zu folgen, für die Kommunikations-kompetenz von 4.4+ restriktiv. Er versucht Informationen zu sammeln, um die Mei-nung und Stimmung der Mehrheit der Mitarbeiter herauszufinden, deren Ein-stellungen er überwacht und kontrolliert. Er fühlt sich sicher und wohl, wenn die Stimmung der Mehrheit den Standards des Betriebs entspricht und auf eine strukturierte Arbeit im gewohnten Stil ausgerichtet ist.

Informationsaustausch ermöglicht es 4.4+ zu beurteilen, wie konsistent eine Orga-ni-sation handelt und ebenso darauf zu achten, dass betriebliche Traditionen und Nor-men berücksichtigt werden und die Motivation und Loyalität der Mitarbeiter auf einem hohen Niveau aufrechterhalten werden kann. Wie 4.4− kann 4.4+ viel reden und tut dies auch gerne über Themen, die betriebliche Normen und Regeln und die Erfahrungen der Vergangenheit betreffen. Es handelt sich um sein Lieblingsgebiet und er ist bereit, seine Meinung und Erfahrung mit allen zu teilen, die dem Betrieb loyal gegenüber eingestellt sind und seine Werte anerkennen. Es gibt in diesen Fragen keine Ebenbürtigen.

Nutzt 4.4− das Befolgen von Normen, Regeln und bisherigen Erfahrungen zur Verteidigung seiner Position und zu seiner offensichtlichen oder versteckten Gleichgültigkeit gegenüber der betrieblichen Tätigkeit, so handelt es sich für 4,4+ nicht einfach um formale Aspekte der Arbeit. Für ihn enthält das Befolgen von Traditionen und Regeln persönlich einen tieferen Sinn. Für 4.4+ sind die Traditionen der Organisation ein durch das Leben geprüftes Verhaltensmodell, das er befolgt und das seiner Meinung nach sowohl für die Organisation, als auch für die Mehrheit der Mitarbeiter benötigt wird. Von dieser Werteorientierung ausgehend, befolgt er diese Regeln auch selbst und ruft andere dazu auf, sie zu befolgen, nicht weil er dazu genötigt wäre (dura lex, sed lex/Das Gesetz ist streng, aber es ist Gesetz), sondern weil es richtig ist. Eine solche Position wird von den Mitarbeitern mit Verständnis aufgenommen und hilft 4.4+, formale Anforderungen durchzusetzen, ohne den inneren Widerstand der Mitarbeiter zu provozieren.

4.4+ verfügt auch in anderen professionellen Bereichen über weitreichendes Wissen. Allerdings kehrt er seine eigene Meinung und Rolle niemals hervor, sondern versucht diese mit den bereits vorhandenen Traditionen und der Mehrheitsmeinung abzugleichen. Die Meinung der Kollegen und Mitarbeiter wird mit Interesse und Dankbarkeit aufgenommen, insbesondere, wenn dies im Bereich der traditionellen Entscheidungen und gewohnten Praktiken liegt. Ist die Meinung ungewohnt und unerwartet, nimmt sich 4.4+ nicht vor, diese anzunehmen, er schlägt stattdessen den Mitarbeitern vor, sie zu begründen und zu beweisen, dass sie besser als die bereits vorhandene Meinung ist. Zur tiefsten Zufriedenheit von 4.4+ trägt jede Diskussion bei, bei der am Ende die Richtigkeit der geprüften, traditionellen Herangehensweise festgestellt wird.

Wird eine Entscheidung über einen längeren Zeitraum hinweg gefällt und bleibt jeder bei seiner Meinung, wird 4.4+ eigenständig Informationen über gelungene Aufgaben herausgeben. Dabei wird er die Mehrheit der Mitarbeiter hinter sich haben. Er lässt zwar Meinungen zu, die sich von seiner unterscheiden, allerdings nur, wenn sie dem Unternehmen und der Ordnung nicht schaden.

4.4+ sammelt aktiv Informationen, filtert diese aber durch den „Filter der Traditionen" und lässt dabei nicht selten neue Perspektiven unbeachtet. Das Ziel ist die Bestätigung der Richtigkeit traditioneller Herangehensweisen und nicht die Suche nach der besten Lösung für das aktuelle Problem.

Als Informationsquellen verwendet 4.4+ Dokumente und Äußerungen von Kollegen. Dies geschieht, ohne seine Beziehung zum Problem und seine eigene Wichtigkeit für das Unternehmen zu verdecken. Er ist mit den bisherigen Erfahrungen des Unternehmens und der Lösung solcher Fragen vertraut, ist aber immer bereit, sich mit den Mitarbeitern auszutauschen, die bei diesen Fragen Experten sind. Solche Beratungen sind relativ effektiv, da 4.4+ die Ziele seiner Ansprache nicht versteckt und offene Fragen stellt, indem er sie konkret und objektiv formuliert: „Ich weiß, dass Sie Erfahrung im Vertrieb des Produkts in der neuen Region haben. Wir stehen gerade vor einer ähnlichen Aufgabe. Mit welchen Schwierigkeiten wurden Sie in der ersten Phase des Projekts konfrontiert?"

4.4+ verdeckt sein Commitment gegenüber der Organisation nicht und ist stolz auf sie. Deswegen ist die Kommunikation mit Personen, die mit den Traditionen und Regeln vertraut sind, leicht prognostizierbar. Das Aufzeigen der Akzeptanz und Loyalität gegenüber der Organisation macht es möglich, 4.4+ für sich zu gewinnen, was weitere Möglichkeiten eröffnet, auf ihn zu wirken und ihn zu manipulieren.

Position beziehen

4.4+ nimmt eine aktive soziale Position ein, die auf der Überzeugung basiert, dass er und sein Unternehmen sich mit einer für alle sehr wichtigen und nützlichen Angelegenheit beschäftigen. Er steht Arbeit nicht gleichgültig gegenüber und ist stolz auf seine Zugehörigkeit zum Unternehmen und seinen Errungenschaften. 4.4+ ist bestrebt, seinen Beitrag zum Erhalt der betrieblichen Traditionen und zum stabilen Funktionieren der Firma zu erbringen. Er verteidigt seine Position aktiv, indem er sich als Beispiel präsentiert und überzeugend argumentiert.

Unabhängig davon, dass 4.4+ die Erwartung des Vorgesetzten, die Traditionen des Unternehmens und die Wünsche der Mehrheit der Mitarbeiter erfüllen will, äußert er seinen Standpunkt offen, da er denkt, dass dieser die Interessen des Unternehmens repräsentiert. Dies ermöglicht es ihm, außerordentlich überzeugend zu sein und die Unterstützung seiner Mitarbeiter zu bekommen, selbst wenn sie nicht mit ihm einverstanden sind.

4.4+ versucht, übliche und geprüfte Herangehensweisen zu befolgen. Wird er unter Druck gesetzt, weicht er davon nicht ab, sondern versucht seinen Gegner von der Richtigkeit seiner Position zu überzeugen. Der Traditionalismus seines Denkens und Verhaltens macht ihn besonders dann überzeugend, wenn es darum geht, gewohnte Vorgehensweisen zu verteidigen. Wird er mit einer ungewohnten neuen Situation konfrontiert, die eher kreative Entscheidungen erfordert, versucht er dennoch traditionellen Methoden zu folgen oder er erklärt sich mit den neuen Meinungen einverstanden, da er den Druck seiner Vorgesetzten oder der Mehrheit der Mitarbeiter spürt. Eine solche Situation ist außerordentlich unkomfortabel für ihn, da sie seine Werteorientierung bezüglich Stabilität und Sicherheit und sein Weltbild bedroht.

Damit 4.4+ eine neue Entscheidung treffen kann ist es wichtig, ihn vom Fortbestand des gewohnten Ablaufs zu überzeugen. Es ist für ihn viel wichtiger zu erkennen, dass Neueinführungen bei allem Ungewohnten, dem Unternehmen keinen Schaden zufügen werden. Eine solche Herangehensweise zwingt ihn ständig, Innovationen hinsichtlich ihres Nutzens kritisch zu bewerten.

4.4+ verteidigt seine Meinung überzeugend, wenn sie mit der Meinung der Vorgesetzten und der Mehrheit der Mitarbeiter übereinstimmt. Wird diese Meinung infrage gestellt, kann es zu seiner Isolierung kommen. Ein typischer Ausruf in einer solchen Situation ist der Satz: „Wenn unsere gelobten Traditionen nichts mehr bedeuten, mein

Wissen und meine Erfahrung niemandem etwas bringen, halte ich mich heraus! Wir werden ja sehen, welchen Nutzen diese neuen Herangehensweisen bringen!"

Solche Worte befreien 4.4+ nicht von der Verantwortung für sein Unternehmen. Er wird niemals seine Arbeit boykottieren und wird seinen Verpflichtungen, selbst unter unangenehmen Bedingungen, nachkommen. Sein Credo ist: „The show must go on!" Dieses wird 4.4+ bis zum Ende verteidigen. Werden unpopuläre Maßnahmen ergriffen, beruft sich 4.4+ darauf, dass dies notwendig sei, um den gewohnten Weg zu bewahren. Er ist bestrebt, eine Atmosphäre der Stabilität, der Sicherheit und des gesunden Konservatismus zu schaffen, und wird so für lange Zeit eine hohe Effektivität erzielen.

Entstehen Probleme, die untypische Lösungen erfordern, fühlt sich 4.4+ nicht mehr wohl. Allerdings wird er selbst in einer solchen Situation seine Werteorientierung und sein betriebliches Commitment als einen sicheren Pfeiler für die Suche nach konstruktiven Lösungen und Kompromissen behalten.

Entscheidungen treffen
Das Wichtigste beim Treffen einer Entscheidung ist für 4.4+ die Überzeugung, dass es der Organisation nutzt und durch den Vorstand und die Mehrheit der Mitarbeiter unterstützt wird. Selbst bei einer solchen Entscheidung ist 4.4+ bereit, einen gesunden Kompromiss einzugehen, auch wenn seine Interessen dabei nicht in vollem Umfang berücksichtigt werden. Dabei orientiert sich 4.4+ sehr stark an früheren Erfahrungen und gibt schon geprüften Herangehensweisen den Vorzug. Er steht Neuerungen und Reformen mit Skepsis gegenüber. Entscheidungen werden auf Grundlage von bekannten Handlungen und Vorfällen getroffen. Er ist überzeugt, dass bisherige Erfahrungen nicht nur momentan aktuell, sondern auch für die Zukunft wichtig sind. Die Entscheidungen von 4.4+ werden in der Regel sowohl von den Vorgesetzten als auch von der Mehrheit der Mitarbeiter positiv wahrgenommen, da sie einfach und transparent sind und auf allgemein bekannten Gesetzmäßigkeiten basieren. Kam eine Entscheidung schon in der Vergangenheit vor, ist dies nach 4.4+ die Grundlage für eine stabile betriebliche Tätigkeit. Sie wird schnell und effektiv ausgeführt. Bringt die Entscheidung einen komplexeren Lösungsansatz mit sich, bevorzugt es 4.4+ sich auf die Erwartung des Vorgesetzten zu stützen oder der Mehrheitsmeinung zu folgen, indem er mit den Verantwortlichen die Situation und mögliche Alternativen bespricht.

4.4+ steht den Entscheidungen negativ gegenüber, deren Folgen für das Unternehmen riskant sein könnten. In solchen Fällen ist es sinnlos und unmöglich, ihn von den Hintergründen und der Richtigkeit der Risikoentscheidung zu überzeugen.

Gibt es keinen Präzedenzfall aus der Vergangenheit, wird 4.4+ versuchen, wenigstens Analogien zur Vergangenheit herzustellen, um eine ähnliche Entscheidung zu treffen. Auch wenn eine Entscheidung trivial ist, wird 4.4+ versuchen die Meinung der Mitarbeiter herauszufinden, da er denkt, dass dies für die Sache nützlich ist. Ein weiterer Charakterzug zum Treffen einer Entscheidung bei 4.4+ ist die Gewissheit, dass ein loyaler Mitarbeiter a priori effektiv und wertvoll für das Unternehmen ist. Deswegen werden Loyalität und betriebliches Commitment bei der Beurteilung von Mitarbeitern höher eingestuft als die

Resultate, die Mitarbeiter vorlegen. Dies senkt die Arbeitsmotivation und ruft Konflikte zwischen den Mitarbeitern hervor.

Wenn 4.4+ Alternativen zur Lösung von Problemen analysiert, betrachtet er nur die Möglichkeiten, die bereits erfolgreich waren und ignoriert unerwartete, innovative Alternativen. Besteht jemand jedoch auf Innovation und auf entsprechenden Entscheidungen, sucht er überzeugende Wege diese abzulehnen. Dabei nutzt er als „Totschlagargument" unabwendbare Risiken, die seiner Meinung nach bei Neueinführung entstehen. Diese Risiken will 4.4+ mithilfe geprüfter, traditioneller Herangehensweisen verringern.

Nichtsdestoweniger ist 4.4+ in Krisensituationen bei der Unvermeidbarkeit einer neuen Entscheidung und bei all seinem Konservatismus bereit für Veränderung, wenn sie dem Wohl der Organisation dient. Dabei begleitet 4.4+ in der Regel intensiv und streng ihre Ausführung bis zum Moment der Umsetzung.

Kritik üben

Für 4.4+ ist konstruktive Kritik eine Möglichkeit Feedback darüber zu geben, in welchem Ausmaß Handlungen und Verhalten den Traditionen entsprechen, die sich in der Organisation gebildet haben. Wenn 4.4+ die Ordnung, die sich über einen langen Zeitraum entwickelt hat, als einziges System richtiger Koordinaten und Kriterien betrachtet, dann beurteilt oder bewertet er jegliches Abweichen von diesem System als Störung, die es zu korrigieren gilt. Er äußert seine Kritik offen und objektiv und denkt dabei aufrichtig, dass er eine Wohltat für alle erbringt.

Muss er etwas Unangenehmes sagen, bemüht er sich dies in einer korrekten und wohlwollenden Weise zu tun, indem er erläutert, wie man sich in der Organisation in solchen Situationen verhält und wie Fehlverhalten dieser Schaden zufügt. 4.4+ glaubt aufrichtig, dass er in diesem Moment die Organisation verkörpert und stellvertretend für sie auftritt. Er ist überzeugt zu wissen, wie Verhalten sein muss, und beabsichtigt nicht, die Ursachen und Motive für seinen Standpunkt zu diskutieren. Dabei ist er geneigt zu denken, dass Fehlverhalten das Ergebnis einer vorkalkulierten bewussten Entscheidung ist. Er findet, dass dies eine Folge von Unwissen oder Unverständnis dessen ist, wie ein guter und normaler Mitarbeiter wirken muss, der seinem Unternehmen für die Fürsorge dankbar ist. Er zweifelt nicht daran, dass alle Mitarbeiter, genau wie er selbst, gegenüber ihrer Organisation loyal und treu sein müssen. Aus diesem Grund ist seine Kritik eine Lehr- und Erziehungsform für seine Mitarbeiter.

Befindet sich das Unternehmen in einer Wachstumsphase und ist seine Lage auf dem Markt gesichert, orientiert sich Kritik auf das Aufrechterhalten des Status quo und stellt sich als legitim und effektiv heraus. Sind die Angelegenheiten des Unternehmens weit vom Ideal entfernt, führt eine solche Kritik zur Verschlechterung der Lage, weil sie alle Veränderungsversuche in eine gute Richtung erschwert. Eine ähnliche Gesetzmäßigkeit kann man beobachten, wenn Kritik sowohl im Hinblick auf schwächere als auch auf effektivere Mitarbeiter angewendet wird. Wird ein schwächerer Mitarbeiter kritisiert, hat dies für das Unternehmen einen positiven Effekt, wenn er auf einem durchschnittlichen Niveau funktionieren soll. Werden allerdings effektivere Mitarbeiter für ihr Überengagement, ihren Innovationsdrang und ihren fehlenden Respekt für vorhandene Traditionen kritisiert, so senkt das unausweichlich ihre Motivation und damit ihr Commitment.

Läuft alles nach einer geregelten Ordnung ab, greift 4.4+ selten auf Kritik zurück. In solchen Situationen neigt er zu übermäßigem Lob und zu schlecht versteckter Zufriedenheit. Alles läuft so, wie es laufen soll. In Konferenzen möchte er zukünftige Perspektiven oder mögliche Bedrohungen nicht besprechen, weil er die Gefahr sieht, schlafende Hunde zu wecken. Er diskutiert in der Regel nur solche Fragen, die einen normalen Arbeitsablauf nicht behindern oder stören können. Innovative Ideen, die zu Synergieeffekten führen könnten, werden nicht wohlwollend, sondern mit Skepsis aufgenommen. Jegliche alternative Idee, die über den Rahmen des Gewohnten hinausgeht, birgt nach Meinung von 4.4+ ein ungerechtfertigtes Risiko und könnte den normalen Ablauf des betrieblichen Systems behindern. In solchen Fällen ist er in der Regel höflich, sagt aber auch: „Ja, möglicherweise handelt es sich um eine interessante Idee. Es ist aber nur eine Idee, wie andere, die kommen und gehen. Unser Unternehmen war schon vor ihr da, ist jetzt da und wird auch in Zukunft da sein, weil es seine bewährten Regeln, Prinzipien und Traditionen einhält! Es ist vor allem wichtig, daran zu denken, bereits Erreichtes nicht aus den Augen zu verlieren und sich nicht um fiktive Projekte und Fantasien zu kümmern."

Das Kritikniveau erreicht nicht die notwendige Effektivität, wenn 4.4+ die Entwicklung von neuen Ideen und Herangehensweisen blockiert. Das führt dazu, dass effektivere und kreativere Teammitglieder sich daran gewöhnen, wie alle anderen zu arbeiten, indem sie einen Kompromiss eingehen, anstatt offene und ehrliche Kritik zur Entwicklung neuer Möglichkeiten und Perspektiven zu nutzen. Mitarbeiter, die ihr Potenzial nicht ausschöpfen können, denken häufig daran, ihre Kräfte an einem anderen Arbeitsplatz einzusetzen, wo offene und ehrliche Kritik begrüßt wird.

9.5   Schlussfolgerungen

4.4+ verfügt eindeutig über das Potenzial, die Möglichkeiten seiner Mitarbeiter zu fördern, was vor allem auf seine Loyalität, sein Commitment und seine Werteorientierung zurückzuführen ist. Außerdem ist 4.4+ in der Lage, unter allen Bedingungen ein normales Funktionieren der Organisation zu ermöglichen. Genau das macht ihn zum „Organisationsmenschen" und führt dazu, dass viele Organisationen dank solcher Menschen funktionieren. Auch unter ungünstigen Umständen sind sie immer zuverlässig und pragmatisch und ermöglichen einen stabilen Arbeitsablauf. Sie sind wie Patrioten der Organisation, empfinden Stolz über ihren eigenen Beitrag und über die Geschichte und Erfolge der Firma.

Allerdings nutzt 4.4+ die Ressourcen zum Wohl der Organisation und der Menschen nicht in vollem Maße aus. Die Gründe dafür sind sein traditionelles Denken und Verhalten und das Bevorzugen bewährter Herangehensweisen und Entscheidungen sowie

Misstrauen, Skepsis und Angst vor Neuem und Ungewohntem. 4.4+ ist bestrebt, eine Atmosphäre der Stabilität, der Sicherheit und des Konservatismus zu schaffen, und versucht bei allen Aktivitäten den vorhandenen Normen und Traditionen zu folgen und dabei alles zu tun, damit in der gesamten Organisation die Regeln befolgt werden.

Eine solche Strategie ermöglicht es ihm sichere, stabile Ergebnisse auf einem Durchschnittsniveau zu erreichen und positive Arbeitsbeziehungen mit seinen Kollegen aufrechtzuerhalten. Im Endeffekt hilft es ihm aber nicht, Spitzenergebnisse oder Synergien zu erreichen.

In einer Konfliktsituation ist 4.4+ immer auf der Suche nach einer Kompromissentscheidung, die die Interessen der Organisation und der Mehrheit berücksichtigt und auf Erfahrungen der Vergangenheit basiert. 4.4+ nimmt jede Möglichkeit zur Veränderung und Reform mit Besorgnis wahr. Gewohnte und bewährte Handlungsweisen werden als ideal betrachtet und sollen erhalten bleiben.

Bei Entscheidungen lehnt 4.4+ die Alternativen ab, deren Folgen ihm zu riskant oder zu unklar erscheinen. Er bevorzugt nur die Entscheidungen, die für alle annehmbar sind und auf früheren Erfahrungen und geprüften Methoden basieren. Ist in der Organisation alles stabil und sicher, kann sich 4.4+ gut integrieren, indem er eine normale, durchschnittliche Effektivität erreicht. Unter dynamischen Marktbedingungen und bei hoher Unsicherheit sorgen sein Traditionalismus und sein Verhalten dafür, dass sich die Umstände verschlechtern.

Kritik wird so eingesetzt, dass einerseits schwächere Mitarbeiter auf ein durchschnittliches Niveau hin entwickelt werden, andererseits effektivere und kreative Mitarbeiter ihre Motivation zu hoher Leistung verlieren. 4.4+ stützt sich auf Kriterien, denen das Profil eines durchschnittlichen Mitarbeiters zugrunde liegt. Das macht es unmöglich, innovative Elemente zu integrieren. Im Endeffekt gewöhnen sich wertvollere Mitarbeiter des Unternehmens, die über ein hohes kreatives Potenzial und hohe Eigenmotivation verfügen, daran, wie die Mehrheit zu arbeiten und Kompromisse einzugehen, anstatt ihr gesamtes Potential zur Organisationsentwicklung auszuschöpfen.

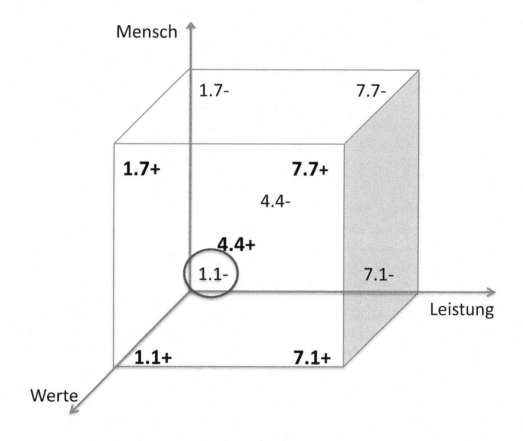

© Springer-Verlag GmbH Deutschland, ein Teil von Springer Nature 2019
A. Zankovsky und C. von der Heiden, *Leadership mit Synercube,*
https://doi.org/10.1007/978-3-662-58373-9_10

Geringe Ergebnis-, Menschen- und Werteorientierung und Gleichgültigkeit der Arbeit und der Organisation gegenüber prägen diesen Führungsstil. Tiefes Misstrauen gegenüber der These, dass es im Leben einen tieferen Sinn gebe und dass das Leben auch positiv verändert werden könne. Das Streben nach Abschottung und Verstecken liegt diesem Stil zugrunde. 1.1− vermeidet eine klare Positionierung und bemüht sich, keine Fragen zu stellen. Fehler werden verschwiegen oder vertuscht. Entscheidungen werden so lange verschoben, bis jemand anders eine Entscheidung trifft oder bis ein Problem sich von allein löst. Er vermeidet, sein Team zu führen, sodass dieses sich selbst überlassen bleibt. Er vermeidet klare Standpunkte, wartet ab und hat bereits „innerlich gekündigt". 1.1− weicht jedem Konflikt aus. Sein Hauptmotiv ist, unsichtbar zu bleiben und jede Form der Beteiligung zu vermeiden. Sein tatsächliches Interesse liegt außerhalb des Arbeitslebens.

10.1   I-Zone unter Bedingungen von 1.1 MINUS

In der Regel tritt ein Konflikt zwischen denjenigen auf, die sich an betrieblichen Werten orientieren und Initiative zeigen wollen und denjenigen, die sich gleichgültig zeigen. Bei den Mitarbeitern entsteht ein Gefühl des Verletztseins, da sie nicht mehr nur für ihre eigenen Aufgaben Verantwortung übernehmen, sondern auch für die Aufgaben ihrer Führungskraft. 1.1− nimmt sich nicht als Teammitglied wahr, hält die Distanz aufrecht und fürchtet sich vor Beteiligung. Je länger dieser Zustand anhält, desto stärker wächst der Konflikt zwischen beiden Seiten, denn während der Einfluss des Teams steigt, geht der von 1.1− zurück. Die Reaktion auf das Verhalten von 1.1− kann von leichter Enttäuschung bis zu tiefer Verurteilung reichen: „Ich dachte, dass es Sie wenigstens ein bisschen beunruhigt, was hier vor sich geht", „Er hält das gesamte Team auf!"

Mit der Zeit entwickelt sich 1.1− zum Objekt der Empörung. In Abhängigkeit von der Unternehmenskultur kann Kritik weich und indirekt sein oder auch direkte Anschuldigungen hinsichtlich der entstandenen Probleme und Fehler beinhalten. 1.1− nimmt solche Kritik gleichgültig auf und tut so, als ob sie ihn nicht tangiert. Bei besonders scharfer Kritik nutzt er die Ausrede: „Dies ist nicht in meiner Stellenbeschreibung enthalten, oder?", „Niemand sagte mir, dass ich das machen muss!"

1.1− steht der Zusammenarbeit im Team und dem was sie bringt pessimistisch gegenüber. Sie ist in seinen Augen belastend. Dadurch reduzieren sich Vertrauen und Respekt seiner Kollegen und Mitarbeiter ihm gegenüber. Es bewirkt Unsicherheit und Angst vor Schwierigkeiten. Eine intensivere Beteiligung an der Arbeit nimmt 1.1− als Kontrolle und Kritik wahr, die schlechte Absichten hat: „Sie suchen einen Grund, um mich meiner Position zu entheben. Sie warten doch nur darauf, dass ich einen Fehler mache!" 1.1− wird das Nötigste tun, um seine Position zu halten, was auch die versteckte Botschaft beinhaltet, dass die Mitarbeiter ihm dankbar sein müssen. 1.1− befürchtet, dass seine geringe Beteiligung seinen Gegnern starke Argumente liefert, die sie gegen ihn verwenden können. Aus diesem Grund geht er Beziehungen immer bedacht und verhalten ein. Er äußert seine Meinung nicht, wenn er nicht darum gebeten wird. Formuliert er sie dann doch, ist sie neutral, um keine Konflikte zu schüren oder auf sein Verhalten aufmerksam zu machen (s. Abb. 10.1).

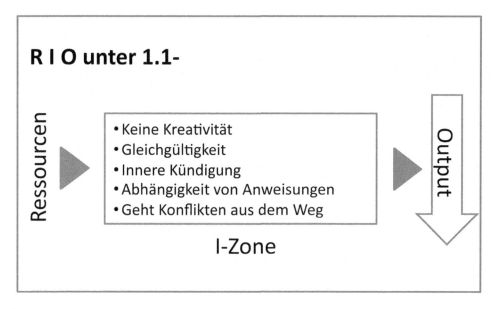

Abb. 10.1 1.1−

In der Regel ändert 1.1− auch bei veränderten Rahmenbedingungen seine persönliche Einstellung nicht. 1.1− präferiert, gleichgültig und distanziert zu bleiben und seine Ruhe zu haben. Freude an sinnvoller Zusammenarbeit, die auf Vertrauen, Ehrlichkeit und echter Beteiligung basiert, ist für 1.1− weniger wichtig oder erstrebenswert.

10.2 Kultur und Werte bei 1.1MINUS

Kultur des Misstrauens, der Gleichgültigkeit und der Entfremdung.

Vertrauen 1.1− vertraut niemandem. Er ist der Ansicht, dass Menschen nur vortäuschen, dass sie an etwas beteiligt sind, dass etwas für sie wichtig ist, dass sie bereit sind, sich für etwas aufzuopfern, bei ihrer Arbeit an ihre Grenzen zu gehen und dabei Befriedigung zu empfinden. Aus diesem Grund sieht er in jeder Äußerung von Aktivität und Interesse etwas Gespieltes und Falsches. Er verdächtigt alle der Unehrlichkeit und befürchtet dabei, dass das Verhalten der anderen ihm Schaden zufügen könnte. Er misstraut auch sich selbst und ist deswegen nur dann entspannt, wenn er sich von allen abgeschottet in Distanz und Gleichgültigkeit verstecken kann.

Gerechtigkeit Wie auch andere Werte wird Gerechtigkeit von 1.1− sehr speziell wahrgenommen. Die höchste Form von Gerechtigkeit ist für ihn: „Wenn ich alle in Ruhe lasse, sollte man mich auch in Ruhe lassen!" In seinen Vorstellungen von Gerechtigkeit sind Belohnung und Anerkennung nicht mit wirklichen Bemühungen und Verdiensten einer

Person verbunden. Erfüllt 1.1− minimale Anforderungen, werden alle zusätzlichen Forderungen und Versuche, ihn an einer Aufgabe aktiver zu beteiligen, als ungerecht empfunden. Ungerecht ist genauso die Situation, in der es 1.1− nicht gelingt, seine Interessen
im Falle eines ernsten Problems durchzusetzen. „Ich bitte so selten um etwas, aber man
will mir nicht helfen", denkt er empört. 1.1− verbindet in keiner Weise die Möglichkeit
der Belohnung mit seinem Verhalten und seiner Investition in die gemeinsame Sache. Bei
tatsächlicher Ungerechtigkeit, wie z. B. der Unterschätzung der Beteiligung eines Mitarbeiters an der Zielerreichung, bevorzugt 1.1−, diese Bemühung nicht zu beachten und
denkt sich dabei: „Naive Menschen. Wer braucht einen solchen Enthusiasmus und diese
Anstrengung? Mach deine Arbeit besser so, dass es keine Einwände gibt, und du hast
deine Ruhe, wie ich!"

Commitment und Identität 1.1− ist gleichgültig und zynisch. So ist er gar nicht bemüht,
sein betriebliches Engagement oder seine Identifikation mit dem Unternehmen zu zeigen. Dies ändert sich allerdings schnell, wenn er seine gleichgültige Position öffentlich
erklären oder verteidigen muss. Um nicht involviert zu werden und keine Verantwortung
zu tragen, ist er sofort bereit, sein Commitment zu erklären. Dies verschwindet
umgehend, wenn die Gleichgültigkeit nicht bestraft wird und seine Einstellung angstfrei
geäußert werden kann. Er setzt seine Tätigkeit im Unternehmen also nicht aufgrund seines Commitments fort, sondern weil es sicherer ist, dort zu bleiben und dort zu arbeiten,
als in ein anderes Unternehmen zu wechseln. Der Arbeitswechsel bringt Unsicherheit
und Angst mit sich, da er nicht weiß, zu was er führt.

Zuverlässigkeit und soziale Verantwortung Fehlendes Engagement und fehlende
Identifikation mit dem Unternehmen stehen bei 1.1− in Verbindung mit Unzuverlässigkeit. Man kann sich in schwierigen betrieblichen Situationen nicht auf ihn verlassen, da
von Mitarbeitern eine Tätigkeit für das Team gefordert wird und dabei persönliche Interessen zurückgestellt werden müssen. Auch in solchen Situationen ist 1.1− unfähig, von
seiner Gleichgültigkeit und seinem Zynismus zurückzutreten: „Warum für solche Menschen Energie aufwenden?" Erkennt 1.1− einen Fehler bei seinen Mitarbeitern, der sich
nicht negativ auf seine Tätigkeit auswirkt, bevorzugt er, diesen Fehler nicht zu beachten.
So kann eine größere Beteiligung an der betrieblichen Tätigkeit vermieden werden.

Transparenz und Ehrlichkeit 1.1− steht Transparenz und Ehrlichkeit im Unternehmen
mit Missachtung und Gleichgültigkeit gegenüber. Er glaubt nicht, dass Menschen im
Betrieb tatsächlich unternehmerischen Werten folgen. Er ist überzeugt, dass ein Management, das andere dazu aufruft, transparent und ehrlich zu sein, niemals selbst im vollen Maße ehrlich ist. Gleichzeitig erhält er Zugang zu wertvollen Informationen, die
ihm dazu verhelfen, manipulativ auf seine Mitarbeiter einzuwirken. Die Mitarbeiter, die
eng mit 1.1− zusammenarbeiten müssen, erkennen schnell die wahren Motive seiner
Distanziertheit.

10.3   Kultur und Macht bei 1.1MINUS

Akzent auf Belohnung und die eigene Position im Unternehmen, die dafür genutzt werden, sich zu verteidigen oder sich vom betrieblichen Commitment „freizukaufen".

Bestrafung 1.1− betrachtet Bestrafung als unerwünschte Einflussmaßnahme, da er fürchtet, diese erklären und schließlich Unzufriedenheit erfahren zu müssen. Ist Bestrafung dennoch unvermeidlich, muss sie mit betrieblichen Instruktionen gerechtfertigt werden. Bestrafung ist in hohem Maße damit verbunden, dass 1.1− entgegen seinem Wunsch in betriebliche Probleme involviert wird. Bestrafung ist nicht mit objektiven Ergebnissen der Mitarbeitertätigkeit verbunden.

Belohnung 1.1− nutzt Belohnung als Schutz vor Beteiligung und Verantwortung. Belohnung wird meistens denen gegenüber ausgesprochen, die ihre Tätigkeit auf einem annehmbaren Niveau ausführen und 1.1− nicht mit unangemessenen Bitten und Forderungen belästigen, etwas zu unternehmen, besser zu machen oder guten Willen zu zeigen. 1.1− ist nicht bestrebt, Ergebnisse zu erreichen, da er keine Verbindung zwischen Effektivität und Belohnung sieht. Dabei werden herausragende Leistungen genauso belohnt wie mittlere oder sogar unzureichende. Auf diese Weise wird Belohnung als Mittel der Selbstisolation genutzt und ist nicht mit den Handlungsergebnissen verknüpft.

Position Für 1.1− ist seine Position im Unternehmen wichtig, weil sie ein effektives Mittel ist, sich vor seinen Mitarbeitern, deren Initiativen und Kritik zu verteidigen. 1.1− beruft sich auf seine Position im Unternehmen, um die Richtigkeit seiner Handlungsweisen zu bekräftigen. Auf legitime Argumente und Aufforderungen, etwas Nützliches für das Unternehmen zu leisten, findet er keine andere Antwort, als den schlichten Verweis auf seine hierarchische Position. Er kennt den Umfang seiner Aufgaben genau und nutzt dies dafür, so wenig wie möglich zu machen. Er delegiert seine Aufgaben an Mitarbeiter, wenn das keine persönliche Beteiligung erfordert. Er verliert die Kontrolle, wenn die Umstände ungewöhnliche Entscheidungen erfordern, die über die Grenzen seiner Verantwortung und das Gewohnte hinausgehen.

Information Wesentliche Informationsressourcen sind für 1.1− formale betriebliche Instruktionen, die dokumentiert sind. Diese ermöglichen es ihm, sich bei Anschuldigungen wegen seiner unzureichenden Effektivität und Motivation zu verteidigen, sodass er weiterhin eine minimal notwendige Tätigkeit ausführen kann. Er weiß genau, was er zu tun hat, welche Rechte und Pflichten er hat, und kennt die Grenzen seines Verantwortungsbereichs. Dabei stellt er sich nur sehr vage vor, was seine Mitarbeiter tun. Tatsache ist, dass es ihn nicht interessiert. Informationsaustausch erfolgt mit dem Ziel der Verteidigung der eigenen Position für den Fall aufkommender Kritik. Anweisungen von oben nimmt er als unvermeidbar Böses wahr. Es ist besser, diese formell auszuführen und so mögliche Probleme zu vermeiden.

Kompetenz 1.1– kann in seinem Aufgabenbereich über hohe Kompetenz verfügen. Allerdings nutzt er sein Wissen, seine Fähigkeiten und seine Talente nicht, um noch bessere Ergebnisse zu erreichen oder ein synergetisches Team zu bilden, sondern um seine Position zu stärken. Sinn und Zweck seiner Position ist nicht die Lösung der Hauptaufgaben und Probleme des Unternehmens, sondern vielmehr, keine Verantwortung zu tragen und unbeteiligt zu bleiben. Diese entfremdete und gleichgültige Haltung schmälert seine Kompetenz. Versucht er dann in Ausnahmesituationen, seine Kompetenz zum Wohl des Teams zu nutzen, wird er nicht mehr ernst genommen. Das Team glaubt nicht mehr, dass eine Beteiligung an einer gemeinsamen Aufgabe in diesem Ausnahmefall tatsächlich folgen wird. 1.1– geht davon aus, dass es besser ist, nichts zu tun, da alle Bemühungen und Pläne im Endeffekt zum Scheitern verurteilt sind.

Ausstrahlung Vertreter des 1.1– Stils entbehren in der Regel jegliche Ausstrahlung, da sie sich in schwierigen Situationen verstecken und die Verantwortung abschieben. Dieses Verhalten basiert auf der Überzeugung, dass talentierte und zielstrebige Menschen dem Misserfolg unterliegen und dass ambitionierte Projekte hinter den deklarierten Zielen menschliche Gier verbergen. Unter solchen Bedingungen ist das richtige Verhalten in der Distanz und Gleichgültigkeit zu finden. Diese Einstellung führt dazu, dass die Umgebung 1.1– als unzuverlässige und initiativlose Person wahrnimmt, der sowohl das Ergebnis und die Menschen, als auch das Unternehmen egal sind. Befindet sich 1.1– in einer Führungsposition und ist gezwungen, Mitarbeiter aufzufordern, um eine schwierige Aufgabe auszuführen, führen seine Aufforderungen zu Verwirrung und werden nicht ernst genommen. Das alles hindert ihn daran, zuverlässige und harmonische Beziehungen aufzubauen, die auf Ehrlichkeit und gemeinsamem Vertrauen und Respekt basieren.

10.4 Fähigkeiten in der Zusammenarbeit bei 1.1MINUS

Konflikte lösen

Eine typische Strategie der Konfliktlösung im 1.1– Stil ist Vermeidung. „Konflikt, was ist das?" ist die Devise von 1.1–, der bemüht ist, sich von Widersprüchen, die im Unternehmen auftreten, abzuwenden. Er ignoriert Konfliktsituationen weitestgehend in der Hoffnung, dass sie sich von alleine lösen. 1.1– ist mit allen Kräften bemüht, die Position des Beobachters einzunehmen, der die Neutralität wahrt. „Es ist euer Streit. Lasst mich da raus!", „Macht was ihr wollt, aber lasst mich in Ruhe!" 1.1– vermeidet direkte Konflikte, indem er indirekte Signale in Form von Beschwerden sendet oder stillschweigend denen folgt, die etwas dagegen unternehmen. Er wird niemals eigenständig strittige Fragen vorbringen, ist aber mit anderen einverstanden, wenn die Grundstimmung offensichtlich ist.

Der Unwille, Konflikte zu beachten, ruft oft Empörung im ganzen Team hervor. Teammitglieder sind schnell davon überzeugt, dass sie sich bei Problemen nicht auf ihre

Führungskraft verlassen können. Diese Entfremdung macht 1.1− allerdings keine Sorgen, da er nicht bestrebt ist, an der Aufgabe beteiligt zu werden. Dennoch beginnt sich dies auf seine Beziehungen auszuwirken und führt zu Abneigung zwischen Führungskraft und Team. Je nachdem, wie sehr es 1.1− ablehnt, die Vorteile der Teamarbeit zu nutzen, leiden Vertrauen und Respekt innerhalb des Teams immer mehr. Mitarbeiter äußern in etwa Folgendes: „Denk gar nicht daran, dich an ihn zu wenden. Die Antwort ist doch schon vorher klar!"

1.1− nutzt verschiedene Mittel, um nicht in einen Konflikt zu geraten. Hierfür kann er so tun, als ob ihn die Einhaltung der betrieblichen Regeln interessiert, oder er besonders stark belastet ist und sich an Verhaltensnormen hält. Dadurch fällt er nicht auf. Beispielsweise kann er pünktlich zur Arbeit oder zur Besprechung kommen und Berichte zusammenstellen, oder öffentliche Veranstaltungen besuchen, um „da gewesen" zu sein. Entstehen allerdings Probleme, zieht er sich zurück, wird wortkarg und rechtfertigt sein Verhalten mit vagen Äußerungen: „Ja, ich höre Ihnen aufmerksam zu!" oder „Das sieht nach einem Problem aus, das man angehen muss!"

Alternativ kann 1.1− seine Unfähigkeit, zur Konfliktlösung beizutragen, unter Beweis stellen. In diesem Fall ist es bequem, den anderen das Leben eines vielbeschäftigten Menschen vorzuspielen. Menschen sind weniger geneigt, sich an andere zu wenden, wenn diese beschäftigt wirken. Möglich ist außerdem, auf Fragen nur über Email oder Voicemail zu antworten, obwohl eine direkte Konfrontation grundsätzlich vorteilhafter wäre. 1.1− kann seine Antwort so zu einer Zeit formulieren, von der er weiß, dass der Empfänger nicht vor Ort ist. Dies kann beispielsweise zur Mittagspause geschehen und hat dann folgenden Inhalt: „Ich habe dich angerufen, aber dich nicht erreicht!" oder „Ich habe versucht dich zu erreichen, aber du warst nicht am Arbeitsplatz!" Eine weitere Methode kann die freiwillige Annahme von Verpflichtungen sein, die ihn von der aktiven Zusammenarbeit mit Kollegen abhält. Er kann auf einen Konflikt reagieren, indem er in Urlaub geht, eine Dienstreise antritt oder sich irgendwie beschäftigt, um sich räumlich vom Konflikt zu entfernen. Eine weitere Methode ist die Weitergabe von Informationen an die Menschen, bei denen er davon ausgeht, dass sie etwas gegen den Konflikt unternehmen werden. 1.1− ist von denen abhängig, die hohe Ergebnisse erreichen wollen. Er weiß, dass Menschen Verantwortung für eine konstruktive Problemlösung übernehmen, sobald sie über das Problem Bescheid wissen. Gibt 1.1− Informationen weiter, kümmert er sich nicht um Interpretation oder Bearbeitung. Er bevorzugt, genau das zu wiederholen, was er gehört hat. Gibt es Nachfragen, antwortet er: „Ich weiß genauso viel wie ihr. Ich kann nur das sagen, was ich gehört habe!"

Information wird so verbreitet, dass 1.1− sich in Sicherheit wähnen kann, wenn ein Problem entsteht. Diese Herangehensweise ist besonders nützlich, wenn die verbreitete Information einen Konflikt auslöst. 1.1− unterstreicht seine Neutralität dadurch, dass er die Verantwortung an andere delegiert: „Ich gebe nur weiter, was man mir erzählt hat. Habt ihr irgendwelche Zweifel, könnt ihr sie selber fragen."

Zieht sich ein Konflikt in die Länge, versucht 1.1− bei erster Gelegenheit aus der Diskussion auszusteigen und Neutralität vorzutäuschen: „Gut, wenn es euch so gefällt, macht was ihr wollt." Er kann eine Ankündigung machen, die die Aufmerksamkeit von ihm ablenkt, indem er beispielsweise sagt: „Warum verlieren wir uns in Diskussionen? Macht, was ihr entschieden habt und lasst uns vorwärts gehen!"

In den seltenen Fällen, in denen 1.1− dennoch an der Lösung eines Konfliktes teilnimmt, führt dies zu mehr Schaden als Nutzen. Da er schlecht informiert ist, zeigen die Handlungen, die er unternimmt, dass die Ereignisse von ihm falsch interpretiert worden sind und es für alle offensichtlich war, dass seine kurzsichtige Strategie dazu diente, den laufenden Konflikt zu stoppen. 1.1− bemüht sich selten, den wahren Ursachen des Konflikts auf den Grund zu gehen und diesen konstruktiv zu lösen.

Informationen austauschen

1.1− besitzt eine geringe Kommunikationskompetenz, die sich darin äußert, dass er bemüht ist, seine Kommunikation mit den Kollegen auf ein Minimum zu reduzieren. Eine offene, vollwertige Kommunikation nimmt er als Bedrohung seiner Nicht-Beteiligung am betrieblichen Leben wahr. Im Kern einer solchen Position liegt die tiefe Überzeugung, dass Arbeit im Unternehmen eine Verpflichtung ist, die Menschen ausüben müssen, um in einer harten, sinnlosen Welt zu überleben. Nur naive oder berechnende Personen zeigen offen ihre Beteiligung und ihr Interesse dem Unternehmen gegenüber. Erstere tun dies aufgrund von Unwissenheit, letztere in der Hoffnung auf persönliche Vorteile. 1.1− möchte dieses uninteressante Spiel nicht spielen, in dem er schlussendlich nur verlieren kann. Also folgt er dem Prinzip: „Weniger Kommunikation, weniger Probleme."

Benötigt 1.1− Zugang zu Informationen, geht er über Umwege, indem er Dritte befragt, anstatt die Quelle aufzusuchen. Er mag es nicht, direkte Frage zu stellen oder auf Fragen zu antworten, die strittige Probleme betreffen, da er keine persönliche Verantwortung oder Unannehmlichkeiten haben möchte. Hofft er, dass er abseits bleiben kann und keine Verantwortung übernehmen muss, ist er bereit, jeden Standpunkt zu unterstützen, auch wenn er ihn nicht teilt. In der Kommunikation berührt er in der Regel lediglich Fragen, die das Problem nur oberflächlich angehen, da der Besitz von Wissen bestimmte Verpflichtungen mit sich bringt. Sein Motto ist: „Weniger Wissen, besserer Schlaf!". Er baut seine Kommunikation so auf, dass er möglichst wenig Information erhält. In der Besprechung eines Projektes wird er sich nur für das interessieren, was seine direkten Verpflichtungen betrifft. Begreift er gar nicht, um was es in einer Besprechung geht, wird er dennoch schweigen, um möglichst wenig zu kommunizieren und nicht an der Diskussion beteiligt zu werden.

Dies ermöglicht es ihm, zwar Informationen zu erhalten, sich aber vor neuen Aufgaben zu schützen und künftig in Besprechungen außen vor zu sein. Auf seine Frage fürchtet er folgende Antwort: „Sie haben ein sehr wichtiges Problem angesprochen, warum beschäftigen Sie sich nicht mit seiner Lösung und übernehmen die Verantwortung dafür?"

Startet ein neues Projekt, äußert 1.1− den Wunsch, sich diesem anzuschließen, erst dann, wenn jemand die Initiative übernommen und die Umsetzung durchdacht hat und bereits aktiv geworden ist. Beginnt ein Projekt mit einem Missgeschick, wird 1.1− immer eine Ausrede finden. Seine unveränderliche Einstellung: „Es ist nicht mein Projekt und ich trage keine Verantwortung dafür. Ich habe nur das gemacht, was man mir aufgetragen hat." In der Kommunikation ist 1.1− in der Regel vorsichtig, versucht sich undefiniert und vage auszudrücken und so Versprechungen und Verpflichtungen zu umgehen. Infolgedessen muss er später keine Verantwortung tragen. Er verwendet oft Sätze wie: „Es ist schwer für mich, darüber zu urteilen. Wir haben erfahrenere Spezialisten in dieser Frage" oder „Möglicherweise, aber ich bin nicht sicher. Besser, ihr fragt jemand anderen." Diese Passivität wird den Teammitgliedern möglicherweise nicht gefallen und sie deprimieren, da sie sehr viel Arbeit investieren müssen, um an die Informationen zu gelangen, über die 1.1− verfügt. Im Endeffekt endet alles genau so, wie 1.1− es wollte: ihm werden keine Fragen mehr gestellt und niemand verlässt sich mehr auf ihn.

Position beziehen

1.1− verteidigt seine Meinung ausweichend und verhalten. Er äußert selten seinen persönlichen Standpunkt. Wenn er es doch tut, geschieht es in einer neutralen Form, sodass niemand versteht, was er in Wirklichkeit denkt. „Möglicherweise ist das richtig" oder „Ich würde dieser Meinung vermutlich Recht geben." 1.1− ist der Meinung, dass es am besten ist, Informationen so lange zurückzuhalten, bis man aufgefordert wird, sich zu äußern, oder nur das zu sagen, was kein besonderes Interesse anzieht und keine Verpflichtungen mit sich bringt. Diese Einstellung führt dazu, dass 1.1− selbst in dem Fall, in dem er eine Meinung hat, diese nur sehr vage und undefiniert vertritt. Dies führt zu unvermeidbarer Kritik seitens der anderen. Häufig hört man ihn sagen: „Ich würde es bevorzugen, über das was ich darüber denke zu schweigen" oder „Im Moment ist es schwer für mich, einer Sache Vorrang zu geben."

1.1− folgt der Mehrheitsmeinung. Sie spiegelt in der Regel einen beliebten Standpunkt wider und löst sich darin vollkommen auf: „Unabhängig davon, wofür wir uns entscheiden, was zählt, sind die Ergebnisse, die wir dafür bekommen!" oder „Wenn ihr denkt, dass es das ist, was wir machen müssen, dann bin ich einverstanden." Durch eine solche Berechnung kann er die Handlungen der anderen kritisieren: „Daran hatte ich auch schon vorher meine Zweifel."

1.1− verteidigt seine Ansichten nur dann, wenn er direkt darum gebeten wird und er sich der Unterstützung durch die anderen sicher sein kann. In anderen Fällen wird er versuchen, seine Meinung nicht zu sagen und so lange auszuharren, bis er einer anderen Einstellung zustimmen kann. Hat er das Gefühl, dass seine Meinung nicht unterstützt wird, ist er bereit, diese umgehend abzulegen. Eine weitere Besonderheit von ihm ist es, seine Meinung nie zu Ende zu äußern, was dazu führt, dass diese wie eine finstere Prophezeiung klingt, die Schwierigkeiten und Hindernisse ankündigt.

Ist ein Ergebnis schwer vorherzusagen, äußert er seine Befürchtungen und Zweifel. Diese Einstellung ist ein Schutzmechanismus im Fall von auftretenden Schwierigkeiten. Treten diese auf, ist er gut geschützt: „Ich wusste, dass das passieren würde!" Mit diesen Worten reduziert er die Wahrscheinlichkeit beschuldigt zu werden.

1.1− äußert ungern seine Einstellung, und zeigt nur sehr verhalten und passiv Initiative. Er ist in der Ausübung seiner Tätigkeit nur so aktiv, wie das auch von ihm erwartet wird. Er tut sich dabei selten hervor und bevorzugt, dass alles von selbst vorangeht, anstatt auf den Handlungsverlauf Einfluss zu nehmen. Äußerungen wie: „Möglicherweise", „vermutlich" oder „Ich weiß nicht", sind für ihn typisch, da sie ihm helfen, sich vor entstehenden Problemen zu schützen: „Ich habe nie behauptet, dass mir diese Idee gefällt" oder „Ich habe nie gesagt, dass wir genau diese Entscheidung treffen müssen!" Er distanziert sich von jeder Initiative, die einen Konflikt hervorruft.

Ein aktives, in der Regel wenig gerechtfertigtes Delegieren seiner Vollmachten ist für ihn typisch. Um nicht zu sehr in seine Tätigkeit involviert zu sein, delegiert er seine Verpflichtungen weitestgehend. Bemerkt er ein Problem, bemüht er sich, es abzugeben: „Anna hat Probleme mit dem Zusammenstellen eines neuen Arbeitsplans. Könntest du ihr nicht helfen?" Als Führungskraft delegiert 1.1− viele Verpflichtungen und lässt für sich nur das Nötigste übrig.

In der Regel reagiert 1.1− auf ein entstandenes Problem zögerlich. Aber auch hier beeilt er sich nicht, etwas zu unternehmen, sondern sucht jemanden, den er um Hilfe und Anweisung bitten kann. Auch wenn er weiß, was gemacht werden muss, wartet er auf die Anweisung „von oben". Wenn er Probleme im Handlungsablauf seiner Mitarbeiter feststellt, bevorzugt er es zu schweigen und so zu tun, als würde ihn das Ganze nicht betreffen. Bemerkt er, das eines der Teammitglieder Schwierigkeiten hat, wird er so tun, als ob er nichts merkt, und sich denken: „Wäre ich beteiligt, wäre das unangenehm und ich müsste Verantwortung übernehmen." Muss ein Mitarbeiter früher gehen, hält es 1.1− nicht für nötig, ihm zu helfen und ihm Arbeit abzunehmen. Wird er persönlich darum gebeten, oder ist dies in Regeln festgeschrieben, nimmt er die Verantwortung auf sich, was aber niemals freiwillig geschieht.

Eine andere Form der Vermeidung von Initiative ist die Verkündung: „Ich bin zu beschäftigt, man sollte mich nicht stören." Dieses Ablenkungsmanöver dient dazu, eine mögliche Beteiligung an Problemen anderer zu umgehen. Das Vortäuschen von Beschäftigung wird von ihm genutzt, um in Ruhe gelassen zu werden. Er kann die Tür seines Büros schließen, damit man den Raum nicht mehr betreten kann, verbringt mehr Zeit außerhalb des Büros als nötig oder vergräbt sich in Papiere. Hierdurch signalisiert er der Umwelt: „Lasst mich in Ruhe."

Entscheidungen treffen

1.1− versucht eine Entscheidung zu vermeiden oder zu vertagen, besonders dann, wenn sie Streit hervorrufen könnte. Ist er durch die Umstände dennoch genötigt, eine Entscheidung zu treffen, ist es in der Regel eine Kompromissentscheidung, die den Beispielen

entspricht, die in einer solchen Situation schon vorgekommen sind. 1.1– ist, wie sich
schon angedeutet hat, kurzfristig orientiert. Er versucht abzuwarten, bis das Leben selbst
ihn zu einer Entscheidung führt. Er wartet im Grunde auf richtige Bedingungen, allerdings
ist das, was als Sturheit und Nachdrücklichkeit erscheint, im Endeffekt banale Gleichgültigkeit. Um einen Aktionsplan auszuarbeiten, stützt er sich wie 4.4– auf Traditionen,
allerdings in einem größeren Ausmaß. Dort, wo 4.4– eine Entscheidung trifft, wenn es
bereits einen Vorfall gab, wird 1.1– es bevorzugen, dass jemand anders die Entscheidung
mit ihm zusammen fällt.

Seine Motivation im Treffen einer Entscheidung ist die Angst vor persönlicher Verantwortung und Beteiligung. Diese Angst verschließt ihm den Zugang zu den Zielen,
die vor ihm und vor seiner Abteilung stehen und auch zu den Menschen, mit denen er
zusammenarbeitet. Er denkt nur daran, es tunlichst zu vermeiden, in eine unangenehme
Situation zu kommen. Darum wird er sich nicht selten innerlich sagen: „Ich bin nicht so
naiv, meinen Kopf freiwillig unter das Fallbeil zu legen" oder „Sie können mich überzeugen und mich mit Versprechungen locken, aber wenn ich die Entscheidung treffe,
werde ich die Unannehmlichkeiten bekommen und nicht Sie!" Eine Führungskraft
des 1.1– Stils bringt gerne überzeugende Beispiele dafür, dass Delegieren die ideale
Führungsform ist: „Man muss den Mitarbeitern vertrauen und das Treffen der wichtigsten Entscheidungen ihnen überlassen. Wir müssen uns um Nachwuchs kümmern und
diesem die Chance geben, wertvolle Führungserfahrung zu sammeln." Mit diesen Worten hat 1.1– tatsächlich Recht. Das Problem liegt darin, dass er seine Pflichten zu oft
an jene delegiert, die gar nicht dazu bereit sind. Da er sich bemüht, die Kommunikation mit seinen Kollegen und Mitarbeitern auf ein Minimum zu reduzieren, wird er sich
in der Regel keine Meinung dazu bilden, wer wirklich eine Entscheidung treffen kann
und wer nicht. Jemand kann zwar diesen Wunsch haben, aber nicht genügend qualifiziert
sein; jemand kann voll ausgelastet sein, 1.1– wird diese Details kaum bemerken und die
Arbeit für ein anderes Projekt trotzdem an die Person delegieren, obwohl diese bereits
ein Projekt bearbeitet: „Also, wenn ihr Verantwortung wollt, bitte! Das ist eure Chance
und diese Möglichkeit kann ich euch einfach nicht nehmen!"

Eine andere Technik liegt darin, das Treffen einer Entscheidung hinauszuzögern und
zu hoffen, dass jemand anderes die Verantwortung übernimmt: „Lasst uns nicht jetzt
darüber nachdenken!", „Das Problem erfordert zusätzliche Diskussion" oder „Lasst uns
warten und sehen, was passiert." 1.1– bevorzugt, dass andere die Verantwortung für Entscheidungen übernehmen. Ihm ist es egal, wie Entscheidungen getroffen werden und
welche Folgen sie haben. In der Regel ist er mit den Vorschlägen der anderen einverstanden und versucht nicht, an strittigen Entscheidungen teilzunehmen, wenn er nicht
dazu aufgerufen wird.

Auf diese Weise ist das Treffen von Entscheidungen eine seiner Schwachstellen.
Er möchte keine Entscheidungen treffen, die ihm gegenüber die Aufmerksamkeit stei-
gern oder zu zusätzlichen Verpflichtungen führen. Abgesehen davon verfügt 1.1– in der
Regel über sehr beschränkte Informationen über die Probleme der anderen, da er die
Beteiligung an betrieblichen Prozessen meidet. Ohne dies ist es aber für ihn nicht möglich,

Probleme zu beurteilen, Alternativen zu sehen und Risiken abzuwägen. Mit dem Unwillen, stark an Problemen beteiligt zu werden, bleibt ihm nur eine Möglichkeit: die Entscheidung zu vertagen, zu delegieren oder eine fremde Meinung zu unterstützen.

Kritik üben

1.1− steht konstruktiver Kritik misstrauisch und ängstlich gegenüber, da sie seine Entfremdung und Gleichgültigkeit destabilisieren oder zerstören kann. Er vermeidet es, Menschen Feedback zu geben, kritisiert ihre Tätigkeit selten und ist nicht bereit, kritische Anmerkungen von anderen anzuhören. Ist er zur Kritik verpflichtet, sieht diese wie ein Appell an den Schiedsrichter aus, ohne die Bestrebung, eine konkrete Entscheidung zu finden.

Der Gedanke, konstruktive Kritik dafür zu nutzen, die Einzel- und Gruppeneffektivität zu steigern, ist ihm fremd. Seine Arbeitsmotivation ist derartig gering, dass er eine Steigerung seiner Effektivität als grundlegend sinnlos erachtet. Zwingen ihn die Umstände zu Kritik, trägt das einen Charakter unvorbereiteter Improvisation, die durch die Forderung anderer oder durch betriebliche Umstände provoziert wurde. Bittet jemand die Führungskraft 1.1− sich kritisch zu äußern, gibt sie nur vage Antworten: „Natürlich können wir darüber reden" oder „Ich dachte, alles läuft gut" oder „Ich würde mir diesbezüglich keine Sorgen machen, nächstes Mal verläuft alles besser." Das Hauptziel der Kritik von 1.1− ist, diese so schnell wie möglich zu beenden.

Eine der Ursachen, dass 1.1− sich nicht „wohlfühlt" und seine Kritik nicht effektiv ist, liegt darin, dass er nicht über ausreichend Information verfügt, um diese zu analysieren. Effektive Kritik basiert auf Beobachtung und Kommunikation mit anderen, auf dem Vergleich zwischen ihrem Verhalten und den Zielen und Standards einer effektiven Tätigkeit. Eine Führungskraft, die Kritik effektiv einsetzt, nutzt konkrete Beispiele und präsentiert ihre Beobachtungen auf eine objektive und konstruktive Art. 1.1− beteiligt sich an Kritik auf die ungefährlichste Art, indem er kritische Anmerkungen in die Besprechung von Problemen integriert und dabei die Rolle des Beobachters einnimmt, ohne sich aktiv daran zu beteiligen.

Die Schwäche der Kritikform von 1.1− liegt darin, dass sie ein unternehmerisches Umfeld schafft, in der das Lernen darüber, was effektives Verhalten ist, einen zufälligen Charakter trägt. Dabei fehlen die Bemühungen, verschiedene Handlungen vor, während und nach der Tätigkeit zu bewerten. Alle Folgen werden wie etwas bereits in der Vergangenheit Liegendes betrachtet: „Das ist schon geschehen. Asche auf dein Haupt oder nicht, du kannst eh nichts ändern!" 1.1− fühlt sich in den Situationen wohl, in denen er jemandem untergeordnet ist und dort das ausführt, was von ihm erwartet wird. Er vermeidet Risiko, da er nicht auffallen und nicht schuld an der Entstehung irgendwelcher Probleme sein will. Begegnet er Misserfolg, versucht er sich von Kritik fernzuhalten.

Er versucht mit allen Kräften, Unannehmlichkeiten zu umgehen, und ist nicht bereit zu beurteilen, worin die Ursache liegt. Davon abgesehen, nutzt er die Ressourcen, die effektive Beziehungen begünstigen, nur unzureichend und kann deshalb nicht mit dem Vertrauen, dem Respekt und der Unterstützung seiner Mitarbeiter rechnen.

1.1− sagt: „Sie denken, ich habe alles sich selbst überlassen" oder „Sie beschuldigen mich vermutlich, Todsünden begangen zu haben." Die Richtigkeit dieses Standpunktes ist zu hinterfragen, da 1.1− weder versucht, die Situation zu erklären, noch diese Annahmen zu widerlegen.

Die Schwierigkeit, konstruktive Kritik zu nutzen, hängt damit zusammen, dass 1.1− sich in der Kommunikation mit anderen nicht wohlfühlt und darin vor allem Nachteile und Unannehmlichkeiten sieht. Das ist besonders offensichtlich, wenn er mit Feedback konfrontiert wird und der Notwendigkeit etwas zu sagen, was emotionale Reaktionen hervorrufen kann. Er ist derart isoliert von anderen, dass er sich dann, wenn er sich noch tiefer in Probleme hineindenken muss, zu stark involviert fühlt. Das äußert sich in unangemessenen Witzen oder Äußerungen, die nicht selten undeutlich oder sogar beleidigend sind. Ohne die wahren Ursachen seiner Misserfolge zu analysieren, konzentriert er seine Aufmerksamkeit auf die eigenen Nachteile, was seine Isolation verstärkt. Diese geringe Ergebnisorientierung führt dazu, dass er nicht bereit ist, schwierige betriebliche Probleme zu lösen. Fehlende Menschenorientierung erlaubt es ihm nicht, seine Gefühle mit Kollegen zu teilen und mit ihnen Beziehungen aufzubauen, die ihm Kraft und Mittel zur Überwindung von Misserfolgen geben. Die Ablehnung betrieblicher Werte führt dazu, dass er den tiefen sozialen und persönlichen Sinn seiner Arbeit nicht erkennt.

10.5 Schlussfolgerungen

1.1− kann durch das Desinteresse an der gemeinsamen Aufgabe und an der Form der Zusammenarbeit in der I-Zone beschrieben werden. Eine Führungskraft, die einen solchen Führungsstil hat, glaubt weder an die Mission des Unternehmens, dessen Kräfte, noch an das Potenzial effektiver Zusammenarbeit. 1.1− sieht keine Vorteile in Handlungen, die zu positiven Veränderungen führen oder es ermöglichen, den gewohnten Prozess zu optimieren. 1.1− demonstriert, was passieren kann, wenn das Commitment zur Aufgabe unzureichend ist. Er investiert zu wenig in seine Aufgabe und bekommt wenig im Sinne der persönlichen Entwicklung und Belohnung zurück. Das einzige Ziel, dem er folgt, ist bis zum Tagesende, Monatsende oder dem Ende der beruflichen Laufbahn mit minimalem Aufwand zu überleben.

1.1− investiert minimal in die Herausbildung betrieblichen Commitments und effektiver Beziehungen. Er würde gerne konstruktive Beziehungen schaffen, verhält sich aber wie ein Fremder. Um zu überleben, schafft 1.1− ein Umfeld, in dem seine Beteiligung an gemeinsamen Angelegenheiten sichtbar ist. Er fühlt sich in Wirklichkeit niemals komplett in betriebliche Prozesse involviert. 1.1− ist diszipliniert, erscheint jeden Morgen pünktlich, versucht sich aber immer von den betrieblichen Aufgaben fern zu halten. Er kommt regelmäßig zu Besprechungen, schweigt aber in der Regel oder bezieht eine neutrale Position. Er berichtet regelmäßig, hält Fristen ein, riskiert es aber nicht, etwas Neues vorzuschlagen oder Probleme einer Kritik zu unterziehen. 1.1− ist ein sehr gehorsamer Mitarbeiter.

1.1− unterstützt Teambeziehungen nicht. Er legt keinen Wert auf Vertrauen und Respekt innerhalb des Teams. 1.1− bietet für die Entstehung von Synergien keinerlei Chancen. Wenn 1.1− auf andere Führungskräfte trifft, entsteht oft ein Konflikt bezüglich der ungleichmäßigen Investitionen in die Zusammenarbeit. Das verstärkt bei ihm noch mehr das Gefühl der Isolation. Entwickeln alle Teammitglieder eine solche Kultur, so arbeitet jeder für sich, ohne Beteiligung an dem gemeinsamen Unternehmensziel.

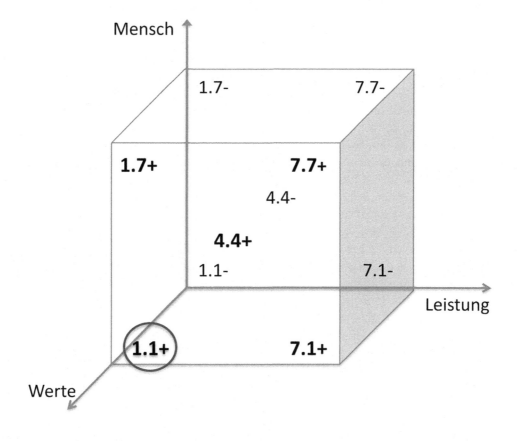

Geringe Ergebnisorientierung, geringe Menschenorientierung, hohe, aber nicht umgesetzte Orientierung dem Unternehmen gegenüber. Die Bestrebung, einen Beitrag zu erbringen und Initiative zu zeigen, wird in der Regel nur in Träumen und Fantasien umgesetzt. 1.1+ hat oft die Einstellung: „Wären die Umstände anders und würde man versuchen mich zu verstehen, dann könnte ich Berge versetzen." Interesse an der Arbeit äußert sich nicht selten darin, Probleme und Aufgaben des Teams selbstständig zu lösen, ohne es jemandem mitzuteilen. In seiner realen Tätigkeit vermeidet es 1.1+ seine Position zu bestimmen, stellt keine Fragen und zeigt nur geringe Initiative. Entscheidungen werden so lange vertagt, bis jemand anders eine Entscheidung trifft oder bis das Problem sich von allein löst. Er vermeidet, sein Team zu führen und überlässt alles sich selbst. Die Kommunikation ist auf ein Minimum beschränkt. Mitarbeiter haben oft Mitleid mit ihm und sehen seine ambivalenten Bestrebungen. Mit Unterstützung durch die Führung und durch sein Team wäre 1.1+ fähig, sein Potenzial in einem viel größeren Umfang zu entfalten und einen deutlich sichtbaren Beitrag zur Erreichung der betrieblichen Ergebnisse zu erbringen.

11.1 I-Zone unter Bedingungen von 1.1PLUS

Im Unterschied zu 1.1– hat 1.1+ keinen Konflikt mit denjenigen, die effektive Beziehungen und Ergebnisse erreichen wollen. Bei den Menschen entsteht eher das Gefühl von Mitleid und Mitgefühl, da sie die Probleme ihres Vorgesetzten sehen, der nicht in der Lage ist, selbstständig innere und äußere Hindernisse zu überwinden. Diese Hindernisse halten ihn davon ab, derjenige zu sein, der er in Wirklichkeit gerne wäre. Infolgedessen müssen sie nicht nur für ihre Tätigkeit Verantwortung übernehmen, sondern auch für die Arbeit ihres Vorgesetzten. Von Zeit zu Zeit probieren sie, ihren Vorgesetzten zu unterstützen und ihm die Möglichkeit zu geben, sich zu bewähren; allerdings bewertet er diese Initiative falsch, da seine Ängste und Befürchtungen derartig groß sind, dass er die gut gemeinten Signale nicht als solche erkennt. Unter dem stetigen Druck von betrieblichen Zielen, Plänen und Anforderungen von Mitarbeitern und Kollegen ist es für 1.1+ selten möglich, Zeit für Motivation und emotionale Unterstützung zu finden.

Daraus resultiert, dass 1.1+ sich nicht als Teammitglied wahrnimmt, sondern sich abseits hält und vor Initiativen, die zu Enttäuschungen führen können, schützt. Je länger dieser Zustand anhält, desto mehr ist 1.1+ davon überzeugt, dass es am harmlosesten und zuverlässigsten ist, sich passiv zu verhalten. Mit der Zeit gewöhnen er und sein Team sich an diesen Interaktionsstil und sehen immer seltener alternative Verhaltensmöglichkeiten. Es ist von der Unternehmenskultur abhängig, wie 1.1+ auf Kritik reagiert, die weich und indirekt, aber auch direkt sein und sogar Anschuldigungen beinhalten kann. Äußerlich nimmt 1.1+ eine solche Kritik ruhig oder gar gleichgültig auf, leidet innerlich aber stark. Bei besonders scharfer Kritik kann er laut werden und verkünden: „Unter diesen Umständen kann ich doch auch nichts ändern!"

Ohne dies selbst zu bemerken, treiben Teammitglieder eine solche Führungskraft in der Regel noch stärker in das Verhaltensmuster von 1.1+, indem sie ihn der mangelnden Beteiligung an gemeinsamen Aktivitäten beschuldigen. Dadurch distanziert sich 1.1+ weiter und kontrolliert die Situation immer seltener, weil er sich nicht mehr als Teammitglied wahrnimmt. Alle Bemühungen, 1.1+ zu zwingen, mehr Initiative zu üben, führen dazu, dass er sich noch mehr verkriecht. Ohne positive Unterstützung, die sein Team ihm entgegenbringen könnte, bleibt 1.1+ allein und kennt nur den Lösungsweg, sich von allem zu distanzieren und unbemerkt zu bleiben (s. Abb. 11.1).

Die Verschlossenheit von 1.1+ ist oft das Resultat früherer Versuche sich zu bewähren, die aber zu destruktiver Kritik geführt haben. Wird er zu einer aktiveren Beteiligung am betrieblichen Leben aufgefordert, antwortet er vorsichtig: „Vielleicht", „mal sehen" oder „ich denke drüber nach". Zeigen die Kollegen und Mitarbeiter allerdings Taktgefühl, Respekt und Geduld, kann 1.1+ seine Einstellung und Aktivität grundlegend verändern. Gewöhnlich bleiben die Menschen beim Verhalten 1.1+, selbst wenn die Bedingungen sich bereits geändert haben. Auch eine kommunikative und kreative Person kann sich die Eigenschaften von 1.1+ aneignen, wenn sie von einer 7.1+ Führungskraft in diese Position gedrückt wurde. Sogar Jahre später, wenn ein dominanter Vorgesetzter bereits gekündigt hat und sich andere Möglichkeiten eröffnet haben, wird 1.1+ entfremdet und gleichgültig bleiben. Der einsam gebliebene 1.1+ gibt sich zunehmend seinen Fantasien hin, dass seine Rolle und sein Engagement von allen Mitarbeitern des Unternehmens anerkannt werden.

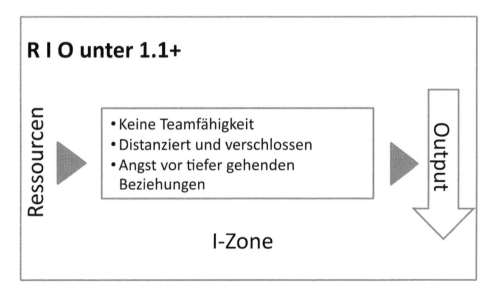

Abb. 11.1   1.1+

11.2   Kultur und Werte bei 1.1PLUS

Gespaltene Werte: erzwungenes äußeres Verhalten und ausgeprägte innere Dispositionen.

Vertrauen Innerlich erkennt 1.1+ den Wert von Vertrauen als Grundlage für harmonische zwischenmenschliche Beziehungen aufrichtig an. Er möchte anderen vertrauen, befürchtet aber gleichzeitig, dass Vertrauen ihm neue Unannehmlichkeiten und Enttäuschungen beschert. Er ist der Meinung, dass alle Menschen von Natur aus nett, ordentlich und vertrauenswürdig sind, die Umstände sie aber zu einem anderen Verhalten zwingen. Darum ist er allen anderen gegenüber vorsichtig und misstrauisch. Dabei hört er nicht auf, an harmonische, vertrauensvolle und ehrliche Beziehungen zu glauben, die er innerlich anstrebt und die ihm fehlen. Er glaubt, dass sich die Umstände eines Tages ändern und die Beziehungen zu anderen harmonischer und effektiver werden. Auch wenn er vielfach von den Beziehungen mit anderen enttäuscht wird, bleibt er im Grunde seines Wesens Optimist und hofft weiter, dass das Unternehmen eines Tages sein verborgenes Potenzial wertschätzt. 1.1+ hat kein Selbstvertrauen, da er der Meinung ist, dass er die Situation, die sich um ihn herum bildet, selbst verschuldet hat. Das lässt ihm keine andere Alternative, als sich weiter unter seinem Schutzmantel von Distanz und Passivität zu verstecken.

Gerechtigkeit Der Zwiespalt zwischen seinem Verhalten und seiner inneren Einstellung wirkt sich unmittelbar darauf aus, wie 1.1+ Gerechtigkeit versteht und sie in seinem Verhalten umsetzt. Unter Gerechtigkeit versteht 1.1+ die Investition eines Menschen in das öffentliche oder betriebliche Wohl einerseits und die Belohnungen, die der Mitarbeiter andererseits für diese Investition erhält. Allerdings behält er dieses Verständnis ausschließlich für sich. Im Verhalten setzt er Gerechtigkeit vollkommen anders um: „Sind die betrieblichen Bedingungen für mich ungünstig und versteht und schätzt mich niemand, ist es meinerseits nur gerecht, mich zu distanzieren und somit meinen inneren Protest zu äußern." Auf diese Weise hat Gerechtigkeit im Verhalten von 1.1+ nie mit seinem tatsächlichen Beitrag zu tun. Wenn er in Wirklichkeit nur minimale Anforderungen erfüllt, sieht er darin seinerseits keinen Bruch. Das Umfeld zwingt ihn, eine solche Einstellung zu haben. Begegnet er wirklicher Ungerechtigkeit, wie beispielsweise der Fehleinschätzung über die Beteiligung eines bestimmten Mitarbeiters hinsichtlich eines gemeinsamen Ziels, wird er das nicht öffentlich sagen, sondern sich denken: „Man geht mit ihm genauso um wie mit mir! Eine objektive und gerechte Bewertung eines Menschen ist selten anzutreffen. Wie recht habe ich doch, dass ich mich vor solchen Enttäuschungen schütze und mich davon möglichst fernhalte." Wenn aber aufrichtige Versuche gemacht werden, angenehmere Bedingungen für ihn zu schaffen und seinen Glauben an seine eigene Kraft und eine aktivere Tätigkeit zu stärken, so ist er bereit sich zu öffnen und eine andere Einstellung gegenüber der Sache und den Kollegen zu zeigen.

Commitment und Identität 1.1+ ist in seinem Inneren interessiert und leidenschaftlich. Davon merkt man äußerlich allerdings nicht viel, da er sein Commitment und seine Identifikation mit dem Unternehmen nur in seltenen Fällen offenbart. Dies geschieht in Ausnahmesituationen, wenn z. B. Fristen für einen Auftrag oder für ein Projekt nicht eingehalten werden und das sehr ernste, teilweise in die Insolvenz führende Folgen für das ganze Unternehmen hat. Unter solchen Bedingungen vergisst 1.1+ seine persönlichen Ängste und zeigt, zur Verwunderung vieler, Kreativität und Engagement. Alle realen oder potenziellen Bedrohungen, die er bisher fürchtete, sind nicht mehr persönlich, sondern betreffen alle. Er spürt Befreiung von seinen inneren Einschränkungen und Ängsten und kann nun er selbst sein. Jetzt ist er plötzlich ein engagierter Mitarbeiter, der seinen Beitrag erbringen kann und auch will. So ist es nur nachvollziehbar, dass er weiterhin im Unternehmen bleibt, auch wenn er keine Befriedigung in seiner Arbeit findet. Im tiefsten Inneren ist er dem Unternehmen und seinen Menschen sehr verbunden.

Zuverlässigkeit und soziale Verantwortung Wie 1.1– hat auch 1.1+ eine geringe Menschen- und Ergebnisorientierung. 1.1+ ist allerdings viel werteorientierter, was ihn zuverlässiger und sozial verantwortlicher macht. Wie bereits angemerkt, kann man sich auf ihn, unabhängig von seiner äußerlichen Distanz und Passivität, in schwierigen betrieblichen Situationen verlassen. In Situationen allgemeiner Bedrohungen ist er fähig, sein wahres Gesicht zu zeigen. Fordern die Mitarbeiter eine Tätigkeit von ihm ein, die Distanz zu seinen persönlichen Ängsten und Interessen verlangt, legt 1.1+ seine Passivität ab und erbringt einen besonderen Beitrag zur Erreichung betrieblicher Ergebnisse. Bemerkt er einen Fehler von jemandem, kann dies die Qualität der gemeinsamen Arbeit reduzieren, was 1.1+ nicht gleichgültig ist. Ohne dies öffentlich zu tun, wird er der betreffenden Person persönlich sagen, was zu tun ist oder wen man kontaktieren muss, um weitere noch ernsthaftere Folgen zu vermeiden.

Transparenz und Ehrlichkeit 1.1+ schätzt die Transparenz und Ehrlichkeit der betrieblichen Prozesse im Unternehmen. Er glaubt, dass sich Menschen im Betrieb mehrheitlich tatsächlich nach den betrieblichen Werten richten, kann dies aber im eigenen Verhalten selten umsetzen. 1.1+ befürchtet, dass manche Menschen seine Ehrlichkeit gegen ihn verwenden könnten. Seine Erfahrungen aus der Vergangenheit haben ihm dies bereits gezeigt. Hier ist er sehr gespalten. Er schätzt Ehrlichkeit sehr und ist auch von der Bedeutung der Ehrlichkeit im betrieblichen Alltag überzeugt, befürchtet aber gleichzeitig, dass seine eigene Ehrlichkeit zu neuen Bedrohungen und Enttäuschungen führen könnte. Die Mitarbeiter, die eng mit 1.1+ zusammenarbeiten, begreifen schnell die wahren Gründe seines distanzierten Verhaltens und verhalten sich ihm gegenüber, trotz seines Verhaltens, aufrichtig und ehrlich.

11.3   Kultur und Macht bei 1.1PLUS

Akzent auf Belohnung und Kompetenz, die dafür genutzt werden, das „Besorgtsein" von 1.1+ zu reduzieren und sich vor realen oder potenziellen Bedrohungen und Ungerechtigkeiten zu schützen.

Bestrafung 1.1+ betrachtet Bestrafung als unerwünschten Einfluss, da er in der Regel persönliche, negative Erfahrungen in der Kooperation mit 7.1– hat, der hauptsächlich Bestrafung einsetzt. Für 1.1+ widerspricht Bestrafung seiner inneren Vorstellung von einer harmonischen Zusammenarbeit. Ist Bestrafung jedoch unvermeidbar, muss sie durch betriebliche Instruktionen begründet werden und vom Standpunkt betrieblicher Werte legitim sein. Bestrafung ist mit dem Bruch betrieblicher Werte und Normen verbunden und nicht mit objektiven Ergebnissen seiner Mitarbeiter.

Belohnung 1.1+ nutzt Belohnung zur Beeinflussung seiner Mitarbeiter. 1.1+ ist aufgrund äußerer und innerer Ursachen nicht ergebnisorientiert und sieht daher keine Verbindung zwischen erfolgreicher Tätigkeit und Belohnung. Belohnung erhalten also nicht diejenigen, die hohe Ergebnisse erzielen, sondern diejenigen, die durchschnittlich arbeiten, aber gleichzeitig eine hohe Werteorientierung gegenüber dem Unternehmen zeigen. Herausragende, durchschnittliche oder sogar nur mäßige Leistungen werden gleichermaßen belohnt. Belohnung ist daher kein Mittel zur Aufrechterhaltung von betrieblichen Normen und Werten und kaum mit Ergebnissen verknüpft.

Position Für 1.1+ spielt seine Position keine bedeutende Rolle, da er prinzipiell ein Gegner der Betonung von Statusunterschieden und Vollmachten ist. 1.1+ bringt nie seine hierarchische Position ins Spiel, um die Richtigkeit seiner Entscheidung oder seiner Meinung zu begründen. Er kennt den Verantwortungsspielraum seiner Position in der Regel nicht gut, da er seine Aufgaben oft an professionellere Mitarbeiter delegiert. Er beantwortet gerne Fragen und teilt sein Wissen und seine Fähigkeiten mit anderen, um schwierige Aufgaben zu lösen. In Ausnahmesituationen ist er bereit, sich zu ändern, die volle Kontrolle über die Arbeit zu übernehmen und ungewöhnliche Entscheidungen zu treffen, die über die Grenzen seiner Vollmacht und das Gewohnte hinausreichen.

Information Die wichtigste Informationsressource ist für 1.1+ der informelle Austausch mit seinen Mitarbeitern. Durch diesen Austausch braucht er keinen direkten Druck auszuüben und kann dennoch die Motivation seiner Mitarbeiter einfordern und auf betriebliche Werte verweisen. So kann 1.1+ seine Arbeit auf einem guten Niveau ausüben, dabei wirksam und motiviert sein und sich auf seine Mitarbeiter verlassen. 1.1+ ist sich nicht bewusst, wo sein Verantwortungsbereich beginnt und endet. Ihm ist die Stimmung im Team besonders wichtig. Informationsaustausch erfolgt mit dem Ziel der Stimulation, der Eigeninitiative und der betrieblichen Werteorientierung. 1.1+ nimmt Informationen seines eigenen Vorgesetzten mit besonderer Aufmerksamkeit auf und versucht, den Informationsfluss unter Kontrolle zu halten, da er mögliche Probleme befürchtet.

Kompetenz 1.1+ verfügt in der Regel über eine hohe Kompetenz in seinem Bereich. Sein Wissen und seine Fähigkeiten werden allerdings selten dafür genutzt, Aufgaben aus dem realen Alltag zu bewältigen. Seine Kompetenz ist demnach selten auf die Erreichung der besten Ergebnisse ausgerichtet. Er ist nicht bestrebt, ein effektives synergetisches Team zu schaffen. Dennoch wissen seine Mitarbeiter, dass das Team in schwierigen, bedrohlichen Situationen fachmännische Unterstützung von ihm erhält. Nutzt 1.1+ in Ausnahmesituationen seine Kompetenz, nimmt das Team dies sehr ernst und begreift, dass die Situation kritisch ist. Aufgrund dessen behält 1.1+ auch mit seiner distanzierten und passiven Art seine Kompetenz bei.

Ausstrahlung 1.1+ verfügt in der Regel über wenig Ausstrahlung – allenfalls in schwierigen, kritischen Situationen, wenn er fähig ist, seine Ängste und Befürchtungen abzulegen und seine positive Werteorientierung zu zeigen. Unabhängig von seiner Distanziertheit und Passivität in alltäglichen betrieblichen Situationen nimmt die Umgebung 1.1+ wehleidig wahr, da sie spürt, dass er über wichtiges betriebliches Potenzial verfügt, dies aber nicht einbringen kann. Muss 1.1+ aus seiner Führungsposition heraus und seine Mitarbeiter zur Arbeit aufrufen, stoßen seine Aufrufe auf Resonanz und werden ernst genommen. So kann er gute betriebliche Beziehungen aufrechterhalten, in denen von Zeit zu Zeit die Hoffnung auf eine effektivere und harmonischere Tätigkeit spürbar wird.

11.4 Fähigkeiten in der Zusammenarbeit bei 1.1PLUS

Konflikte lösen

1.1+ vermeidet und fürchtet Konfliktsituationen. Im Verlauf seiner Karriere im Unternehmen gab es sehr schmerzvolle Erfahrungen, bei denen der kleinste Lösungsversuch seinerseits auf Aggression und negative Konsequenzen für ihn stieß; am häufigsten in der Interaktion mit 7.1–. Daraus resultiert die Schlussfolgerung, dass ein Konflikt etwas Unangenehmes ist, das man mit allen Kräften vermeiden muss. 1.1+ bemüht sich deshalb frühzeitig, Konflikte zu vermeiden oder zu umgehen.

Die Strategie in der Lösung eines Konflikts ist für 1.1+ Verleugnung. „Es gibt keinen Konflikt", beruhigt er sich, wenn er Widersprüchen und Konfrontationen begegnet. Ein Außenstehender würde den Eindruck haben, dass 1.1+ Konflikte tatsächlich nicht erkennt oder diesen gegenüber gleichgültig ist. Das ist allerdings nicht ganz zutreffend.

Auch wenn 1.1+ äußerlich nicht versucht, einen Konflikt zu lösen, versteht er seine Ursache und seinen Inhalt. Er versucht sogar gedanklich, optimale Lösungswege zu finden und geht dabei von allgemeinen betrieblichen Interessen aus. Dies bleibt im

Wesentlichen eine innere Auseinandersetzung. Im sichtbaren Verhalten sucht er nach Möglichkeiten, ohne Konflikte seine Arbeit fortzusetzen. Der Unwille, Konflikten Beachtung zu schenken, ruft bei seinen Kollegen und Mitarbeitern negative Reaktionen hervor. Die Mitarbeiter können sehen, dass sie sich bei entstehenden Problemen nicht auf ihren Vorgesetzten verlassen können. Diese Reaktion beunruhigt 1.1+wiederum, da das negativ auf seine Beziehungen abfärbt und zu Unannehmlichkeiten zwischen ihm und dem Team führt.

1.1+ignoriert Konflikte so lange wie möglich. Gelingt ihm das nicht, bemüht er sich, zügig einen Kompromiss zu finden. Hierbei bezieht er sich auf äußere Regeln und Anordnungen. Solche Kompromisse lösen zwar nicht die wahren Konfliktursachen, ermöglichen es aber, die Arbeit so fortzusetzen, dass er nicht auf offenen Widerstand stößt. Er ist sich der Folgen, die unterdrückte Konflikte mit sich bringen können, durchaus bewusst, unternimmt aber nichts. Dies wirkt sich auf die Qualität der Teamleistung aus und verhindert die Bildung von Vertrauen und Respekt im Team.

Entsteht jedoch ein Konflikt, der eine weitere Tätigkeit ernsthaft behindern könnte, kann es dazu kommen, dass 1.1+für alle unerwartet zu konstruktiver Kooperation aufruft: „Also gut, wenn euch der Sieg über den Gegner wichtig ist, macht weiter so. Aber wir sind doch keine Gegner! Wir sitzen in einem Boot und wenn wir nicht aufhören, dieses Boot aus dem Gleichgewicht zu bringen, wird es zwangsläufig untergehen. Lasst uns lieber rudern als zu streiten!" Wenn sich 1.1+in solch seltenen Fällen an der Lösung des Konflikts beteiligt, kann er dank seiner Werteorientierung echten Nutzen bringen. Dies geschieht auch deshalb, weil es so unerwartet ist: „Wenn sich sogar der ewig schweigende 1.1+entschlossen hat, sich dazu zu äußern, sollten wir wirklich etwas an unseren endlosen Streitigkeiten ändern!" Durch die Handlungen, die 1.1+hier unternimmt, zeigt sich, dass die Ereignisse von ihm korrekt wahrgenommen werden. Seine Distanziertheit unterscheidet sich offensichtlich von dem gleichgültigen 1.1–. Sein Bestreben, Konflikte zu umgehen, ist durch Unsicherheit und Sorge bedingt, nicht aber durch die Angst vor Beteiligung und innerer Leere.

Informationen austauschen

1.1+hat keine ausgeprägte Kommunikationskompetenz, was sich darin zeigt, dass er, bei eingeschränkter Kommunikation mit Kollegen und Mitarbeitern, stets in einem inneren Dialog mit sich steht. Eine offene, vollwertige Kommunikation wird durch Unsicherheiten und Befürchtungen eingeschränkt, was die Beteiligung am betrieblichen Leben behindert und Enttäuschungen mit sich bringt. Diese Einstellung basiert auf einer negativen Erfahrung mit einer aktiveren Rolle im betrieblichen Leben.

Um an Informationen zu gelangen, geht 1.1+nicht an die Quelle der Information, sondern nutzt Umwege. Aus Angst vor fehlendem Verständnis und unmotivierter Aggression fürchtet er das direkte Nachfragen und auch das Beantworten von Fragen, die strittige Probleme betreffen. Empfindet er jedoch Schutz und Unterstützung durch die anderen, ist er bereit, unterschiedliche Standpunkte bereitwillig zu diskutieren und seine Meinung aktiv zu äußern. Ein solches Verständnis ist allerdings selten sichtbar, da 1.1+viel häufiger Bedrohung schon in den harmlosesten Fragen und Kommentaren sieht. Im alltäglichen Umgang bespricht er in der Regel nur die Fragen und persönlichen Interessen, bei denen man nicht anecken kann. Damit umgeht er Spannungen und Eskalation.

1.1+bemüht sich, Kommunikation zur Informationsgewinnung so aufzubauen, dass die Interessen und Gefühle anderer nicht berührt werden. Ist das nicht möglich, zieht er es vor, die Besprechung des Problems ganz zu umgehen, selbst wenn dieses äußerst wichtig ist. In der Diskussion eines neuen Projekts interessiert er sich nur für die formellen Aspekte, die seinen Zuständigkeitsbereich betreffen. Auch wenn 1.1+nicht ganz begreift, was der Sinn seiner Beteiligung ist, wird er dazu schweigen, besonders wenn er wahrnimmt, dass seine Kollegen es eilig haben und eine Besprechung nicht künstlich in die Länge ziehen wollen.

1.1+ist in der Kommunikation besonders vorsichtig. Er bemüht sich, kurz und bündig zu sprechen und Scherze oder Assoziationen zu vermeiden, die sein Gegenüber verletzen oder wütend machen könnten. Er äußert wenig zum Arbeitsablauf, zur Planung seiner Tätigkeit oder zur Qualität der Arbeit hinsichtlich des Projektabschlusses. Manchmal hört man ihn den Vorschlag machen, die Ziele nochmals abzugleichen. Durch zugleich hohe Werteorientierung kann 1.1+einen konstruktiven Informationsaustausch mit Kollegen und Mitarbeitern aufrechterhalten. Ein missglückter Witz in seine Richtung kann allerdings dazu führen, dass er die Kommunikation abbricht.

Bei einer realen oder fiktiven Bedrohung seiner Position im Unternehmen orientiert er sich zunehmend an den Meinungen der anderen und spricht seine eigene Einstellung, auch unter Druck, nicht aus. Er stellt wenig Fragen und äußert sich, selbst zu wichtigen Themen, nicht. Normalerweise versucht er, seine Mitarbeiter mit minimal notwendiger, aber ausreichender Information auszustatten. Informationen werden in der Regel nicht präzisiert, sondern schlichtweg vermerkt. Die Gewinnung der Informationen richtet sich dabei nicht auf konkrete Ergebnisse und Aufgaben; konfliktbelastete Fragen werden völlig ignoriert.

Position beziehen

Sich aktiv zu positionieren und die eigene Meinung zu vertreten, ist nicht typisch für 1.1+. Initiative wird nur dann gezeigt, wenn klare Anweisungen und Erwartungen durch den Vorgesetzten vorliegen. Für die alltägliche Arbeit ist ein abwartendes Verhalten typisch. Die eigene Meinung wird nur auf konkrete Nachfrage hin geäußert. Wenn er sich sicher sein kann, dass er von den anderen unterstützt wird, äußert er seine Meinung offen.

1.1+verteidigt seine Meinung eher verhalten und nicht immer schlüssig. Er verkündet selten seine Einstellung gegenüber getroffenen Entscheidungen. Geschieht dies doch, so äußert er sich indirekt und es bleibt offen, was er wirklich denkt. Auch wenn 1.1+sich seine Meinung bildet, ist diese oft vage, unbestimmt und folgt in der Regel der Mehrheit. Wenn ein Gespräch allerdings unkonstruktive Formen annimmt, die den betrieblichen Werten widersprechen, kann 1.1+seine Ängste und Unsicherheiten überwinden und seine Position sehr deutlich darstellen.

Auch in der alltäglichen Arbeit bestimmt 1.1+seine Position nur ungern, besonders in strittigen Fragen. Er zeigt nur verhalten und passiv Initiative. Er erbringt die Leistung, die von ihm erwartet wird. Spürt er, dass seine Einstellung auf Widerstand oder Kritik stößt, ist er bereit, sich zurückzuziehen.

1.1+bevorzugt es, die Dinge ihren Lauf nehmen zu lassen. Er geht mit seinen Erwartungen kaum über den Anforderungsrahmen hinaus, es sei denn, der Vorgesetzte oder die Umstände setzen ihn unter Druck. Er vermeidet Initiativen, die einen Konflikt auslösen könnten.

Für 1.1+ist Delegation ein beliebtes und oft verwendetes Mittel. Er kennt sich gut mit Menschen aus und findet auf diesem Weg schnell fähige und aktive Mitarbeiter, die mit Enthusiasmus bereit sind, sich neuen Herausforderungen zu stellen. Ohne dabei Bedrohung oder die eigene Unsicherheit wahrzunehmen, unterstützt 1.1+diese Personen. Auch wenn 1.1+weiß, was erledigt werden muss, wartet er auf Anweisungen von oben. Wenn er Probleme im Arbeitsablauf seiner Mitarbeiter feststellt, formuliert er seine Kritik und seine Ratschläge in einer solch weichen und verdeckten Form, dass Mitarbeiter kaum unterscheiden können, ob sie beschimpft oder gelobt werden.

Für 1.1+ist die Bearbeitung der vorgegebenen Ziele typisch, allerdings ohne Beteiligung oder den Versuch, etwas zu verbessern. Er arbeitet in der vorgeschriebenen Zeit und den Anweisungen entsprechend, zeigt aber keine Bereitschaft, Verantwortung zu übernehmen. Er hat Angst, einen Fehler zu begehen oder diesen Fehler zu beheben, da er in der Vergangenheit damit negative Erfahrungen gemacht hat. Ihm fehlen Mut und Selbstvertrauen, Anforderungen zu äußern und sein Wissen einzubringen. Nichtsdestoweniger analysiert er neue Situationen und versucht konstruktiv und professionell vorzugehen. Das, was er als Ergebnis ausgibt, reicht nicht aus, worüber er sich auch im Klaren ist. Er ist mit seiner Rolle im Unternehmen unzufrieden und innerlich stets veränderungsbereit.

Entscheidungen treffen

1.1+versucht mit aller Kraft, das Treffen einer Entscheidung zu umgehen oder zu verschieben, da er sich in solchen Situationen unsicher ist und das Risiko scheut, das eine Entscheidung mit sich bringt. Muss er eine Entscheidung treffen, ist diese meistens kompromissorientiert und entspricht ähnlichen Situationen aus der Vergangenheit. 1.1+ist kurzfristig orientiert und wartet gerne ab, bis die Umstände von alleine zu einer Entscheidung führen. Er analysiert alle Alternativen, die er für die Entscheidung braucht, allerdings stellen sich die vermeintliche Gründlichkeit und Beharrlichkeit in Wirklichkeit als Angst heraus.

Das Treffen einer Entscheidung bedingt die Fähigkeit zur Zusammenarbeit, die 1.1+am schwersten fällt. Entscheidungen werden nur dann getroffen, wenn sie unvermeidbar sind. Sie sind selten eindeutig und beinhalten oftmals verschiedene Alternativen. Das alles macht es schwerer, die Qualität der Entscheidung zu bewerten. Es werden Ziele bestimmt, die ohne Mühen des Vorgesetzten und der Mitarbeiter erreichbar sind. Die Bekanntgabe der Ziele erfolgt nebenbei, ohne dass jemand untersucht, ob sie von Vorgesetzten und Mitarbeitern gleichermaßen verstanden wurden. 1.1+ geht davon aus, dass die Mitarbeiter schon zurechtkommen, da sie nicht dumm sind.

Die Motivation, die die Grundlage der Entscheidungsfindung von 1.1+ ist, trägt einen widersprüchlichen Charakter. Einerseits erfordert die Angst vor persönlicher Verantwortung einfache und geprüfte Entscheidungen, andererseits erfordert die Werteorientierung die Suche nach effektiven und sozial verantwortlichen Entscheidungen. 1.1+ führt gerne überzeugende Gründe dafür an, dass Delegieren ein gutes Vorgehen ist, um jemanden auf eine Führungsaufgabe vorzubereiten. Dazu findet 1.1+ fähige und aktive Mitarbeiter, die mit Enthusiasmus bereit sind, neue Aufgaben zu übernehmen. Delegation hilft 1.1+, Unsicherheit und Angst zu überwinden und seinen Mitarbeitern aktive und wirksame Unterstützung zu bieten. Dennoch bleibt das Treffen von Entscheidungen eine der Schwachstellen von 1.1+. Er möchte keine Entscheidungen treffen, die Ursache künftiger Unannehmlichkeiten werden könnten. 1.1+ hat stets Angst vor Fehlern in seinen Handlungen. Ihm fehlen Selbstvertrauen und Mut. Innerlich jedoch prüft er verschiedene Situationen und versucht Entscheidungen zu finden, die zu optimalen Ergebnissen führen. So kann er Probleme kritisch beurteilen, Alternativen abwägen und Risiken abschätzen. Diese innere Arbeit und der Wille zur Unterstützung der Mitarbeiter macht 1.1+ zu einer potenziell wertvollen, aber nicht immer gefragten Ressource für das Treffen wirksamer Entscheidungen.

Kritik üben

1.1+ steht Kritik mit Vorsicht und Misstrauen gegenüber, da sie seiner Ansicht nach Unannehmlichkeiten und Enttäuschungen mit sich bringt. Er vermeidet es, anderen Feedback zu geben und kritisiert selten ihre Tätigkeit, da er negative Reaktionen und Aggression befürchtet. Er ist seinerseits bereit, kritische Äußerungen zu erkennen und anzunehmen. Insgesamt kann er konstruktive Kritik nicht als Instrument zur Steigerung der Effektivität im Team nutzen.

Auch wenn er sich selbst selten kritisch äußert, sind ihm Fragen zur Effizienz von Handlungen nicht gleichgültig. Er weiß, mit welchen konkreten Maßnahmen sich die Teamarbeit optimieren lässt. Er analysiert dies aber im Stillen nur für sich. Er ist zwar bereit, seine Auffassung mit anderen zu teilen, tut dies aber nur in einer wohlwollenden Atmosphäre und unter vier Augen. 1.1+ kann viele von seiner Kompetenz und seinem analytischen Denken überzeugen. Wenn ihm allerdings Missachtung und Geringschätzung entgegenschlagen, behindert das seine Aktivitäten extrem und zwingt ihn, sich zurückzuziehen. Wenn er doch Kritik üben muss, erfolgt dies eher improvisiert und mit wenig Qualität. Bittet ihn jemand, sich kritisch zu äußern, sind seine Äußerungen unbestimmt. Er übt Kritik auf die für ihn sicherste Art und Weise, indem er kritische Bemerkungen in den Kontext der Besprechung anderer Probleme integriert.

Die Schwäche seiner Art, Kritik zu üben, liegt darin, dass sie einseitig und unregelmäßig ist. Schritte zur Herausbildung konkreter Kriterien, Kritik im Vorfeld einer Aktivität, begleitende und abschließende Kritik fehlen. Begegnet er schwierigen Situationen, versucht er, Kritik zu umgehen und sich zurückzuziehen. Er will keinesfalls beurteilen müssen, wo die Ursachen des Problems liegen. Er nutzt die Ressourcen derjenigen, die über effektive Beziehungen verfügen, nicht ausreichend.

Die Schwierigkeit im Umgang mit Kritik hängt damit zusammen, dass 1.1+eigene Fehler als sehr schmerzhaft empfindet. Er fokussiert seine Aufmerksamkeit zu sehr auf die eigenen Nachteile. Seine Distanziertheit nimmt ihm die Möglichkeit, sich zu öffnen und seine Gefühle mit Kollegen zu teilen. Die hohe Werteorientierung hilft ihm dennoch, einen tieferen Sinn in seinen Handlungen zu sehen und eröffnet ihm Möglichkeiten zur persönlichen Entwicklung.

11.5   Schlussfolgerungen

In 1.1+sind paradoxerweise eine hohe Werteorientierung dem Unternehmen gegenüber und eine geringe Menschen- und Ergebnisorientierung vereint. Dabei sind ihm die Ergebnisse, die erreicht werden müssen, und die Menschen, mit denen er arbeitet, nicht egal. Objektive Umstände und subjektive Empfindungen führen dazu, dass das Verhalten von 1.1+passiv ist und nicht so umgesetzt wird, wie er es gerne hätte. Er ist zurückhaltend und seine inneren Bestrebungen und sein Potenzial sind blockiert. Seine Lebenseinstellung kann durch persönliche und betriebliche Faktoren bedingt sein, beispielsweise durch das Verhalten des Vorgesetzten oder durch eine streng reglementierte Positionsbeschreibung. Seine individuellen Besonderheiten sind Unruhe, Verletzbarkeit und Unsicherheit.

Aufgrund seiner Ängste und seiner Unsicherheit ist das von außen sichtbare Verhalten von 1.1+außerordentlich passiv. Er nimmt nur bedingt an den gemeinsamen Tätigkeiten teil und konzentriert sich auf seine negativen Empfindungen und auf seine Fantasien. Im Unterschied zu 1.1−steht 1.1+nicht im Konflikt mit denen, die ergebnis- und menschenorientiert sind. Bei Menschen entsteht eher Mitgefühl, da sie die Probleme ihres 1.1+Vorgesetzten, der unfähig ist, eigenständig innere und äußere Hindernisse zu überwinden, erkennen. Sie müssen daher nicht nur für ihre Aufgaben, sondern auch für die des Vorgesetzten Verantwortung übernehmen.

Von Zeit zu Zeit versuchen sie ihm zu helfen, ihn zu unterstützen und ihm die Möglichkeit zu geben, sich zu zeigen, was er allerdings nicht immer richtig einordnet. Möglicherweise sind seine Ängste und Befürchtungen so groß, dass er den guten Willen nicht erkennt. Unter Druck der betrieblichen Ziele, Pläne, Fristen und Forderungen finden die Mitarbeiter und Kollegen nicht immer Zeit für Motivation und emotionalen Rückhalt.

Jene Teammitglieder, die über genügend Empathie verfügen, haben Mitleid mit 1.1+, versuchen ihn zu unterstützen und ihm Sicherheit zu geben. Die Dynamik des betrieblichen Lebens lässt ihnen jedoch weder die Zeit noch die Möglichkeit, den Verhaltensursachen von 1.1+auf den Grund zu gehen. Ihrer Meinung nach strebt 1.1+nicht nach Ergebnissen, ist nicht kontaktfreudig, macht nur das Nötigste und ist außerordentlich passiv. Sie lernen und gewöhnen sich daran, sich nicht auf ihn zu verlassen. Sie übergeben ihm nur einfache und klare Aufgaben, die keine Initiative erfordern, da sie wissen, dass man sich im Fall eines Problems nicht auf ihn verlassen kann. Als Reaktion darauf verschließt sich 1.1+ noch mehr und vertraut weder Kollegen noch Mitarbeitern. Er teilt betriebliche Werte, aber ohne Möglichkeiten zu haben, hohe Ergebnisse zu erreichen und effektive Beziehungen aufrechtzuerhalten. Er ist eine eigentlich wertvolle, aber nicht oft genutzte Teamressource.

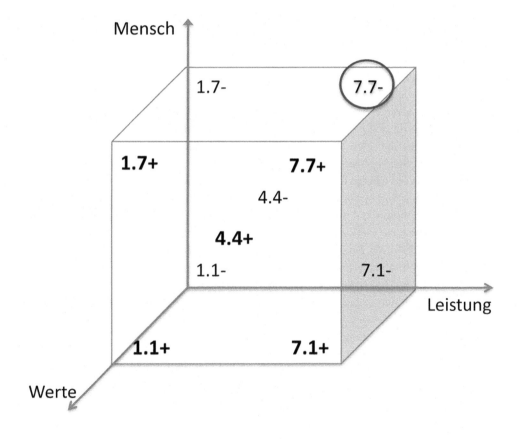

Hohe Ergebnisorientierung, hohe Menschenorientierung und ein gleichgültig-pragmatisches Verhältnis gegenüber Arbeit und Organisation. Seine ausgeprägte Ergebnisorientierung wird nicht dafür genutzt, dem Wohl der Organisation zu dienen, sondern dafür, persönliche Ergebnisse zu erzielen und Interessen zu verfolgen. Diese entweder offene oder verdeckte Ausrichtung auf die eigenen Interessen erzeugt Misstrauen bei Kollegen und Mitarbeitern. Noch mehr zeigen sich Selbstsucht und manipulatives Verhalten in der Menschenorientierung. Wenn Menschen die wahren Verhaltensmotive von 7.7− erkennen, beginnen sie, ihm zu misstrauen, da sie seine Beziehungsfähigkeiten kennen und befürchten, hintergangen und benutzt zu werden. Er verlässt sich nur auf die Techniken, die seinen Vorteil wahren und hervorheben.

12.1   I-Zone unter Bedingungen von 7.7MINUS

Da es zu den Prioritäten von 7.7− gehört, seine persönlichen Ziele auf Kosten anderer zu erreichen, kann er kein Vertrauen und keinen Respekt von ihnen erhalten, wenn es um die Betrachtung langjähriger Beziehungen geht. Vom Blickpunkt des Opportunisten sind Beziehungen immer der „Anfang vom Ende". Die Zusammenarbeit mit anderen trägt stets einen oberflächlichen und zufälligen Charakter und ist nur in dem Maße gefragt, wie sie ihm dazu verhilft, das gestellte Ziel zu erreichen. Der Opportunist ist kein zuverlässiger Freund, da er Beziehungen nur dann aufrechterhält, wenn er etwas braucht. Er verfolgt nicht das Ziel, den Kontakt anschließend zu halten, da er seinen Gewinn bereits erzielt hat. Die Beziehungen mit anderen und die Tätigkeit an sich werden von ihm als etwas Unattraktives wahrgenommen, das aber dennoch notwendig ist.

7.7− sieht sich selbst als kluges und gebildetes Teammitglied und ist darauf auch stolz. Seine Kommunikation im Arbeitsablauf ist nur Teil eines „Spiels", in dem er nicht bestrebt ist, mit all seinen Kenntnissen und Fähigkeiten zum Erreichen eines gemeinsamen Erfolgs beizutragen (s. Abb. 12.1). Das Gefühl der Überlegenheit erleichtert es ihm, andere auszunutzen: „Spürst du Verachtung Menschen gegenüber, ist es einfacher, sie zu hintergehen. Wenn man nicht schlau genug ist zu begreifen, was wirklich geschieht, ist man zum Scheitern verurteilt. Wer zu vertrauensvoll ist, ist dumm."

Eine negative Motivation für 7.7− ist die Angst vor Bloßstellung und von seinen Mitarbeitern nicht ernst genommen zu werden. Die einzige Möglichkeit, im Teamspiel zu gewinnen, ist Menschen hinters Licht zu führen und sie zu zwingen, daran zu glauben, dass die eigenen Motive absolut ehrlich sind. Im Falle der Enttarnung wird der Opportunist geächtet und verliert die Hoffnung, irgendeinen Vorteil zu erreichen und etwas zu bekommen. Die hinters Licht geführten Menschen werden ab jetzt noch aufmerksamer und können sich sogar rächen. Die Beförderung, die ihm jüngst so nahe schien, kann jetzt durch eine Schwächung seiner Position oder gar Entlassung ersetzt werden. Jegliche interne Unternehmensinformation wird vor ihm geheim gehalten. Derartige Handlungen zwingen 7.7−, mit dem Aufbau von Vertrauen neu zu beginnen. Allerdings wechselt er relativ häufig auch seine Position und fängt sein Spiel von

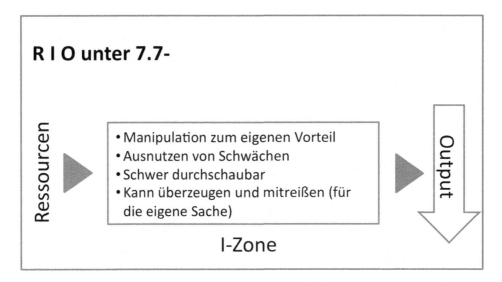

Abb. 12.1   7.7–

neuem an, mit neuen „Opfern". Er lebt nach dem Prinzip „alles oder nichts", bei dem nur eine dünne Linie Erfolg und Scheitern trennt. Auch wenn der Opportunist es sorgfältig vermeidet, entlarvt zu werden, wird er trotzdem Handlungen ausüben, die jederzeit zum Zusammenbruch führen können. Diese negative Motivation bewirkt einen richtigen Adrenalinschub. Sie zwingt den Opportunisten, teilweise sehr große Risiken einzugehen, um sein eigenes Ziel zu erreichen. Hinter der negativen Motivation verbergen sich drei wesentliche Aspekte, die 7.7– motivieren. Erstens: Fleißige Ausführung seiner Arbeit, die auf die Erreichung seiner egoistischen Ziele ausgerichtet ist. Zweitens: Ständiger Beweis der Aufrichtigkeit seiner Absicht. Drittens: Ständiges „Vertuschen" seiner wahren Absicht.

In Beziehungen hilft 7.7– nur denjenigen, bei denen er Nutzen sieht. Dabei denkt er: „Was erwartet er von mir?" und „Was soll ich hier versprechen?" Scheitert der strategische Plan und werden seine bisher imaginären Ängste zur Realität, wird er sich bemühen, das Feld zu räumen, anstatt Verantwortung für die Folgen zu übernehmen. Aufgrund des übersteigerten Gefühls der Überlegenheit kann 7.7– Spott nicht ertragen. Sobald seine wahren Ziele und Absichten deutlich werden, wird er beleidigt verschwinden.

7.7– bringt Menschen, zu denen er eine Beziehung hat, auch deshalb keinen Nutzen, da er es vermeidet, Verpflichtungen auf sich zu nehmen: „Ich bin ein freier Mensch und schulde niemandem etwas." So kann opportunistisches Verhalten beschrieben werden. Dennoch ist 7.7– immer bemüht, die Brücken hinter sich nicht vollkommen abzureißen, da er die Möglichkeit nicht ausschließt, dass ihm der ein oder andere doch noch einmal von Nutzen sein kann. Da er dennoch Angst davor hat, sich in einer schwierigen Situation wiederzufinden, wenn er mit einem Erfolglosen Kontakt aufnimmt, wird er sich nicht auf

Gefühle anderen Menschen gegenüber einlassen. Es erweist sich für ihn als unmöglich, feste Beziehungen zu seinen Kollegen aufzubauen, da er dafür weder die notwendige Motivation, noch das notwendige Vertrauen hat.

12.2   Kultur und Werte bei 7.7MINUS

Kultur des Misstrauens, der Manipulation und Entfremdung.

Vertrauen 7.7−spricht gerne über die Bedeutung von Vertrauen, vertraut aber selbst niemandem, da er denkt, dass das Hauptmotiv menschlichen Verhaltens persönlicher Nutzen ist. Seine hohe Ergebnisorientierung wird nicht dafür verwendet, dem Unternehmenswohl zu dienen, sondern dazu, persönliche Ergebnisse und Vorteile zu erzielen. Diese entweder offene oder verdeckte eigennützige Orientierung führt dazu, dass Kollegen und Mitarbeiter 7.7−misstrauen. Sein Egoismus und seine manipulative Einstellung äußern sich noch mehr in seiner Menschenorientierung, was dazu führt, dass Menschen seine Macht und seine Fähigkeit Beziehungen aufzubauen fürchten, da sie Angst haben, hintergangen und ausgenutzt zu werden.

Gerechtigkeit 7.7−setzt sich aktiv für Gerechtigkeit ein, womit er bei anderen einen positiven Eindruck hinterlässt. Bei engerer Zusammenarbeit stellt sich jedoch schnell heraus, dass seine wahren Vorstellungen von Gerechtigkeit auf folgendem Grundsatz basieren: „Gerechtigkeit ist die Möglichkeit, das zu bekommen, was ich brauche, unabhängig von meinen Bemühungen und Verdiensten. Wenn jemand, ohne mich zu stören, hieraus seinen eigenen Gewinn zieht, ist auch das gerecht. Das Wichtigste ist, einander nicht zu behindern." Wenn die Umstände oder Handlungen anderer Menschen 7.7−nicht erlauben, seine Interessen zu befriedigen, empfindet er diese Situation als eindeutig ungerecht. Wird er mit tatsächlicher Ungerechtigkeit konfrontiert, beispielsweise wenn ein Mitarbeiter darin unterschätzt wird, wie viel er zur Erreichung eines gemeinsamen Ziels beigetragen hat, dann zeigt 7.7−offen seine Empörung, denkt sich aber: „Selber schuld! Du musst für deine Interessen kämpfen, denn niemand anders tut es für dich!"

Commitment und Identität 7.7−ist bemüht, betriebliches Commitment vorzutäuschen und den Eindruck einer hohen Identifikation mit dem Unternehmen zu hinterlassen. Das ändert sich allerdings sehr schnell, wenn er seine eigenen Ziele nicht umsetzen kann. In Wahrheit betrachtet er das Unternehmen und dessen Möglichkeiten als seinen eigenen Besitz. Bewusstes betriebliches Commitment und Identifikation mit dem Unternehmen verschwinden umgehend, wenn er ein Angebot seitens der Konkurrenz erhält, das attraktiver ist als die Arbeit in seinem eigenen Unternehmen. Es kann dazu kommen, dass 7.7−sein Unternehmen nicht nur verlässt, sondern es auch noch hintergeht.

Zuverlässigkeit und soziale Verantwortung Mangel an echtem betrieblichen Commitment und Identität sind bei 7.7– unmittelbar mit Unzuverlässigkeit verbunden. Man kann
sich auf ihn in schwierigen betrieblichen Situationen nicht verlassen, da diese Situationen von den Mitarbeitern volle Beteiligung unter vollem Verzicht auf die eigenen Interessen und potenzielle Verletzungen, die mit dem Prozess zusammenhängen, erfordern.
7.7– ist selbst in solchen Situationen nicht in der Lage, von seiner persönlichen Perspektive des Nutznießers abzuweichen: „Was werde ich daraus gewinnen?" Entdeckt
7.7– den Fehler von jemand anderem, der sich aber nicht unmittelbar auf seine Tätigkeit auswirkt, zieht er es vor, diesen nicht wahrzunehmen, um nicht die persönliche
Beziehung zu zerstören. 7.7– ist nicht abgeneigt, über soziale Verantwortlichkeit zu
sprechen, dies ist für ihn aber ein sehr abstrakter Begriff, der in keiner Weise in Konkurrenz mit dem persönlichen Nutzen oder den persönlichen Erfolgen steht.

Transparenz und Ehrlichkeit Wie auch andere betriebliche Werte nutzt 7.7– Transparenz
und Ehrlichkeit zur Manipulation. Er äußert sein Commitment diesen Werten gegenüber, in Wirklichkeit verfolgt er aber ganz andere Ziele. Er will die Wahrscheinlichkeit,
seinen persönlichen Nutzen zu erhöhen, steigern. Er ruft andere auf, ihr Verhalten und
ihre Tätigkeit transparent und ehrlich zu gestalten, wird das aber selbst nie tun. Dabei
hat er die Möglichkeit, wertvolle Informationen zu bekommen, die ihm helfen, persönliche Vorteile zu gewinnen oder manipulativ tätig zu werden. Jene Mitarbeiter, die eng
mit 7.7– zusammenarbeiten, durchschauen seine wahren Handlungsmotive schnell und
reagieren mit offenem oder verborgenem Misstrauen. Sie distanzieren sich von ihm.

12.3   Kultur und Macht bei 7.7MINUS

*Akzent auf Belohnung, Information und Ausstrahlung, die genutzt werden, um persön-
liche Vorteile zu erlangen.*

Bestrafung 7.7– betrachtet Bestrafung als notwendige Einflussnahme auf diejenigen,
die nicht begreifen wollen, dass bestimmte Verhaltensweisen unangemessen sind, da sie
7.7– behindern, die Ziele, die er sich setzt, zu erreichen. Er ist geneigt, hinter einem solchen Verhalten eine Absicht zu sehen, nämlich das persönliche Interesse eines anderen
Menschen. 7.7– nutzt Bestrafung sehr ungern, da er negative Reaktionen und Widerstand
seitens der Bestraften befürchtet. Ist Bestrafung unvermeidbar, muss sie durch starke
betriebliche Prinzipien legitimiert werden, die die Einhaltung von Traditionen und ein
gut funktionierendes System ermöglichen. Bestrafung ist stark damit verbunden, dass
7.7– die Erreichung seiner persönlichen Ziele bedroht sieht, und hat nur geringfügig mit
objektiven Ergebnissen der Mitarbeiter zu tun.

Belohnung 7.7– belohnt aktiv, ist aber im tiefsten Inneren davon überzeugt, dass
Belohnungen nur die verdienen, die nach der Devise leben: „Man ist sich selbst der

Nächste!" Dabei ist 7.7–überzeugt, dass er besser als alle anderen leben kann. Diejenigen, die ihn daran hindern, persönliche Ziele und seinen persönlichen Gewinn zu erreichen, verdienen keine Belohnung, auch wenn sie einen großen Beitrag geleistet haben. Belohnung verdienen nur die, die 7.7–bewusst oder unbewusst geholfen haben, persönliche Ziele und Vorteile zu erreichen. 7.7–ist in keiner Weise dagegen, wenn jemand zu seinem eigenen Vorteil gehandelt hat. Diesen Menschen steht 7.7–verständnisvoll gegenüber. „Er ist einer von uns". Auf diese Weise wird Belohnung zum Erreichen persönlicher Ziele und zum persönlichen Gewinn genutzt und ist weit von der Ausrichtung auf Unternehmensergebnisse entfernt.

Position Für 7.7–ist Positionsmacht nur deswegen wichtig, weil sie große Möglichkeiten zur Realisierung seiner opportunistischen Ziele eröffnet. Hat das keinen Einfluss auf seine Lage im Unternehmen, ist ihm egal, wie effektiv und zuverlässig die betriebliche Tätigkeit ist und wie gründlich Mitarbeiter ihre Verpflichtungen erfüllen. 7.7–kennt den Umfang seiner Positionsmacht sehr gut, versucht aber vor allem die Funktionen zu erfüllen, die ihm persönlich Vorteil bringen. Diese Funktionen delegiert er nie an seine Mitarbeiter.

Information 7.7–verfügt über wertvolle Ressourcen in Form von Wissen, Fähigkeiten und Erfahrung. Er möchte, dass andere von ihm abhängig sind, wenn es um Informationsweitergabe geht. Hierfür ist es ausreichend, das Team andauernd über die letzten Ergebnisse im technologischen Bereich zu informieren, über die Schlüsselmomente von Konkurrenzunternehmen zu reden, über die letzten Neuigkeiten und Ereignisse informiert zu sein und auch die internen Unternehmensinformationen präsent zu haben. Die wesentlichen Informationsressourcen sind für 7.7–sowohl offizielle, als auch informelle Kommunikationskanäle, die vor allem dazu genutzt werden, zu begreifen, woraus er mit größter Wahrscheinlichkeit einen persönlichen Nutzen zieht. 7.7–ist gut darüber informiert, wer welche Aufgaben hat und über welche Rechte und Pflichten seine Mitarbeiter verfügen, an welchem Punkt seine Verantwortung beginnt und endet, und „wo das Gold begraben ist". Informationsaustausch erfolgt nur, um die eigene Position zu stärken. Die unternehmerischen Interessen tangieren 7.7– nur peripher. Im Austausch mit seinen Mitarbeitern werden Parolen deklariert, die nicht selten irritieren. Anleitungen seitens des Vorgesetzten nimmt 7.7–mit Enthusiasmus auf und versucht, diese fristgerecht und gut auszuführen. Seine intensivste Kommunikation realisiert der Opportunist im engeren Kreis ihm nahestehender Menschen, auf der Suche nach Entscheidungen nach dem Prinzip: „Gibst du mir, geb ich dir."

Kompetenz 7.7–verfügt über hohe professionelle Kompetenz. Er kann seine Projekte auf einem hohen Niveau umsetzen, die bemerkenswerten Umsatz erbringen. In solchen Situationen kann 7.7–sehr nützlich für sein Unternehmen sein. Ist der persönliche Nutzen allerdings unter dem Erwarteten, sinkt die Motivation von 7.7–rapide. Er findet sich bestens in Situationen zurecht, die die Kalkulation untypischer Entscheidungen und Handlungen erfordern. 7.7– verfügt über hohe Kompetenz in den Bereichen, die ihm größere Vorteile und persönlichen Nutzen versprechen. Ihm fehlt allerdings das Bestreben, sein Expertenwissen zum Wohl der Organisation zu nutzen. Sind vorhandenes Wissen und Fähigkeiten zum Erreichen seiner persönlichen Ziele nicht ausreichend, unternimmt der Opportunist aktiv Schritte, um seine Professionalität zu steigern.

Ausstrahlung 7.7– verfügt in der Regel über eine starke Ausstrahlung, da er in keiner Situation an Kraft verliert und genau die Bedürfnisse und Interessen seiner Mitarbeiter wahrnimmt. 7.7– geht auch dabei von den eigenen Interessen aus. Eine solche Verhaltensweise wird oft davon begleitet, betriebliches Commitment zu verkünden und Bewusstsein und Verhalten anderer zu manipulieren, was dazu führt, dass die Umgebung 7.7– als unehrlich und unzuverlässig wahrnimmt. Auf diese Personen darf man sich weder in der alltäglichen Arbeit noch in Situationen höherer Gewalt verlassen. In den Situationen, in denen 7.7– gezwungen ist, seine Mitarbeiter aufzufordern eine dringende oder schwierige Tätigkeit auszuüben, rufen seine Aufforderungen keinen Enthusiasmus hervor. Seine Motivation spiegelt einerseits seinen Wunsch, einen bestimmten Vorteil und persönlichen Nutzen zu gewinnen, andererseits die Angst vor Bloßstellung und Spott. Diese Angst verhindert den Aufbau sicherer harmonischer Beziehungen, die auf gegenseitigem Respekt, Vertrauen und Aufrichtigkeit beruhen.

12.4   Fähigkeiten in der Zusammenarbeit bei 7.7MINUS

Konflikte lösen

7.7– steht jedem Konflikt mit Vorsicht gegenüber: In einer Situation des Widerstandes besteht immer die Gefahr, sein wahres Gesicht zu zeigen, was 7.7– unter allen Umständen vermeidet. Kann er aus einem Konflikt sogar Nutzen ziehen, versucht er diesen zu steuern, indem er seine eigenen Interessen verfolgt und seine wahren Absichten und Ziele nicht offenlegt. Seine Taktik der Konfliktbewältigung liegt darin, Unterstützung aus seinem Umfeld zu bekommen und gleichzeitig den Konfliktparteien sein Mitgefühl auszusprechen. Hat 7.7– kein Interesse an der Lösung des Konflikts, versucht er diesen mit allen Mitteln zu vermeiden.

Ein Konflikt lässt Situationen entstehen, in denen es schwierig ist, sein Verhalten flexibel anzupassen, was dem Opportunisten in der Regel nicht geheuer ist. Ein Konflikt zwingt Menschen dazu, Position zu beziehen, was zu polarisierenden Meinungen führt. Ist eine Führungskraft nicht auf den Konflikt vorbereitet, versucht 7.7– Einfluss auf ihr Verhalten zu nehmen. Er bevorzugt es, einen Konflikt von Angesicht zu Angesicht zu lösen und vermeidet eine Konfrontation auf Teamebene. Die Methode der persönlichen Konfliktregulierung hilft ihm, allgemeine Unterstützung zu bekommen, da er in der Regel mehrere Positionen gleichzeitig einnimmt. Er ist immer bemüht, in einem offenen Konflikt niemals nur auf einer Seite zu stehen.

7.7−vermeidet Konflikte, indem er sicheren Abstand davon hält. Die Konfliktvermeidung nimmt verschiedene Formen an. Ist er in einer Machtposition, kann er eine Besprechung stoppen und die Aufmerksamkeit weglenken: „Das kann man später besprechen!" Steht er auf niedriger hierarchischer Stufe, vermeidet er die Teilnahme am Konflikt intensiver: „Ich weiß nicht, was dort passiert ist, heute ist es aber wichtig, sich auf die Arbeit zu konzentrieren!" Hierdurch kann er gute Beziehungen mit jeder Konfliktseite aufrechterhalten und dabei seine Unschuld gegenüber den Geschehnissen demonstrieren.

Eine andere Art der Teilnahme am Konflikt liegt darin, die Meinung zu vertreten, die den Teammitgliedern eher gefallen wird. Ist ein Mitarbeiter in einen Konflikt mit dem Vorgesetzten involviert, wird 7.7−versuchen, bei dem Vorgesetzten selbst einen guten Eindruck zu hinterlassen: „Ich habe gehört, Sie haben Probleme mit Frau Berger, ich habe über sie auch nichts Gutes gehört."

7.7−ist erfinderisch bei der Suche nach Methoden, die es möglich machen, einem Konflikt fernzubleiben. Ist das Risiko seiner Beteiligung zu groß, nimmt er die Rolle des Märtyrers ein, durch welche die Konfliktseite nicht gewinnen kann. In Wirklichkeit gewinnen andere nur, damit er im besseren Licht dasteht. Diese Taktik ist im gewissen Sinne zynisch, da der Opportunist andere als Egoisten erscheinen lässt, während er bereit für ein Opfer erscheint: „Ich konnte nichts tun, da ansonsten das gesamte Unternehmen gelitten hätte. Ich weiß, dass ich Unrecht hatte, aber in diesem Fall war es der einzige Weg, weiteres Unheil abzuwenden." In Wirklichkeit ist er der Egoist und seine Konfliktparteien sind seine Opfer.

Eine andere Taktik von 7.7−bei der Lösung eines Konflikt liegt darin, beide Seiten von Kooperation zu überzeugen. Um Konflikt zu vermeiden, zwingt er jede Seite zu einer Entscheidung. Solche Handlungen bringen ihm zwar Nutzen, jedoch nicht der Allgemeinheit. Das Ziel in Gesprächen zur Lösung des Konflikts liegt darin, Spannung zu reduzieren und eine zeitlich begrenzte Beschwichtigung zu finden. Diese Herangehensweise ähnelt der Kompromisssuche von 4.4−, wobei der Opportunist an der Beschwichtigung zum Erreichen seiner eigenen Ziele interessiert ist. Eine effektive Variante zur Lösung des Konflikts kann 7.7−als Alternative sehen, allerdings nur, wenn es ihm persönlich Vorteile bringt.

Ein weiterer Ansatz zur Lösung eines Konflikts liegt in der Suche nach einem Kompromiss mit dem Konfliktpartner. Über eine hohe professionelle und kommunikative Kompetenz verfügend, versteht 7.7−sehr gut, was Menschen in jeder Situation benötigen und fürchten. Diese Taktik kann verdeckt oder offen sein. Sie wird in der Regel vom Opportunisten genutzt, wenn seine eigenen Interessen bedroht sind und er Hilfe benötigt. 7.7−kann seinen Konfliktpartner auch erpressen, wenn die Beteiligung am Konflikt seinen Interessen widerspricht: „Lassen Sie mich außen vor, wenn Sie nicht wollen, dass ich erzähle, was mit einem ähnlichen Projekt geschah, das Sie geleitet haben!" Er kann dabei auch sehr manipulativ sein: „Erinnern Sie sich, als ich Ihnen bei der Bilanzprüfung im letzten Jahr geholfen habe. Ohne Unterstützung überlebt man heutzutage nicht, deshalb danke ich schon einmal für die kleine Hilfe Ihrerseits, die ich jetzt sehr benötigen werde." Dabei sind diese „kleinen Hilfen" durchaus bedeutsam.

Unabhängig von der gewählten Methode nutzt 7.7−einen Konflikt und die positive Energie daraus immer zur Erreichung seiner egoistischen Ziele und nicht zur Erreichung der betrieblichen Ziele.

Informationen austauschen

7.7−verfügt über hervorragende und vielseitige Kommunikationsfähigkeiten. In Diskussionen und Besprechungen beurteilt er fortlaufend den Grad der Unterstützung, den andere für seine Entscheidungen und Handlungen entrichten können. Diese braucht er zum Erreichen seiner persönlichen Ziele. Er überzeugt andere, sich auf ihn zu verlassen, während er seine Meinung und sein Urteil bis zum letzten Moment für sich behält.

7.7−ist aktiv am Informationsaustausch beteiligt und nutzt die erlangten Informationen dafür, im besten Licht zu erscheinen und bestimmte Vorteile zu haben. Eventuell entstehende Probleme und Nachteile werden, wenn sie seine persönlichen Interessen nicht betreffen, ignoriert. Im Fall einer Fehlentscheidung lenkt er die Aufmerksamkeit der anderen auf äußere Umstände, die das Treffen einer korrekten Entscheidung verhindert haben. Das vollständige Verfügen über andere lässt ihn ein Gefühl der Überlegenheit entwickeln, weshalb er genau weiß, wann und wie er seine Macht ausüben kann. Der Opportunist weiß, wo er seine spitzen Bemerkungen zu einem bestimmten Thema laut äußern muss. Werden Anmerkungen durch Gerüchte ergänzt, ist die Quelle der Information längst vergessen.

Es gibt zwei Gründe, warum 7.7−über die aktuellen Geschehnisse informiert sein muss: Erstens möchte er die am besten informierte Person des Unternehmens werden, zweitens möchte er wissen, was andere Teammitglieder über die Geschehnisse denken. Das Verfügen über professionelle Informationen wie z. B. über moderne Technologien, Methoden und Mittel des Konkurrenzkampfes helfen 7.7−, den anderen einen Schritt voraus und besser für den Kampf um den Sieg vorbereitet zu sein. Ein derartiger Informationsbedarf verlangt bestimmte Fähigkeiten, um auf verschiedenen Wegen an Informationen zu kommen.

Vor allem stellt 7.7−einen engen Kontakt mit den Schlüsselpersonen her, die für die Umsetzung seiner persönlichen Ziele wichtig sind. Um wichtige Informationen über die Vergangenheit, Gegenwart und Zukunft hinsichtlich der Unternehmensstrategie zu bekommen, fragt er alle aus, schlägt vor, Informationen auszutauschen, und zwingt anderen seine Dienste auf. Die notwendige Information bekommt er in der Regel von Außenstehenden dank seiner vielfältigen persönlichen Informationskanäle.

Beispielsweise ist er mit einem Mitarbeiter der Personalabteilung befreundet, nur um Informationen zu bekommen, wie er befördert werden könnte. Er erfährt früher als andere davon, wer eingestellt und wer entlassen wird. Er ist den anderen stets einen Schritt voraus, da er am besten informiert ist.

7.7−verfügt über das Talent, von anderen Informationen zu bekommen. Er weiß, wie er wirken muss, damit andere Informationen von sich aus anbieten, selbst dann, wenn sie nicht an ihrer Verbreitung interessiert sind. Diese Fähigkeit ist Teil der Überzeugungskraft des Opportunisten, der selbst das Verhalten und die Handlungen analysiert, um erst dann seine Fragen zu stellen. 7.7– versucht auf eine Art und Weise Antworten zu finden, die Vertrauen erweckt und den Glauben an seine Wirkung und Kraft verstärkt. Er unterdrückt Meinungen, die seinen Zielen entgegenwirken.

Die von ihm erhaltene Information wird ständig überprüft. 7.7– möchte seine Position nicht riskieren und vertraut in der Regel niemandem; er sammelt zunächst alle notwendigen Informationen. Auf diese Weise kann er auf jeden Konflikt reagieren, ohne dass seine persönlichen Interessen darunter leiden.

Position beziehen

7.7– äußert seine Ansichten und argumentiert aktiv. Dies geschieht allerdings nur dann, wenn er überzeugt ist, Vorteile aus den Argumenten anderer zu ziehen. Hat er diese Sicherheit nicht, wird er eher die Ideen der anderen fördern, um wiederum seine eigenen Ziele zu erreichen. Damit seine wahren Absichten nicht erkannt werden, präsentiert er seine Informationen, indem er sie geschickt verpackt. Dabei berücksichtigt er die Vorgeschichte, die eigene Perspektive und die allgemeine repräsentative Meinung aller. 7.7– kalkuliert immer im Voraus, was für ihn am besten ist. Unabhängig davon, dass sein Informationsniveau es durchaus zulässt, strategische Fragen zu besprechen, versucht er solche Fragen zu vermeiden.

7.7– betrachtet die Argumentation zugunsten seiner Position als Möglichkeit, eine Lobby für seine Interessen zu schaffen und die Opposition zu beseitigen. Dabei muss er seine Anhänger und Feinde bestimmen und sie dazu bringen, für seine persönlichen Ziele zu „arbeiten". In der Regel findet die Entlarvung der Feinde auf eine versteckte Art statt, damit seine wahren Absichten und Ziele nicht erkannt werden. 7.7– verbreitet Gerüchte und Zweifel, um das Vertrauen zu einigen Teammitgliedern zu zerstören. Hinter den Kulissen schützt er immer seine eigene Position.

Die Äußerung seiner Ansichten hängt direkt von den Menschen seines Umfelds und seinen persönlichen Zielen ab. Sieht er keine Möglichkeit, einen Vorteil aus der Situation zu ziehen, wird er seine Ansichten so äußern, dass er das Vertrauen anderer gewinnt. Er glaubt, dass solche Situationen keine Gefahr darstellen und eine positive Wirkung auf die Vertrauensbildung ihm gegenüber haben. Verfügt er nicht über ausreichend Informationen, wird er die Äußerung seiner Meinung so lange zurückhalten, bis er die Informationen bekommt. Ist er von Personen umgeben, die besser informiert sind als er selbst, wird er, aus Angst entlarvt zu werden, auf die Äußerung seiner Meinung verzichten. Hier bevorzugt er die Rolle des Zuhörers, in der er manchmal Fragen stellt und seine Dienste anbietet.

7.7– äußert seine Position nur dann, wenn er daraus einen eigenen Gewinn erzielen kann. Er ist bestrebt für sich selbst einzustehen. Dies gelingt ihm mithilfe von Abschreckung, Komplimenten, Verhandlungen, Ermunterungen oder dem Versuch, das Vertrauen der anderen zu gewinnen. Spürt er, dass er seinen „prozentualen Anteil" des Gesamtnutzens nur mit geringer Wahrscheinlichkeit bekommt, stellt er seine Aktivität ein. In einer Konfliktsituation wird er einen anderen Weg suchen, seine persönlich gesetzten Ziele zu erreichen.

Ist 7.7−interessiert, nimmt er eine sehr aktive Position ein, die einen manipulativen Beigeschmack hat. Die Position des Opportunisten muss immer Vorrang haben. Er kann dies auf verschiedene Arten erreichen. Sind andere Menschen im aktuellen Handlungsgeschehen weniger aktiv als er, wird er entschieden und nachdrücklich handeln. Dabei wird er, wenn es notwendig ist, die Unterstützung seitens des Gesamtteams erhalten. Hier zeigt er Interesse im Stil von 4.4+: „Dieses Projekt ist genau das, was wir brauchen, um erneut stolz auf unser Unternehmen zu sein. Ich verspreche, dass jeder von euch strahlen wird und stolz sein kann und unsere Traditionen alle inspirieren werden."

Besonders wenn diejenigen, die in seine Handlungen involviert sind, aktive und entschiedene Persönlichkeiten sind, kontaktiert er diese individuell. 7.7−wird seine Idee vermutlich so geschickt vorstellen, dass z. B. 7.1+denkt, es wäre seine eigene. Mit ihm agierend wird der Opportunist seinen Respekt und seine Hingabe demonstrieren: „Ich bin dankbar für Ihren Rat. Ich weiß, dass Sie mir helfen können, meine Ideen real werden zu lassen." 7.1−wird er hingegen so lange „bearbeiten", bis er sein Interesse gewinnen kann: „Mit Einführung dieses Projekts kann man die Produktion der Stückzahlen erhöhen. Im Endeffekt können wir die Ergebnisse um 15 % steigern." Derartige Äußerungen werden zweifelsohne einem Vorgesetzten vom Typ 7.1−mit kontrollierendem Führungsstil sehr schmeicheln.

Unabhängig davon, welche Technik 7.7−jedem einzelnen Mitarbeiter gegenüber wählt, wird er sein Ziel nicht aus den Augen verlieren. Wird die Unterstützung seitens der anderen Teammitglieder schwächer, findet er eine neue Methode, den Teamgeist in kürzester Zeit zu steigern. In der Zeit, in der andere zurückhaltend sind, kann der Opportunist die gewonnene Information als erstes beurteilen und bei Bedarf einen überzeugenden Vorschlag vorbereiten. Als Überzeugungsmittel nutzt er sehr subtile Anmerkungen, um entweder Angst und Zweifel auszulösen oder ein Gefühl der Sicherheit zu vermitteln. Sieht er keine Möglichkeit, seinen eigenen Gewinn aus der Situation zu ziehen, fährt er seine Initiative zurück. Er sucht allerdings weiterhin nach Möglichkeiten, seine Position zu stärken.

Entscheidungen treffen

7.7−trifft ausschließlich vom eigenen Interesse ausgehende Entscheidungen. Werden Entscheidungen im Team besprochen, wird er versuchen zu erkennen, wie er aus den starken und schwachen Aspekten seinen eigenen Nutzen ziehen kann. Der Schlüssel zum Erfolg einer solchen Herangehensweise ist, dass der Opportunist immer „trocken aus dem Wasser kommen" kann. Nach Möglichkeit hält er alles unter Kontrolle und manipuliert Entscheidungen so, dass kein Streit entsteht. Solche Manipulationen können jede Erscheinungsform annehmen, was stark situationsabhängig ist. Werden für ihn wichtige Fragen besprochen, so sagt er etwa Folgendes: „Das ist eine gute Frage. Lassen Sie uns das gründlich durcharbeiten."

Verläuft ein Gespräch für ihn ungünstig, versucht er die Aufmerksamkeit in eine andere Richtung zu lenken. „Das ist eine interessante Alternative, die uns allerdings von den Kernfragen abbringt. Ich glaube, hier ist der Vorschlag interessant, den Sie geäußert haben." Gelingt es ihm nicht, die Aufmerksamkeit von den Widersprüchen wegzulenken, versucht er das Treffen einer Entscheidung zu verschieben. Er begreift, dass Entscheidungen, die allein getroffen werden, weniger Bemühungen erfordern als Teamentscheidungen. Er trifft die Entscheidung, die die Umsetzung seiner eigenen Ziele fördert, die er aber als gemeinsame Entscheidung aller Mitarbeiter präsentiert. Solange 7.7– seine wahren Absichten und Ziele versteckt, werden Menschen sich mit seinen Entscheidungen abfinden, die berechnend zu seinem eigenen Nutzen getroffen wurden. Er hilft anderen, wenn er im Austausch mit etwas Nützlichem für sich selbst rechnen kann. Nimmt er im Unternehmen eine hohe Position ein, ist es ihm egal, was andere von ihm denken, da er seine Entscheidung vor niemandem rechtfertigt.

Unabhängig von den allgemeinen Unternehmenszielen favorisiert er die Entscheidung, die nur ihm Nutzen bringt. Er ruft andere dazu auf, sich vollständig auf ihn zu verlassen und seiner Entscheidung zu vertrauen.

Kritik üben

7.7– nutzt Kritik mit dem Ziel, die bereits vorhandene Unterstützung von den anderen zu stärken und neue Unterstützung zu bekommen. Da er stets die aktuellen Ereignisse und Entwicklungswege des Unternehmens kennt, ist er den anderen Teammitgliedern in gewisser Weise überlegen.

Kritik an ihm selbst wird von 7.7– im Beurteilungsprozess genutzt, um sich im besten Licht darzustellen. Eventuelle Probleme und Nachteile werden heruntergespielt und aus dem Blickwinkel präsentiert, aus dem er als Opportunist keine Verantwortung mehr trägt. Trifft er eine Fehlentscheidung, versucht er stets, die Aufmerksamkeit der anderen auf äußere Umstände zu lenken, die das Treffen einer richtigen Entscheidung behindert haben. Sind die Ergebnisse bei 7.7– schlechter als bei anderen, schiebt er die Verantwortung auf die konkret ausführenden Personen. Er benutzt Kritik, um die Aufmerksamkeit der anderen auf die Schwächen und Nachteile der Konkurrenten zu lenken und ihrem Ruf zu schaden. 7.7– kann in einer Besprechung punktgenaue Kritik provozieren, indem er die Aufmerksamkeit der Teammitglieder auf kleine Fehler und Nachteile lenkt und so das Interesse von den allgemeinen Geschehnissen weglenkt. Er kann auf formelle Art eine informelle Anmerkung machen, um jemand anderen bloßzustellen. Wurde also z. B. jemand vom Opportunisten kritisiert und hat versucht seinen eigenen Standpunkt zu vertreten, wird der Opportunist ihn fehlender Prinzipien beschuldigen. Da 7.7– alle Karten in der Hand hält, wird der Beschuldigte kaum die Möglichkeit haben sich zu verteidigen.

7.7– lenkt seine Bemühungen auf das Erreichen persönlichen Erfolgs. Vollkommene Macht hilft ihm, sich seiner Vorteilsposition über andere bewusst zu sein, da er weiß, wie und wann er reagieren muss. Er weiß, wo er seine feinen Anmerkungen zu dem einen oder anderen Thema einstreuen muss, die anschließend als Gesprächsgrundlage verwendet werden. Später, wenn seine Anmerkungen von Gerüchten „überwuchert" werden, wird die Informationsquelle vergessen sein.

Die feste Position von 7.7– gerät ins Wanken, wenn seine wahren Absichten und Ziele erkannt werden. So wird die Gesamtkonstruktion, die von ihm aufgebaut wurde, zerstört und ihm bleibt nur übrig, das Unternehmen zu verlassen. Professionell gut vorbereitet, kann der Opportunist unternehmerische Handlungen vorhersagen und findet immer eine Methode, negative Folgen zu umgehen. Er kann Unannehmlichkeiten vorhersehen und schnell einen Schuldigen finden. Ist eine Konfrontation nicht zu vermeiden, versucht er, sich mit Ausreden zu rechtfertigen und so seine Schuld zu minimieren. Er ist auch bereit, einen anderen zu beschuldigen, besonders, wenn dieser nicht anwesend ist und sich nicht rechtfertigen kann. Ihm selbst fehlt der Mut, Verantwortung zu übernehmen.

12.5 Schlussfolgerungen

7.7 – verlässt sich nie auf Teamarbeit. Er bevorzugt, alleine zu arbeiten und glaubt, dass der einzige Weg zum persönlichen Profit darin liegt, seine Absichten zu verschleiern und die Verdienste der anderen abzuwerten. Arbeit im Team, die die gemeinsame Verantwortung und das gemeinsame Lenken von Ressourcen erfordert, ist für ihn nur eine Übergangslösung, die er zum Erreichen seiner persönlichen Ziele annimmt. Er nähert sich Menschen nie so weit, dass er begreift, dass gemeinsame Verantwortung zu neuen hervorragenden Ergebnissen führt. Seine Unruhe und seine Ängste, die durch das Bedürfnis hervorgerufen werden, seine wahren Absichten zu verbergen, nehmen niemals ab, da er keine wahren Gefühle verspüren und seinen Erfolg nicht mit anderen teilen kann.

7.7 – zeichnet sich durch erhöhte Verletzbarkeit und fehlendes Verständnis für die Vorteile von Teamarbeit aus. Er arbeitet im Endeffekt gegen sich selbst, seine Effektivität bleibt dabei schwach. Richtige Unterstützung seitens des Teams kann ihn allerdings zwingen, über die Vorteile nachzudenken. Da er in der Regel über solides Wissen verfügt, kann er von unschätzbarem Wert für ein Team sein.

7.7 – ist überzeugt, dass der Wettbewerb hart und schonungslos ist. Die Gesetze der Konkurrenz treten in der Regel unmittelbar auf: entweder du „zerstörst" den Konkurrenten oder er dich. Durch seine guten Kommunikationsfähigkeiten und seine starke Ausstrahlung steht er im Mittelpunkt aller Aktivitäten. Seine opportunistische Einstellung wird von Vorgesetzten, Kollegen und Mitarbeitern nur sehr schwer erkannt. Werden seine Einstellungen jedoch erkannt, möchte niemand ihn in seiner Nähe wissen, da man von 7.7 – für dessen eigene Ziele hintergangen wird.

Vertrauen ist Basis und Kern der Teamarbeit. Opportunismus macht dieses Vertrauen unmöglich. Aufgrund von fehlendem Vertrauen ist der Verhaltensstil 7.7 – der Stil, der am wenigsten verändert werden kann. Im Unterschied zu den anderen Stilen helfen ihm die Menschen in seiner Umgebung nicht, sich zu ändern, offen seine wahren Ziele und Ansichten mitzuteilen, da er einmal verlorenes Vertrauen nicht mehr zurückgewinnen kann.

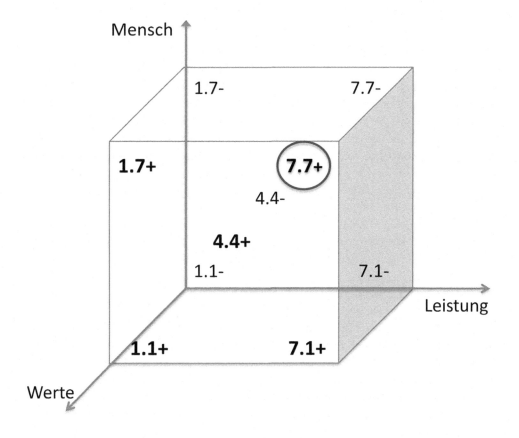

A. Zankovsky und C. von der Heiden, *Leadership mit Synercube,*
https://doi.org/10.1007/978-3-662-58373-9_13

Hohe Ergebnisorientierung in Verbindung mit hoher Menschenorientierung und einer positiven Einstellung gegenüber Arbeit und Organisation. 7.7+ schafft eine Kultur der Einbeziehung und Beteiligung. Das Streben nach den besten Ergebnissen durch optimale Entscheidungen ist ein Teil dieser Kultur, die von allen unterstützt und geteilt wird. Um diesem hohen Ziel gerecht zu werden, ist 7.7+ darum bemüht, das Potenzial der Mitarbeiter zu erkennen und im Zusammenhang mit den betrieblichen Zielen und Werten weiter auszubauen. Das fortlaufende Bestreben, das eigene Potenzial richtig einzuschätzen und weiterzuentwickeln, ist eine der herausragenden Eigenschaften von 7.7+. Er handelt so, dass maximale Teilnahme an der Arbeit und ehrliches Commitment der Teammitglieder gegenüber den betrieblichen Zielen erreicht werden. Er analysiert alle Fakten und hört sich alle Standpunkte an, um gegenseitiges Verständnis zu erreichen und Synergie möglich zu machen.

13.1   I-Zone unter Bedingungen von 7.7PLUS

Ein besonders hoher Grad an Offenheit und Aufrichtigkeit verringert den Stresspegel in den Beziehungen zueinander, da Menschen auch ihre Gefühle offen äußern können. Sie vertrauen sich gegenseitig und bieten einander ihre Hilfe an. Mitglieder eines Teams unterstützen sich, um Hindernisse zu überwinden und sowohl persönliche als auch betriebliche Ziele zu erreichen. Beziehungen solcher Art ermöglichen, dass Hindernisse und Misserfolge beseitigt werden, da die Ressourcen eines Teams maximal genutzt werden. Dies bedeutet nicht, dass politisches Verhalten nicht vorkommt, oder Ängste und schädliche Konkurrenz verschwinden. Sie treten gelegentlich als Bestandteil der Teamarbeit auf. Der Unterschied aber liegt darin, dass die Wahrscheinlichkeit solcher Vorkommnisse sinkt, da Besprechungen auf Logik und Fakten basieren und somit objektiv sind.

Ist die Zusammenarbeit im Team offen und aufrichtig, wird Fehlverhalten erkannt, angesprochen und korrigiert, sodass die Arbeit effektiv fortgesetzt werden kann. Offenheit und Aufrichtigkeit geben dem Team die Chance, ein Problem frühzeitig zu erkennen und schnell zu lösen, anstatt es zu verheimlichen oder Informationen zu beschönigen, bis die Situation eskaliert, was zu Verlusten führt und das Erreichen von Ergebnissen erschwert.

Beziehungen, die auf gegenseitigem Verständnis, Respekt und Aufrichtigkeit beruhen, führen zur Erreichung von Synergie. Es ist schwer, Synergien zu erzielen, wenn die Atmosphäre im Team keine offene Meinungsäußerung und Kommunikation zulässt. Gerade aus unterschiedlichen Meinungen entstehen neue Ideen. Ist es möglich, durch eine offene Arbeitsatmosphäre etwas zu erreichen, wird die Information, die zuvor verschwiegen wurde, jetzt unter objektiven Gesichtspunkten diskutiert. Von Synergieerreichung kann allerdings nur gesprochen werden, wenn die diskutierte Information den Raum dafür öffnet, neue, großartige Ideen zu äußern und Möglichkeiten zu schaffen, die ein einzelnes Teammitglied niemals erreichen könnte. 7.7+ möchte seinen Beitrag in Kombination mit Engagement auf individueller, kollektiver und betrieblicher Ebene erbringen. Er hat den Anspruch, dass seine Bemühungen zu positiven Veränderungen führen. 7.7+ arbeitet mit Enthusiasmus, Ehrgeiz und Respekt seinen Kollegen gegenüber (s. Abb. 13.1).

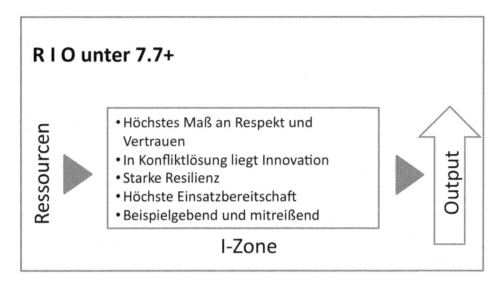

Abb. 13.1 7.7+

Entdeckt 7.7+Potenzial bei seinen Teammitgliedern, arbeitet er mit ihnen an der Erschließung. Menschen können ihre Fähigkeiten aktiv entwickeln und erweitern und Erfahrungen sammeln, die sowohl für das Team als auch für den Einzelnen wichtig sind. Das alles geht nur unter Führung von 7.7+. Empfindet 7.7+, dass das gewünschte Ergebnis Risiken und Opfer rechtfertigt, kann er dies anhand von anschaulichen Beispielen anderen erklären und so gegenseitiges Verständnis und Engagement bewirken.

7.7+möchte seinen aufrichtigen Beitrag zur gemeinsamen Aufgabe erbringen, ohne auf Mitarbeiter und Ergebnisse zu verzichten. Er wird keine persönlichen oder gemeinsamen Ziele akzeptieren, die den Zielen des Unternehmens widersprechen, da diese im Widerspruch zu seiner Werteorientierung stehen. Das gleiche gilt auch gegenüber Unternehmenszielen, die den kollektiven oder persönlichen Zielen widersprechen. 7.7+hat keine Angst, diesen Widerspruch konstruktiv zu diskutieren und dabei zu einer „Win/Win"-Lösung zu kommen.

Motivation nach dem Prinzip „Was richtig ist" gibt 7.7+ und seinem Team das Gefühl, sich angestrengt und das maximal Mögliche erreicht zu haben. Alle positiven oder negativen Folgen können ohne Reue angenommen werden.

13.2 Kultur und Werte bei 7.7PLUS

Kultur des Vertrauens, der Gerechtigkeit, der Ehrlichkeit, der Verantwortlichkeit und des betrieblichen Commitments.

Vertrauen Für 7.7+stellt Vertrauen eine natürliche Norm für die Zusammenarbeit mit anderen Menschen dar. Er ist überzeugt, dass jeder Mensch über zahlreiche Talente verfügt und von Natur aus eine positive, wohlwollende Grundhaltung in sich trägt, die er aufgrund der Umstände nicht immer erkennen und äußern kann. Wenn Menschen offen handeln und einander vertrauen, helfen sie sich gegenseitig, diese Talente und Grundlagen zu entdecken. 7.7+ handelt seinerseits ehrlich und ist überzeugt, dass andere genauso handeln oder handeln werden. 7.7+ ist in allen Facetten aufrichtig und wird niemals seine Umgebung manipulieren. Er zeigt sowohl seinem Vorgesetzten als auch seinen Mitarbeitern gegenüber Aufmerksamkeit, ist dabei höflich und lässt es nicht zu, sich selbst herabsetzen zu lassen oder sein Gegenüber zu beleidigen. Er glaubt daran, dass jeder Mensch ein immenses Potenzial in sich trägt, das er aufgrund dieser oder jener Umstände nicht immer entfalten kann. Nur wenn ein Mensch anderen viel Vertrauen schenkt und ihren Fähigkeiten und Gedanken vertraut, kann er ihnen helfen und auch selbst dazugewinnen. Durch seine Vertrauenshaltung Menschen gegenüber bildet 7.7+ auch Vertrauen gegenüber dem Unternehmen und entwickelt so das Gefühl einer Führungssituation, in der man arbeiten und Erfolge erzielen will. Das Vertrauen bildet somit die Grundlage für die Gegenwart und Zukunft des Unternehmens. Menschen glauben an den Unternehmenserfolg und das Unternehmen würdigt den Erfolg seiner Mitarbeiter.

Gerechtigkeit 7.7+ ist überzeugt und zeigt durch sein Verhalten, dass Motivation und erreichte Ergebnisse zusammenhängen. Es werden von ihm eindeutige Kriterien, die alle Formen von Förderung und Bestrafung beinhalten, aufgestellt. Jede Verbesserung muss angemessen gewürdigt werden. Mögliche Gründe für eine Verschlechterung der Arbeit und der Motivation müssen festgehalten und analysiert werden. Dabei wird Belohnung auf keinen Fall auf materielle Dinge reduziert, sondern beinhaltet ein großes Spektrum nicht materieller Anregungen: Aufmerksamkeit, Unterstützung durch den Vorgesetzten, öffentliche Anerkennung, zusätzliche Möglichkeiten der persönlichen Entwicklung, etc. Entscheidungen, die die Karriereentwicklung betreffen, werden Mitarbeitern mitgeteilt. Das führt dazu, dass Menschen maximalen Erfolg erzielen wollen. Dieses Streben entspricht einer Unternehmenskultur, die Initiative und die Erreichung bestmöglicher Resultate fördert.

Commitment und Identität 7.7+ geht von seinem eigenen Wertesystem aus und identifiziert sich zu 100 % mit seinem Unternehmen. Er ist in jeder Position nicht nur ein einfaches Mitglied des Unternehmens, sondern auch ein Mitarbeiter, von dem der Unternehmenserfolg abhängt. Dies ist keine Folge einer zu hohen Selbsteinschätzung, sondern das Ergebnis höchster Identifikation mit dem Unternehmen. Alles Handeln von 7.7+ wird mit großer Verantwortung für die Menschen und das Unternehmen durchgeführt. Er ist bereit, volle Verantwortung zu tragen und zeigt Risikobereitschaft. Der Schutz der Unternehmensinteressen wird mit dem Schutz seines eigenen intellektuellen und materiellen Besitzes gleichgesetzt.

Zuverlässigkeit und soziale Verantwortung 7.7+ ist davon überzeugt, dass Verlässlichkeit und soziale Verantwortung wichtige Werte darstellen, die nur dann erreicht werden können, wenn die Forderungen der Unternehmenskultur eingehalten werden. Als Vorbild werden die besten Erkenntnisse aus Wissenschaft und Technik herangezogen. 7.7+ gibt dem Management ein Gefühl von Zuverlässigkeit und schafft einen Raum, in dem er davon überzeugt ist, dass seine Mitarbeiter selbstständig und verlässlich arbeiten. 7.7+ sieht sich selbst nicht nur für seine eigenen Fehler verantwortlich, sondern übernimmt auch Verantwortung für seine Selbstverwirklichung und seine Weiterentwicklung. Diese Haltung ermöglicht ihm, eine Politik der sozialen Verantwortung im Unternehmen zu leben und das maximal Mögliche beizutragen. 7.7+ begreift, dass das Unternehmen Verantwortung trägt, für die Mitarbeiter, für die Kunden- und Lieferantenbeziehungen, für das Umfeld und für die Nachhaltigkeit des Unternehmens.

7.7+ ist Befürworter ständiger aktiver und verantwortlicher Veränderungen, die eine Zukunftsperspektive haben. Feedback wird genutzt, um einen Prozess zu planen und so zu organisieren, dass dieser sicher ist und angepasst werden kann, wenn Änderungen notwendig sind. Feedbackprozesse beinhalten immer objektives Feedback. Das Feedback von 7.7+ geht in mehrere Richtungen und ist somit ein wichtiges Führungs- und betriebliches Entwicklungsinstrument.

Transparenz und Ehrlichkeit Für 7.7+ sind Ehrlichkeit, Offenheit und Transparenz des betrieblichen Lebens die Grundlage für effektive und synergetische Zusammenarbeit. Ohne Offenheit und Ehrlichkeit ist es nicht möglich, Partnern und Kollegen zu vertrauen, da die Sicherheit fehlt, inwieweit Prognosen getroffen und künftige Entscheidungen und Handlungen vorhergesagt werden können. Bei fehlender Ehrlichkeit, Offenheit und Transparenz wird die Planung des betrieblichen Handelns „blind" durchgeführt, woraus sich Unklarheiten für die Folgeaufgaben ergeben. Es ist dann auch nicht mehr möglich, Feedback zur Korrektur und Optimierung der Tätigkeit zu erläutern. Dies erschwert in besonderem Maße das Erreichen höherer Ziele oder macht es unmöglich. Nur unter Bedingungen von Transparenz und Ehrlichkeit ergibt sich die Möglichkeit, Prozesse deutlich und klar zu planen, die Ausführung von Arbeiten zu organisieren, erreichte Resultate zu messen und die weitere Tätigkeit entsprechend anzupassen.

13.3 Kultur und Macht bei 7.7PLUS

Akzent auf Information, Kompetenz und Ausstrahlung.

Bestrafung 7.7+ glaubt an das Positive und das Talent im Menschen und ist deswegen ein überzeugter Gegner von Bestrafung als Machtmittel zur Beeinflussung und Verhaltensveränderung. Bestrafung wird nur in den Fällen angewendet, wenn alle anderen Methoden ausgeschöpft sind. Dabei ist Bestrafung für 7.7+ eine gerechtfertigte logische Konsequenz für Handlungen, die den allgemeinen Standards widersprechen oder Verluste für das Unternehmen mit sich bringen. Diese kausal verknüpfte

Schlussfolgerung und die Unvermeidbarkeit von Bestrafung werden besonders dann betont, wenn Bestrafung an sich legitim ist oder sich in angemessener Form äußert.

Belohnung Für 7.7+ist Belohnung die Anerkennung von pünktlich abgelieferter, gut gemachter Arbeit. Belohnung ist immer an vorher formulierte Kriterien geknüpft und aktiviert das Erreichen hoher Ergebnisse. Im Gegensatz zu anderen Stilen nutzt 7.7+alle Formen der immateriellen Belohnung. Dazu gehören persönliche Dankbarkeit, allgemeine Anerkennung, mehr Verantwortung, anspruchsvollere Aufgaben oder größere Handlungsfreiheit. Anerkennung ist immer an hohe Ergebnisse geknüpft und kann unterschiedlich umfangreich sein. Sie berücksichtigt die individuellen Eigenschaften der Mitarbeiter.

Position 7.7+ist bemüht, seine Positionsmacht nicht hervorzuheben, sondern den Fokus auf partnerschaftliche Beziehungen zu legen. Eine Schlüsselrolle spielen dabei Professionalität, Begeisterung und ein aktives Positionieren. 7.7+nutzt seinen Status nur, um die Unternehmensinteressen zu repräsentieren, zu erklären und zu verteidigen.

Information 7.7+nutzt Informationsressourcen, indem er versucht, in den Unterabteilungen eine Unternehmenskultur zu schaffen, die alle Mitarbeiter in Richtung der Ziele, Werte und Standards des Unternehmens lenkt und infolgedessen auch von ihnen angenommen und geteilt wird. Er unterstreicht stets die allgemeinen Ziele und Werte, die das Unternehmen vereint. Er trägt somit dazu bei, Konflikte zu überwinden und die höchstmöglichen Ergebnisse zu erzielen. Er beteiligt sich aktiv am Informationsaustausch mit allen Mitarbeitern und ermöglicht ihnen stets, über alle betrieblichen Ereignisse informiert zu sein. 7.7+ist bestrebt, Informationslücken zu schließen, da diese zu Gerüchten im Unternehmen führen. Er ist überzeugt, dass ständiger Zugang zu aktuellen Informationen die wichtigste Bedingung zur Erreichung der bestmöglichen Resultate ist.

Kompetenz 7.7+verfügt über hohe Kompetenz in seinem Bereich und sein Wissen ist breit gefächert. Infolgedessen wenden sich seine Kollegen und Mitarbeiter am häufigsten an ihn, wenn eine Expertenmeinung benötigt wird, oder betriebliche oder fachspezifische Fragen zu klären sind. Dennoch bewertet sich 7.7+nicht als allwissend, schätzt im Zusammenhang damit auch die Professionalität eines jeden Mitarbeiters und ist stets bereit, zur Entscheidungsfindung bei schwierigen Problemen Experten von außen heranzuziehen. Er ist sich bewusst, dass Wissen in der modernen, sich kontinuierlich wandelnden Welt beschränkt ist, und daher bemüht er sich, dieses Wissen und sein professionelles Niveau permanent zu erweitern.

Ausstrahlung 7.7+verfügt in der Regel über eine erhebliche Referenzwirkung und ein ausgeprägtes Charisma. 7.7+ist selbstbewusst, bescheiden und überzeugungsfähig. Er ist in seinen Handlungen konsistent und konsequent. Er ist authentisch und zielgerichtet und schafft um sich herum eine Atmosphäre von Optimismus und positiver Ausstrahlung. Er fühlt sich seinem Unternehmen verbunden und identifiziert sich damit, hat aber gleichzeitig eine eigene, ganzheitliche Position und Vision von Leben und Arbeit. Dies ist für seine Mitarbeiter attraktiv und führt dazu, dass sie seinen Ideen, Werten und Zielen folgen.

13.4   Fähigkeiten in der Zusammenarbeit bei 7.7PLUS

Konflikte lösen

7.7+ betrachtet Meinungsverschiedenheiten und Konflikte als Möglichkeiten zur Verbesserung. 7.7+ äußert seine Meinung offen, auch wenn sie von anderen abweicht, um schlussendlich zu den wahren Ursachen zu gelangen, die die maximale Effektivität der Arbeit behindern. Er analysiert sehr sorgfältig die Gründe der Meinungsverschiedenheiten und Widersprüche und versucht, äußere Unterschiede zu erkennen, um Perspektiven und Grundlagen für Zusammenarbeit zu schaffen. Ein respektvoller und vertrauenswürdiger Kommunikationsstil ermöglicht ihm, offen und ehrlich zu sein, sodass er Konflikte sicher und konstruktiv überwinden und diese Energie dafür nutzen kann, den Teamgeist und die Effektivität zu steigern.

7.7+ betrachtet Konflikt als lebenserhaltende Komponente auf dem Weg zum Fortschritt. Der Konflikt ist eine große Energie- und Kreativitätsquelle. Die meisten Menschen scheuen sich, an Konflikten beteiligt zu sein. 7.7+ reagiert mit objektiver Ursachenforschung, da er die Bedeutung von Konflikten zur Zielerreichung versteht. Er geht davon aus, dass ein unterdrückter Konflikt schädlicher für ein Team ist als ein angesprochener und noch destruktivere Folgen haben könnte. Haben Menschen Zweifel oder Befürchtungen so führt ein Gespräch darüber zur Überwindung des Problems und Fortschritt wird möglich. Die Atmosphäre der Ehrlichkeit, des Vertrauens und Respekts, die 7.7+ im Unternehmen schafft, hilft in einer Konfliktsituation, die Aufmerksamkeit auf notwendige Ressourcen, Überzeugungen und die Meinungen anderer zu lenken. Das Prinzip „Was ist richtig?" bleibt entscheidend für eine optimale Konfliktlösung. Menschen bringen den Mut auf, ihre Ideen zu verteidigen und das Risiko auf sich zu nehmen, entstehende Widersprüche zu besprechen. Dies geschieht nur dann, wenn sie sicher sein können, dass alle daraus hervorgehenden Folgen richtig bewertet werden und optimal für das Unternehmen und die Mitarbeiter sind.

7.7+ ist überzeugt, dass eine aktive und konstruktive Konfliktüberwindung nicht funktioniert, wenn Konfliktvermeidung oder -schwächung, Suche nach Kompromissen oder einseitige Entscheidungen gefördert werden. In einer solchen Atmosphäre verlieren Menschen die Sicherheit, dass ihre Meinung angehört und objektiv beurteilt wird, sodass sie denken: „Warum sich überhaupt daran beteiligen? Es folgen dann nur Unannehmlichkeiten." Werden Konflikte allerdings besprochen und die Ursachen objektiv und faktenbasiert diskutiert, kann jede Meinung problemlos geäußert werden.

Das Streben danach, einen Konflikt zu vermeiden, ist natürlich, da seine emotionale Ladung zu einem Gefühl des Unwohlseins führt. Häufig geht eine aktive Verteidigung der eigenen Position mit Wut, entsprechender Körpersprache oder unsachlichen Bemerkungen einher, sodass viele tatsächlich versuchen, den Konflikt abzuschwächen beziehungsweise zu ignorieren, um sich nicht mit dem aufgebrachten Mitarbeiter zu streiten. Menschen unterscheiden sich darin, wie sie auf Emotionen reagieren. Der Anblick von weinenden Menschen löst bei vielen Unwohlsein aus und destruktiver Streit ruft Selbstschutz hervor. Eine Distanz vor Emotionen während eines Konflikts führt allerdings nur dazu, ihn aufrechtzuerhalten, sodass am Ende alle unzufrieden bleiben. Menschen müssen über eine Möglichkeit verfügen sich offen mitzuteilen. Sie wollen angehört werden, besonders dann, wenn sie etwas beunruhigt.

Der Ansatz von 7.7+ zur Wahrnehmung von emotionalen Äußerungen des Konflikts ermöglicht es jedem sich mitzuteilen, wobei die Aufmerksamkeit auf Fakten und Ursachen konzentriert werden muss. Damit dies möglich ist, müssen ein oder zwei Kollegen in der Position objektiver Beobachter hinzugerufen werden. Eine objektive Herangehensweise ist besonders dann wichtig, wenn Menschen, die an der Diskussion beteiligt sind, bereits die Fähigkeit verloren haben, das Ganze nüchtern zu sehen und nicht mehr in der Lage sind, objektiv zu urteilen und zu handeln. In einer solchen Situation hilft nur eine Diskussion konkreter Fakten und logisch begründeter Schlussfolgerungen. Infolgedessen wird die Diskussion auf die Lösungssuche ausgerichtet, was einer weiteren Konfrontation vorbeugt.

Wird das Prinzip „Was ist richtig?" von allen Teammitgliedern geteilt, werden Widersprüche mithilfe von Fakten, Datenanalyse und Ursachenforschung überwunden. Wurde eine Entscheidung gefunden, spiegelt sie eine von allen geteilte Meinung darüber wider, was am besten ist.

Die Herangehensweise an einen Konflikt beinhaltet für 7.7+ nicht den Fokus auf Menschen, sondern auf Ideen. Sind alle Beteiligten bemüht herauszufinden, was richtig ist, und nicht, wessen Idee sie abgelehnt haben, muss sich niemand verletzt fühlen. Eine Konfliktpartei kann sagen: „Meine Idee war nicht in allen Punkten richtig. Ich hoffe, dass Ihre Idee zur Lösung des Problems führt." So gibt es kein Gefühl der Niederlage, da alle Prozessteilnehmer durch die bessere Idee gewinnen.

Für 7.7+ bietet eine konstruktive Konfliktlösung die Möglichkeit, Synergie zu erreichen. Indem verschiedene Blickwinkel verglichen und diskutiert werden, können die Konfliktparteien eine gute Entscheidung finden, die besser ist als die beiden ursprünglichen Entscheidungen. Auch wenn in der neuen Entscheidung Elemente der ursprünglichen Vorschläge enthalten sein können, ist die neue Entscheidung weiter von einem Kompromiss entfernt. Synergie ist der Traum eines jeden Teams. Synergie wird nur dann erreicht, wenn das Team bereit ist, einen Konflikt wirklich zu lösen und ihn nicht zu ignorieren oder zu verdecken. 7.7+ erinnert sich stets daran, dass ein ungelöster Konflikt dem Team Energie raubt und ihm das Commitment zur gemeinsamen Mission nimmt, das aber für das Erreichen der besten Ergebnisse notwendig ist.

Informationen austauschen

7.7+ verfügt über sehr hohe Kommunikationsfähigkeiten. Er ist stets bemüht, alle Mitarbeiter mit allen Informationen zu versorgen, die sie benötigen, um richtige Entscheidungen zu treffen. Mitarbeiter eines solchen Teams sind stets darüber informiert, was gerade passiert. Teamarbeit nach 7.7+ ist das Ergebnis ausgehandelter, zielgerichteter Bemühungen jedes Teammitglieds. Zur Besprechung von Problemen zieht 7.7+ nur jene Mitarbeiter hinzu, die tatsächlich für die Entscheidung wichtig sind. 7.7+ muss nicht ständig Besprechungen durchführen und ruft dazu auch nicht alle Mitarbeiter hinzu. Es werden diejenigen Mitarbeiter eingeladen, die über Wissen, Fähigkeiten und Erfahrungen verfügen, die für das Erreichen der Ergebnisse notwendig sind.

7.7+ ist bestrebt, einen aktiven Ideenaustausch durchzuführen, um alle vorhandenen Ressourcen zu nutzen. Neue Ideen sind willkommen, werden berücksichtigt und auch gefördert. Damit die Ideen und Meinungen der anderen verglichen werden können, wird die Methode des aktiven Zuhörens angewendet. Das ermöglicht, dass jeder teilnehmen kann und sich für die Aufgabe verantwortlich fühlt. 7.7+ sucht aktiv die benötigte Information. Er ruft seine Mitarbeiter zum Dialog auf und hört aufmerksam ihren Ideen und Meinungen zu, auch wenn sich diese deutlich von seinen eigenen unterscheiden. Er überprüft stets die Richtigkeit seiner Gedankengänge und Entscheidungen und vergleicht diese mit den Herangehensweisen der anderen.

7.7+ versucht nicht, Informationen zu verstecken, zu reduzieren oder aufzubauschen. Er ist bereit, jede Information zur objektiven Analyse und neutralen Betrachtung zu teilen. Diese Fähigkeit macht Aufrichtigkeit zu seinem Hauptmerkmal im Umgang mit Informationen. 7.7+ versucht Ressourcen so adäquat wie möglich zu beurteilen. Dies ist nicht möglich, wenn er nicht über vollständige und umfangreiche Informationen verfügt. Da 7.7+ bestrebt ist, die besten Ergebnisse zu erzielen, hat er keine Angst, in die Tiefe zu gehen, und dafür viele Fragen zu stellen. Wird die Kompetenz eines Mitarbeiters von den Kollegen bezweifelt, scheut 7.7+ sich nicht, dies unmittelbar anzusprechen: „Ich schätze Ihre Initiative, aber ich bin nicht sicher, ob Sie über das notwendige Wissen und die Fähigkeiten verfügen, um diese Arbeit auf einem hohen Niveau auszuführen. Denken Sie, dass die Kollegen aus der Personalabteilung, die in der betreffenden Frage erfahrener sind, Ihre Arbeit unterstützen könnten?"

Hat jemand Probleme mit seiner Aufgabe in einem Projekt, analysiert 7.7+ diese Probleme durch die direkte Sammlung von Informationen und begleitet seine Analyse der Fakten mit konkreten Beispielen. Dabei vermeidet er möglichst geschlossene Fragen, die mit „ja" oder „nein" beantwortet werden können. Er nutzt bewusst offene Fragen, die zur Diskussion einladen, ohne einen Standpunkt zu unterstellen. Das ist besonders wichtig, wenn der Fragende auf der in der Hierarchie weiter oben steht als der Gefragte. Menschen haben die Gewohnheit, die Meinung derjenigen zu teilen, die autoritärer sind als sie oder hierarchisch über ihnen stehen, unabhängig davon, um wen es sich dabei handelt und ob sie damit einverstanden sind.

Position beziehen

7.7+ begleitet seinen Standpunkt immer mit Argumenten. Er verteidigt seine Meinung mit Überzeugung und fordert andere auf, ihm zu folgen. Scheint für ihn eine Frage beantwortet, wird er andere dennoch bitten, ihre Meinung einzubringen, um ein besseres Ergebnis zu erzielen. 7.7+ ist bereit, von seiner Meinung abzuweichen, wenn die Argumente seiner Gesprächspartner überzeugender sind. Er tritt als Initiator jener Handlungen auf, die die Teilnahme und das Commitment seiner Mitarbeiter verstärken.

In der Verteidigung seines Standpunkts ist 7.7+ deutlich und überzeugend. Eine hohe Orientierung an den Unternehmenswerten in Begleitung hoher Menschen- und Ergebnisorientierung motiviert 7.7+ nicht nur, seine Positionen zum Erreichen des bestmöglichen Ergebnisses zu verteidigen, sondern ermöglicht es ihm auch, dies zu tun, ohne andere anzugreifen oder sich vor den Angriffen anderer zu verteidigen. Eine starke Initiative bedeutet nicht, dass 7.7+ andere unterbricht oder sie zum Schweigen bringt. Die Methode von 7.7+ ist die Gewissheit, dass es keine Ideen gibt, die nicht noch verbessert werden könnten.

Argumentation und die aktive Verteidigung der eigenen Meinung stellen ein nicht einfaches Dilemma dar: es führt entweder zu einem Sieg oder zu einer Niederlage. Wird die Meinung durch das Team anerkannt, handelt es sich um einen Sieg. Wird sie abgelehnt, um eine Niederlage. 7.7+ lehnt dieses „Win/Lose" Modell ab und schlägt stattdessen vor, zum Modell „Win/Win" überzugehen. Es gilt, das „was richtig ist" zu suchen und nicht „wer die Schuldigen sind". 7.7+ ist stets bestrebt zu überprüfen, ob seine Meinung tatsächlich korrekt ist, indem er sie mit den anderen diskutiert. Solche Diskussionen ermöglichen es, die Ideen von allen Seiten zu prüfen. Stellt sich in den Diskussionen heraus, dass die Idee von 7.7+ richtig ist, kann er die Arbeit mit noch größerer Energie angehen, da er nun die Unterstützung seines Teams hat. Gibt es eine Idee, die besser ist, ändert 7.7+ ohne Zögern seine Meinung zugunsten der überzeugenderen. Sind die Kollegen immer noch nicht mit der Meinung von 7.7+ einverstanden, obwohl diese richtig war, setzt er seine Arbeit in der Gewissheit, dass er alles Mögliche versucht hat, fort und versucht die anderen zu einem späteren Zeitpunkt zu überzeugen.

7.7+ äußert Initiative im Hinblick auf die objektive Bewertung der Ressourcen. Er handelt, indem er anderen Menschen Respekt und Aufmerksamkeit entgegenbringt. Diese Herangehensweise hilft den anderen Teammitgliedern, selbstständig die vorhandenen Ressourcen zu mobilisieren, zu äußern und zu bewerten, genauso wie die eigene Tätigkeit zu planen. 7.7+ ist gut darüber informiert, welche Möglichkeiten sein Team hat, und kann die Wirkung bestimmter Handlungen einschätzen. Führt eine neue Initiative zu der Notwendigkeit, noch mehr für weniger Geld zu arbeiten, erkennt und löst 7.7+ dies. Führt die Initiative zum Produktionsstopp, wird 7.7+ auch diese Frage rechtzeitig angehen.

Der Glaube von 7.7+ an das Potenzial der Menschen führt bei ihnen zu höherer Aktivität, da die Aufmerksamkeit nun auf der objektiven Bewertung der Fakten liegt. 7.7+ findet stets die beste Handlungsweise und sein Enthusiasmus ist ansteckend. Enthusiastisch zu sein bedeutet nicht, zu schnell zu handeln oder Umstände und

Befürchtungen zu ignorieren. Im Gegenteil muss manchmal sogar ein Schritt zurück erfolgen und eine Handlung mit Blick auf die vorhandenen Ressourcen, die getroffenen Entscheidungen und die geplanten Strategien überdacht werden. Aktives Positionieren von 7.7+ ermöglicht eine Vorwärtsbewegung, um Informationen zu suchen, zu finden und zu analysieren. Der Vorteil dieser Objektivität liegt darin, dass nun eine bessere und realistischere Sichtweise gegeben ist und eine Position, die auf zahlreichen Fakten, auf Logik und gesundem Menschenverstand basiert, besser begründet werden kann.

Die Position von 7.7+ verstärkt sich auch dank seiner Ehrlichkeit. Er hat keine Angst, Fakten zu analysieren, wenn eine bestimmte Aufgabe bevorsteht. Für den erfolgreichen Abschluss einer Tätigkeit ist es notwendig, alle Umstände zu berücksichtigen, um rechtzeitig adäquate Maßnahmen zu treffen. Die Initiative von 7.7+ äußert sich in allen Handlungsstadien. Er ist stets bemüht, die Aufgaben zu priorisieren, die Möglichkeiten zur Realisierung eines Plans zu untersuchen und bei Bedarf entsprechende Vorschläge einzubringen. Falls die Mehrheit des Teams es vorzieht, die Tätigkeit einfach zu beginnen, stellt 7.7+ Kriterien und Anhaltspunkte für die gewünschten Resultate auf. Ist eine Handlung abgeschlossen, ist 7.7+ bemüht, die Wirksamkeit der durchgeführten Arbeit zu beurteilen und entsprechende Korrekturen vorzunehmen, die für die künftige Tätigkeit grundlegend werden.

Entscheidungen treffen

7.7+ misst richtigen Entscheidungen eine hohe Bedeutung bei, da genau diese dem Unternehmen helfen, gesetzte Ziele zu erreichen. Er informiert sich über die Meinung anderer in der betreffenden Frage, vergleicht sie mit den vereinbarten Kriterien und strebt an, gegenseitiges Verständnis zu erreichen. 7.7+ hat keine Angst vor unpopulären oder besonders harten Entscheidungen. Trotzdem bemüht er sich, Entscheidungen in gegenseitigem Einverständnis und einheitlich zu treffen und Informationen zu nutzen, die allen bekannt sind.

Entscheidungen nach 7.7+ basieren auf einem offenen Austausch von wertvollen Ideen, Meinungen und Fakten. Gewählt wird der beste Weg der Zielerreichung. Nur so kann maximaler Erfolg erreicht werden, da potenziell mögliche, versteckte Probleme rechtzeitig entdeckt und gelöst werden können.

Der Schlüssel zum Erfolg beim Treffen einer Entscheidung liegt in einer hohen Einbeziehung des Teams. Die Ideen von 7.7+, wie eine qualitativ wertvolle Beteiligung der Menschen zur Lösung eines Problems erreicht werden kann, beinhalten, dass sie ihre Meinung frei äußern, alternative Lösungswege einbringen, interessante Ideen beitragen und entstehende Missverständnisse und Ungereimtheiten besprechen können. Die Qualität aller möglichen Entscheidungswege wird mit den vorhandenen Fakten verglichen und im Hinblick auf Richtigkeit bewertet. Daraufhin kann eine final abgestimmte Entscheidung getroffen werden, die sich als natürliches Ergebnis präsentiert, da sie durch ein offenes Gespräch erreicht wurde. Ein hohes Niveau an Beteiligung beschreibt den Führungsstil 7.7+ und erhöht das Commitment der Menschen gegenüber den getroffenen Entscheidungen. Menschen unterstützen gerne die Entscheidungen, an deren Findung sie beteiligt waren. Auch wenn kein vollkommenes Einverständnis erreicht wurde, wurden alle Teammitglieder über alle Tatsachen, Meinungen und Handlungen informiert. Sie fühlen sich verpflichtet, da jeder die Möglichkeit hatte, sich einzubringen und seine Meinungen, Zweifel und Befürchtungen zu äußern. Dieses Commitment stärkt ein Team. Jeder kann seine Idee frei äußern und von den anderen, die für ihre Umsetzung mitverantwortlich sind, Unterstützung bekommen.

Nach Meinung von 7.7+ hängt die Zahl der Personen, die in den Entscheidungsprozess involviert werden sowie die tatsächliche Zusammensetzung dieses Teams davon ab, wessen Beteiligung unabdingbar ist. Kann ein Mitarbeiter seinen Beitrag in Form von Erfahrungen, Fähigkeiten oder Verantwortung leisten, wird er beteiligt. Dabei kann das Team sich sowohl aus den Teammitgliedern, als auch aus von außen hinzukommenden Personen zusammensetzen. In jedem Fall können Entscheidungen einfacher in einem 7.7+ Team getroffen werden, da Status und Ausstrahlung der einzelnen Teammitglieder weniger bedeuten als ihr persönlicher Beitrag zu diesem Prozess.

Äußert der unerfahrenste Mitarbeiter einen guten Vorschlag, wird er angenommen, wenn dies der beste Vorschlag ist. Schlägt eine Führungskraft oder der erfahrenste Mitarbeiter hingegen eine schwache Variante zur Problemlösung vor, wird dieser Vorschlag abgelehnt, da er nicht als optimal bezeichnet werden kann. Dies bedeutet, dass mit der Zeit alle Teammitglieder an allen Entscheidungen beteiligt werden. Dabei können bestimmte Entscheidungen durch ein oder zwei Mitarbeiter getroffen werden, die dafür die volle Verantwortung für das Team tragen.

Ein weiterer Vorteil der Entscheidungen von 7.7+ ist die Einfachheit dieses Prozesses, die durch ein hohes Vertrauens- und Respektniveau bedingt ist. Jeder weiß, dass Entscheidungen nach Kriterien der Richtigkeit getroffen werden, und nimmt daher nicht am Entscheidungsprozess teil, wenn er keinen Beitrag leisten kann. Sind Ängste und Barrieren beseitigt, können Teammitglieder ehrliche und schnelle Entscheidungen treffen.

Kritik üben

Die wichtigsten Eigenschaften von 7.7+ sind Offenheit und Aufrichtigkeit in den Beziehungen. Das äußert sich besonders in kritischen Äußerungen und Feedback. Kritik im Stil von 7.7+ beinhaltet das Verständnis der Handlungseffektivität des Teams und schließt alle Kritikformen ein: vorzeitige, begleitende, spontane und abschließende Kritik. Diese Abfolge in der kritischen Herangehensweise führt dazu, dass Probleme schnell und effektiv gelöst werden können, da sie frühzeitig erkannt und beseitigt werden. Ist es jedoch nicht möglich, sie zu verhindern, werden sie sofort bei ihrem Auftreten erkannt und gelöst. Dieses wachsende Handlungsbewusstsein im Team ermöglicht es, das Problem zu beseitigen, bevor dem Unternehmen irreversibler Schaden zugefügt wird.

Mit Hilfe von Kritik, durch die alle Probleme und Alternativen diagnostiziert werden können, treibt 7.7+ eine Aufgabe voran. Er versucht immer, objektive Kritik zu nutzen, besonders in emotionalen Situationen oder unter schwierigen Umständen. 7.7+ begrüßt Kritik sich selbst gegenüber, will so alle Meinungen herausfinden und Fehler erkennen und korrigieren. So bleibt das Team in einer kontinuierlichen Entwicklung. Der Einsatz aller Kritikformen ist häufig ungewohnt für die Kollegen von 7.7+. Viele kennen Kritik nur als abschließende Phase eines Projekts oder einer Aufgabe zur Würdigung des Erreichten. 7.7+ versteht Kritik jedoch als objektives und konstruktives Planungs-, Mess- und Analyseinstrument sowohl für den Prozess als auch für das Ergebnis.

Menschen glauben an ihren Erfolg und halten sich für die Eroberer des maximal Erreichbaren. Ist etwas Zeit vergangen, führt ein solcher „Übererfolg" zum Verlust von Qualitätsstandards und senkt Erwartungen. Die Geschichte ist voller Beispiele von Unternehmen, die zunächst großen Erfolg erlebten und daraufhin für lange Zeit in einer Abwärtsspirale und in einem Umstrukturierungsprozess befanden.

Ein 7.7+ Team freut sich über Erfolg und feiert das Erreichte, analysiert aber zur gleichen Zeit das Geschehen im Hinblick auf Erwartung und Ergebnis, die es im Ideal hätte erreichen können. Es wird nicht empfohlen, sich über eine Steigerung von Ergebnissen um 20 % zu freuen, wenn es durchaus wahrscheinlich ist, dass man sie um 40 % hätte steigern können. Übertrifft ein Ergebnis die Erwartungen, wurden Ziele höchstwahrscheinlich zu niedrig angesetzt. Natürlich darf man sich über Erfolg freuen, sollte dabei aber nicht seine Bemühungen einstellen, noch höhere Qualität bzw. Produktivität zu erreichen.

Eine andere sehr verbreitete Herangehensweise an Kritik ist die Suche nach den Schuldigen und deren Bestrafung. In dieser Situation verwandeln sich kritische Besprechungen in Nachbesprechungen, an denen oft auch der Vorstand teilnimmt. Bei denjenigen, die genau diese Art von Kritik erlebt haben, ruft das Wort „Kritik" eine negative Reaktion hervor. In Wirklichkeit handelt es sich nicht um Kritik, sondern um den Missbrauch von Kritik, die dafür genutzt wird, Schuldige zu finden. Wirkliche Kritik im Sinne von 7.7+ ist weit von diesen Formen entfernt. Das Ziel von richtiger, konstruktiver Kritik ist Entwicklung und nicht Bestrafung und Erniedrigung. 7.7+ ist bereit, sich objektive Kritik anzuhören und sie auch selbst anzunehmen.

7.7+ äußert Kritik in einer Atmosphäre von gegenseitigem Vertrauen und Respekt. Das erleichtert sowohl die Äußerung negativer Anmerkungen, als auch ihre Annahme, da beide Parteien das finale Ziel der Kritik verstehen. Damit wird der Weg zur Spitzenleistung geebnet. Diese Herangehensweise gibt den Gesprächspartnern Unterstützung und verhindert, dass eines der beiden Teammitglieder sich einsam und verlassen fühlt. Unabhängig von den entstehenden Widersprüchen und Reibungen unterstreicht 7.7+ stets die Gemeinsamkeit der Ziele der Mitarbeiter: „Wir sind ein Team!" Dies bedeutet keinesfalls, dass 7.7+ sich nicht ärgern oder seine Empörung äußern kann. Der Unterschied liegt lediglich darin, dass negative Äußerungen auf konstruktive Art formuliert werden und der Fokus auf die Verbesserung der Tätigkeit und der Ergebnisse gelegt wird.

7.7+ versucht sich in jeder kritischen Äußerung auf Beispiele konkreten Verhaltens zu konzentrieren und die Wirkung, die das Verhalten auf die Vorgehensweise des Teams zum Erreichen des Ziels gehabt hat, zu betonen. Er lehnt vorwurfsvolle Kritik ab und konzentriert sich stattdessen auf konkrete Handlungen und die Auswirkungen auf die Effektivität der Teamarbeit. Einer der wichtigsten Effekte von Kritik im Sinne von 7.7+ ist, dass kritische Anmerkungen einem Menschen helfen können, mehr zu bewirken und sich zu entwickeln. Das führt nicht selten dazu, dass ein Mensch von sich aus um konstruktive Kritik bittet. Wenn Kritik dazu führt, dass ein Mensch die Verbindung seiner Tätigkeiten mit einem Ergebnis sehen kann und ihm auch Hinweise gegeben werden, wie sein Verhalten zum Besseren verändert werden kann oder was die besonderen Stärken seines Verhaltens waren, entsteht bei ihm der Wunsch, immer wieder Feedback zu erhalten. Schlussendlich ist konstruktive Kritik ein natürlicher und motivierender Bestandteil einer effektiven Zusammenarbeit.

13.5 Schlussfolgerungen

7.7+ vereint sowohl hohe Ergebnis-, als auch hohe Menschenorientierung mit gleichzeitiger hoher Werteorientierung. 7.7+ vertritt hohe ethische Ansprüche sich selbst gegenüber und hat ein hohes Niveau an Integrität. Dieser Stil äußert in seinem Verhalten Werte wie Gerechtigkeit, Ehrlichkeit, Vertrauen und Verantwortung. Jeder Mitarbeiter erfährt Wertschätzung. 7.7+ ist im Ganzen objektiv und ehrlich, er beurteilt sich selbst richtig, ist bescheiden, unterstützt andere, versucht an die Zukunft zu denken und zukunftsorientiert zu handeln. In seinen Handlungen ist er gründlich und entschieden, er versucht nicht, Veränderungen durch Entscheidungen zu initiieren, sondern betrachtet sie als notwendiges Element betrieblicher Entwicklung. Die Kultur von 7.7+ wird dadurch zu einem effektiven Führungsinstrument zur Entwicklung und Vervollkommnung eines Unternehmens. 7.7+ ermöglicht das stetige Erreichen von Zielen auf die beste Art und Weise, indem er alle Teamressourcen und alle vorhandene Energie bündelt. Die Prinzipien eines effektiven Teams sind besonders bei 7.7+ sichtbar, da nur diese Herangehensweise Dominanz, „faule" Kompromisse, Vermeidung, Belehrung, Opportunismus und Missbrauch der kollektiven Zusammenarbeit ausschließt. Die durch 7.7+ ermöglichte Zusammenarbeit führt nicht nur zum Erreichen betrieblicher Ziele, sondern auch dazu, dass Mitarbeiter sich begeistert einbringen und selbstverantwortlich handeln.

7.7+ ist über alles bestens informiert und unterstützt effektiven Informationsaustausch. Er ist für andere ein Vorbild, äußert seine Meinung offen und ehrlich, stützt sich dabei auf Fakten und analysiert Ursachen, was zur Überwindung jeglicher Konflikte und Widersprüche führt. Er hat keine Angst, seine Schwächen oder Misserfolge anzuerkennen, und begrüßt es, wenn andere bessere Ideen einbringen. Eine offene Atmosphäre führt dazu, dass er für Mitarbeiter ein Beispiel ist und sie ihm gerne folgen.

7.7+ stützt sich in seinen Tätigkeiten auf das Prinzip „was richtig ist" und nicht auf das Prinzip „wer Recht hat". Diese grundlegende Einstellung senkt die Notwendigkeit für politische Spiele und Verhaltenskontrollen sowie die Angst vor Manipulation. Das erleichtert einem Team, gemeinsam das bestmögliche Resultat anzustreben, und lässt keinen Platz für Versuche, die Anerkennung anderer über die eigenen Leistungen zu erhalten. Dabei werden individuelle Leistungen trotzdem geschätzt und anerkannt. Dies erfolgt allerdings nur im Kontext kollektiver Ergebnisse.

7.7+ integriert alle in den gemeinsamen Entscheidungsfindungsprozess. Dieses Einverständnis führt zu Commitment, das für die effektive Umsetzung von Plänen notwendig ist. Ergebnisse der kollektiven Zusammenarbeit entstehen nicht von alleine, sondern erfordern anstrengende Bemühungen. Die Arbeit trägt keine Früchte, solange die Teammitglieder nicht gegenseitiges Vertrauen und Respekt entwickeln. Ohne Vertrauen ist ein intensiver Informationsaustausch unmöglich und es können keine ehrlichen Beziehungen entstehen. Kein Teammitglied kann erwarten, dass es den 7.7+ Stil in sein persönliches Verhalten integriert. Jahre schlechter Angewohnheiten und eine Reihe von Enttäuschungen machen das unmöglich. Der Weg zu einem tiefen Verständnis von sich selbst ist lang. Ehrlichkeit und Aufrichtigkeit erscheinen einem Kritikungeübten als unangemessen oder gar als Schuldzuweisung. Die Einstellungen, die hinter ineffektivem Verhalten stehen, basieren auf tief verankerten Werten, die als schwer veränderbar gelten.

Aufgrund der besonderen Freiheit und Verantwortung ist 7.7+ tatsächlich fordernd, trägt aber gleichzeitig mehr Befriedigung und Belohnung für jeden in sich, der an der Arbeit teilgenommen hat. 7.7+ wartet nicht, bis er informiert wird, sondern setzt alles daran, informiert zu sein. Es ist nicht einfach, etwas zu beweisen, indem man die Ursachen erklärt, Rückschlüsse zieht oder die Einschätzungen der anderen Mitarbeiter anhört. Viele Führungskräfte, die sich autoritär verhalten, lehnen es ab, etwas zu erklären oder ihre Handlungen zu begründen. 7.7+ nutzt im Unternehmen vorhandene Konflikte als Energiequelle zur ständigen Entwicklung und Steigerung von Effektivität. Das Ziel des Unternehmens und individuelle Ziele werden in einen stimmigen Zusammenhang gebracht. Ergebnis- und Menschenorientierung werden vereint und das Streben nach Gewinn wird nach ethischen Normen ausgerichtet, die vom Unternehmen selbst entwickelt und aufrechterhalten werden. 7.7+ ist authentisch, vertrauenswürdig und überzeugt uns davon, dass die maximale Zielerreichung nur dann möglich ist, wenn alle vorhandenen Unternehmensressourcen genutzt werden. 7.7+ zieht in der Regel die Aufmerksamkeit auf sich und nutzt Respekt für eine unternehmerische Atmosphäre, da den Mitarbeitern die offene und sichere Position einer Führungskraft imponiert. Das bedeutet nicht, dass 7.7+ niemals Fehler macht. Auch er unterliegt Zweifeln und der Wirkung von negativen Einflüssen.

Sein konstruktives Denken und seine Dynamik helfen ihm allerdings, resilient zu sein und entstehende Probleme mit Erfolg zu überwinden.

Durch optimale Führung zu optimaler Kultur

Die Synercube-Theorie und die Fähigkeiten und Erkenntnisse, auf denen sie basiert helfen dem Unternehmen, seine Ressourcen in bestmöglicher Weise in Ergebnisse umzuwandeln. Sie helfen, notwendige Handlungen frühzeitig zu erkennen, einzuleiten und mit den bereits formulierten Zielen zu vereinbaren. Die Werteorientierung verleiht den Zielen ein hohes Niveau an sozialer Verantwortung, Fairness und Integrität. Die Zielerreichung wird wertvoll und nutzbringend, vermittelt Zugehörigkeit und motiviert Menschen. Kann man solche Ziele als Visionen bezeichnen? Ja, vorausgesetzt, dass die Vision die festgelegten Werte widerspiegelt. Auch wenn es visionär ist, ist das Ziel vor allem durch eine hohe Vorhersagbarkeit bei der Erzielung wirtschaftlicher Ergebnisse gekennzeichnet.

Erfolg haben bedeutet nicht nur, Ergebnisse mit den vorhandenen Ressourcen zu erreichen. Entscheidend für Erfolg ist, dass dabei ethische Grundsätze berücksichtigt werden. Das gilt nicht nur für Unternehmen, auch jede Person muss sich bewusst sein, dass nur Ergebnisse, die sinnvoll sind, also den Menschen dienen, nachhaltigen Erfolg bedeuten.

Heute werden menschliche Werte und anspruchsvolle Ziele oft als unrealistisch empfunden oder belächelt. Tatsächlich sind respektvolles Verhalten und hohe, werteorientierte Ziele für mehr Menschen unabdingbar und erstrebenswert, als angenommen wird. Die Gestaltung des künftigen Ergebnisses, also die aktive Beteiligung an der Zielerreichung, ist die treibende Kraft, die auch andere motiviert, sofern dieses Ziel für alle Beteiligten sinnvoll und wertvoll ist.

Wenn in einem Unternehmen Ergebnisse zu erbringen sind, muss jeder Beteiligte von Anfang an Sinn und Wert des gewünschten Ergebnisses erkennen und verstehen. Je klarer, deutlicher und persönlich bedeutsamer dieses Ziel ist, desto mehr fühlt sich der Einzelne dazu verpflichtet, und die Chancen steigen, dass sich alle einbringen und die vorhandenen Ressourcen genutzt werden.

© Springer-Verlag GmbH Deutschland, ein Teil von Springer Nature 2019
A. Zankovsky und C. von der Heiden, *Leadership mit Synercube*,
https://doi.org/10.1007/978-3-662-58373-9_14

Ein hohes, werteorientiertes Ziel erhöht auch aus anderen Gründen die Motivation. Wenn sich jeder vorstellen kann, was erreicht werden muss, ist die Vorstellung unerträglich, dass das Projekt scheitern könnte. Motivierte Menschen sind bereit, alle Hindernisse zu überwinden und für den Erfolg zu kämpfen. Diese spürbare Zielorientierung kann auch die Wettbewerber des Unternehmens dazu bringen, ihre eigenen ethischen Grundsätze zu überdenken.

Das Entwickeln von hohen Zielen erfordert Mut. Der Initiator befürchtet oft, dass er von einigen als anmaßend, überheblich, vielleicht als allzu idealistisch und realitätsfremd betrachtet wird. Dazu kommen Ängste, dass schwerwiegende Hindernisse auf dem Weg zur Zielerreichung auftreten könnten. Solche Gedanken können bewirken, dass der Mitarbeiter seine Aktivitäten reduziert. Die Erfahrung zeigt jedoch, dass ein wirklich erstrebenswertes und hohes Ziel auch bei den Mitarbeitern ein Gefühl von Verbundenheit und Engagement auslöst. Sie fühlen sich als Teil des Teams, unterstützen sich gegenseitig und entwickeln kreative Ideen, welche die Chancen verbessern, dass dieses hohe Ziel erreicht wird. Plötzlich teilen auch die Entscheidungsträger und andere Teams die Begeisterung für das gemeinsame Ziel. Es entsteht eine Atmosphäre, in der Synergie erreicht wird, da alle Beteiligten von Sinn und Wert der Ziele überzeugt sind. Ein hohes Ziel ist werteorientiert. In der heutigen Zeit ist solch ein Ziel der Schlüssel für langfristigen und stetigen Erfolg.

Eine vernünftige Strategie beinhaltet drei Faktoren:

1. Die Mitarbeiter der Organisation sollten eine Reihe von dominanten Werten bestimmen, die den Wertekodex des Unternehmens ausmachen. Ein solcher Wertekodex ist die treibende Kraft, die Stabilität und Sicherheit garantiert. Die Werte innerhalb dieses Kodexes überdauern Führungswechsel, Änderungen in den Produkten oder Dienstleistungen und Veränderungen im Tätigkeitsbereich und widerstehen disruptiven Tendenzen.
2. Der Wertekodex als stabile Grundlage ermöglicht es, eine große Zahl von unterschiedlichen Zielen zu entwickeln – vom Lösen einfacher Probleme bis zu ambitionierten Zielen. Dabei ist wichtig, dass das Ziel einen Wert in sich trägt – für den einzelnen Menschen, das Unternehmen, die Gesellschaft. Je größer die Anzahl der Menschen ist, die das definierte Ziel teilen, desto motivierender, verpflichtender und bedeutender wird es für das Unternehmen.
3. Entscheidend ist schließlich eine konkrete und verständliche Beschreibung, was mit dem Ziel erreicht werden soll. Auch wenn eine einzelne Führungskraft über hervorragendes Wissen und exzellente Fähigkeiten verfügt, wird eine Gruppe von zehn Personen, die ein gemeinsames, hohes Ziel anstreben, immer effektiver sein.

Ein hohes und erstrebenswertes Ziel inspiriert alle Bereiche des Unternehmens, eigene Unterziele zu formulieren und Herausforderungen zu beschreiben, die auf dem festgelegten Ziel aufbauen. Dies geschieht nicht auf Anweisung der Firmenleitung, sondern weil sich jeder Mitarbeiter verpflichtet fühlt, seine Fähigkeiten einzubringen und zu einem Team zu gehören, das von den Zielen des Unternehmens überzeugt ist und diese aktiv vertritt. Dieses Klima erlaubt es auch, Ziele anzustreben, die für andere Unternehmen unrealistisch scheinen.

Damit ein hohes Ziel erreicht werden kann, ist es notwendig, dass es im Bewusstsein der Mitarbeiter verankert wird. Den Mitarbeitern müssen Wege aufgezeigt werden, wie sie in ihrem Bereich diese Ziele verwirklichen können. So verinnerlichen sie das Ziel und fühlen sich diesem verbunden und verpflichtet.

Ein werteorientiertes, hohes Ziel bildet einen motivierenden Faktor für die Entwicklung der Mitarbeiter. Synercube-Werte und -Fähigkeiten schaffen durch Einbeziehung der Betroffenen die Voraussetzung dafür, dass alle Beteiligten hohe Ziele anstreben und erreichen wollen. Sie verstärken das Commitment dafür, weil sie Menschen mit Fähigkeiten ausrüsten, die Offenheit, Aufrichtigkeit, gegenseitiges Vertrauen, Respekt und Teamfähigkeit stärken und damit Synergieeffekte ermöglichen. Synercube-Werte schaffen eine solide Grundlage, mit der sich Menschen auf dem persönlichen Weg zur Zielerreichung sicher fühlen. Die Führungskräfte unterstützen diesen Prozess als Vorbilder durch ihr Verhalten.

Das Modell der natürlichen Auslese von C. Darwin beeinflusste auch die wirtschaftliche Entwicklung maßgeblich, indem sie versuchte, sich an Marktveränderungen anzupassen, um maximalen Umsatz und Gewinn zu erzielen. Heute wird das Darwin-Modell ergänzt durch eine zivilisierte, sozialorientierte Komponente: Es überlebt, wer sich nicht nur schneller als alle anderen an die sich verändernden Bedingungen anpasst, sondern seine Ziele auch mit hohen Werten verknüpft und erreicht – also Wachstum nicht um jeden Preis, sondern immer unter Einbeziehung der ethischen Werte in die Entscheidungen. Das Verhalten einer Führungskraft, die sich auf Werte stützt, die von den Mitarbeitern geteilt werden, kann eine mächtige Wirkung auf Gruppennormen, Handlungen und Ergebnisse haben. Zwar gehen die meisten Menschen davon aus, dass ihre persönlichen Werte und Einstellungen die einzig richtigen sind. Studien zeigen jedoch, dass die meisten individuellen Überzeugungen und Einstellungen auf Gruppennormen basieren. Gruppennormen bestimmen die Qualität der Arbeit viel stärker, als viele annehmen. Diese Normen spiegeln sich in Traditionen, Bräuchen, Ritualen, Richtlinien, Politik, Instruktionen, Gewohnheiten und Erfahrungen der Vergangenheit wider. Sie werden von der Gruppe als Standard akzeptiert. Dieser Prozess wird als **Konvergenz** bezeichnet, bei dem sich Menschen in einer Gruppe mit der Zeit immer ähnlicher werden, indem sie eine typische Sprache und eine spezifische Art von Humor entwickeln und sich Gewohnheiten und Einstellungen herausbilden, die sie von anderen Gruppen unterscheidet. Konvergenz entsteht durch Anpassung von individuellem Verhalten an typisches Gruppenverhalten, das von jedem Teammitglied geteilt und akzeptiert wird (Turner und Killian 1993).

Zusammenhalt ist ein typisches Phänomen einer sozialen Organisation. Menschen neigen dazu, sich mit jenen zu vergleichen, mit denen sie gemeinsame Erfahrungen gemacht haben. Das ermöglicht ihnen, das gegenseitige Verhalten besser vorauszusagen, was „Fremden" gegenüber schwieriger ist. Darum bevorzugen sie auch „ihresgleichen" in der Kommunikation. Das Gefühl von Zusammengehörigkeit kann auch auf Grundlage von Rasse, Religion, gemeinsamer politischer Einstellung, sozioökonomischem Status, Bildung usw. erfolgen. Im betrieblichen Umfeld sind andere Gemeinschaftskriterien wichtig: Berufserfahrung, Position im Unternehmen, Teilnahme an Seminaren, gemeinsame Erlebnisse. Ist der Zusammenhalt stark, gehen Menschen vertrauensvoll miteinander um. Sie können sich aufeinander verlassen und zeigen so die Verbundenheit mit ihrer Gruppe (Eisenberg 2007; Beal et al. 2003).

Konformität ist ein Phänomen, das Gruppenmitglieder dazu bringt, Gruppennormen anzunehmen. Konformität fördert die Bildung von Normen unmerklich und ohne Druck, weil Menschen bereit sind, Gruppennormen zu folgen und auch zu deren Verfestigung beizutragen (Cialdini und Goldstein 2004; Bond und Smith 1996).

Solche Normen können nicht durch gutes Zureden, logische Argumente, Zwang oder Autorität überwunden werden. Konformität ist an sich weder gut noch schlecht. Für die Führungskraft ist es wichtig, die Dynamik der Entstehung solcher Normen zu verstehen und sich zu fragen: „Helfen uns die etablierten Normen oder behindern sie die Arbeit?" Konformität kann bestehende Normen verstärken, kann aber auch ein Hindernis für die Produktivität sein.

Normen sind nur dann vernünftig, wenn sie mit den Werten übereinstimmen, die von den Teammitgliedern geteilt werden. Wenn Gruppennormen auf unvernünftigen Werten basieren oder wenn sie den festgelegten Werten widersprechen, können sie ein Hindernis dabei sein, betriebliche Veränderungen einzuleiten. Widersprüche zwischen den Zielen und den Wertvorstellungen treten häufig in Unternehmen mit schwacher Unternehmenskultur auf.

Führungskräfte spielen bei der Entstehung von Gruppennormen eine entscheidende Rolle. Werden die Gesetze der Gruppendynamik verstanden, wird deutlich, auf welchen Prinzipien sie basieren. Dann kann die Führungskraft diese Erkenntnisse nutzen, um Veränderungen bewusst und systematisch herbeizuführen. Dies ist der Zeitpunkt, indem die individuelle Art der Führung nach Synercube wirksam wird. Wenn die Geschäftsleitung versucht, die Situation stark zu verändern, entsteht im Unternehmen Unruhe, die sich in chaotischen, widersprüchlichen, verwirrenden Handlungen zeigt. Die Unruhe und das Chaos können bei den Mitarbeitern viele Energien und Emotionen freisetzen. Die Aufgabe der Führungskraft ist es, die Situation zu überblicken und die freigesetzten Energien für die Veränderungsprozesse zu nutzen.

Die drei Formen der Energie, Konvergenz, Zusammenhalt und Konformität, sind der Schlüssel zu betrieblichen Veränderungen. Wird eine Norm entwickelt, die diese drei Faktoren berücksichtigt, wird sie jede Gruppe unterstützen und umsetzen. Eine 7.7+Führungskraft ist am besten in der Lage, Veränderungsprozesse einzuleiten. Sie kann konsequent den Übergang von einer die Entwicklung behindernden Norm zu einer den Fortschritt ermöglichenden Norm herbeiführen. Eine werteorientierte Führung wird einen Prozess mit gesunden Zielen in eine neue, wertvolle Richtung lenken und die Gruppen veranlassen, die schlechten Normen durch bessere zu ersetzen.

Um nachhaltige und ethisch überragende Veränderungen zu erreichen, wird von den Führungskräften die Erfüllung von drei wichtigen Aufgaben vorausgesetzt:

1. Befürchtungen, Widerstände und Ängste der Mitarbeiter ernst nehmen und darüber sprechen.
2. Die Veränderungen einleiten und durchführen.
3. Mit effektivem und angemessenem Verhalten ein Vorbild sein.

Befürchtungen und Ängste sind unvermeidlich, wenn die bevorstehenden Entscheidungen über Veränderungen den Mitarbeiter direkt betreffen, besonders dann wenn Veränderungen das Selbstwertgefühl oder die eigenen Werte berühren. Veränderungen können als Bedrohung der Unabhängigkeit und des bisher Erreichten empfunden werden. Ursachen für Ängste sind unzureichende, unklare Informationen, oder fehlendes Verständnis des Sinns des Veränderungsprozesses.

Persönliche Ängste und Widerstand gegenüber Veränderungen verleiten Menschen dazu, sich von den Problemen zu distanzieren und sich nicht an Entscheidungen zu beteiligen. Diese Einstellungen führen zu den erwähnten ineffektiven Gruppennormen, bei denen die Betroffenen eine Entwicklung gleichgültig aus der Distanz beobachten, ohne etwas zur Lösung beizutragen.

Menschen rechtfertigen ihre Tatenlosigkeit vor sich selbst, weil sie mögliche negative Folgen befürchten. Sie berufen sich dabei auf Ausreden, wie z. B. das Fehlen von Regelungen und Prozessen, Planungslücken, bestehende oder fehlende Normen. Sie unterstellen den Vorgesetzten Führungsschwäche, bemängeln die fehlende Unterstützung der Teamkollegen und auch die fehlende Zeit. Menschen verstecken in der Regel ihre Ängste voreinander. Je höher der Status eines Mitarbeiters im Unternehmen ist, desto schwieriger wird es für ihn, seine Ängste vor Veränderungen zuzugeben. Befürchtungen und Zweifel sind eines echten Profis unwürdig.

Die erste Voraussetzung, um Ängste zu überwinden, ist seine Angst zu erkennen und zu akzeptieren. Das ermöglicht, sich schon vor Beginn von Veränderungsprozessen damit auseinanderzusetzen. Kompetente Führungskräfte, die fähig sind, Veränderungen zu steuern, fordern und fördern konstruktive Kritik und Anregungen. Sie nehmen die verborgenen Ängste und Befürchtungen von Teammitgliedern ernst und hören ihnen aufmerksam zu. Der Umgang von Führungskräften mit den eigenen Ängsten ist ebenso wichtig. Sie sind sich bewusst, dass Befürchtungen nicht vollständig überwunden werden können. Wenn aber eine Grundlage von ethischen Werten vorhanden ist, können alle Beteiligten objektiv, systematisch und koordiniert handeln.

Die Synercube-Theorie schafft eine Grundlage für die erfolgreiche Umsetzung von Veränderungen. Sie lenkt die Ängste in produktive Bahnen und fördert die Fähigkeit, Meinungen offen, ehrlich und objektiv zu äußern. Die objektive verhaltensbasierte Typologie der Führungsstile hilft bei diesem Prozess.

Die Bestimmung von Führungsstilen und die Beschreibung von typischem Führungsverhalten der Synercube-Theorie ermöglicht Menschen, ihre eigene Erfahrung und ihr

Urteil darüber, was angemessenes Verhalten ist, mit einem definierten Muster zu vergleichen. Sie können ihr eigenes Verhalten objektiver beurteilen und eigene Schlussfolgerungen daraus ziehen, wie Entscheidungen besser getroffen und Konflikte besser gelöst werden können oder wie Initiative entwickelt werden kann.

Langfristig wirkungsvolle Veränderungen im Unternehmen können nur dann erfolgreich sein, wenn Menschen erkennen, dass ihre Einstellung zum Projekt nicht optimal ist, und daraufhin ihre Einstellung überdenken und durch eine effektivere Verhaltensweise ersetzen. Hat die Unternehmensführung gemeinsam mit allen Betroffenen ein Modell von richtigem und wirkungsvollem Verhalten entwickelt und etabliert, werden Veränderungsprozesse für alle realistisch und umsetzbar. Aus der Sicht des Unternehmens ist die Synercube-Theorie ein Katalysator des Commitments für tief greifende und nachhaltige Veränderungen. Wenn einzelne Gruppenmitglieder neue, hohe Werte akzeptieren und umsetzen, werden diese persönlichen Veränderungen zu Gruppennormen. Schließlich werden diese Werte zu einem Bestandteil der Unternehmenskultur und damit zu einer Verpflichtung.

Die Synercube-Vorgehensweise bei Veränderungen umfasst mehrere Stufen der betrieblichen Entwicklung, durch die gegenseitiges Vertrauen, Offenheit, Respekt und Ehrlichkeit aufgebaut werden. Dieser Prozess beginnt mit Veränderungen auf persönlicher Ebene und breitet sich dann auf das gesamte Team aus. Durch die Zusammenarbeit mit anderen Gruppen übernehmen diese die höheren Werte und tragen sie weiter bis hinauf zu den strategischen Entscheidungsträgern des Unternehmens. Andererseits wirken sich Handlungen, die auf der höchsten Ebene der Hierarchie ausgeführt werden, auf alle Unternehmensebenen und alle vorhandenen Beziehungen aus. Führungskräfte haben eine wichtige Vorbildfunktion. Es ist schwer, Mitarbeiter von Veränderungen zu überzeugen, wenn die Vorgesetzten sie selbst nicht praktizieren.

Unabhängig von diesen Erkenntnissen sehen viele Unternehmen die Hindernisse für erfolgreichen Wandel ausschließlich auf den unteren Unternehmensebenen. Aber schriftlich formulierte strategische Intentionen, sind nicht mehr als ein Verkünden von Absichten, die jemand anderes umsetzen muss. Mitarbeiter, die Druck spüren, zeigen Widerstand gegenüber Veränderung und haben Angst. Sie denken, dass sie nicht mehr gebraucht werden. Sie werden nach Möglichkeiten suchen, sich den Veränderungen zu widersetzen.

Im Gegensatz zu dieser Vorgehensweise der Führung eröffnet die Einführung und Lenkung von Veränderungen auf der Grundlage der Synercube-Theorie Möglichkeiten für nachhaltige und langfristig gewinnbringende betriebliche Veränderungen.

Literatur

Bücher

Eisenberg J (2007) Group cohesiveness. In: Baumeister R, Vohs K (Hrsg) Encyclopaedia of social psychology. SAGE, Thousand Oaks, S 386–388

Turner R, Killian L (1993) Collective behavior, 4. Aufl. Prentice Hall, New York

Zeitschriftenartikel

Beal D, Cohen R, Burke M, McLendon C (2003) Cohesion and performance in groups: a meta-analytic clarification of construct relation. J Appl Psychol 88:989–1004

Bond R, Smith P (1996) Culture and conformity: a meta-analysis of studies using Asch's (1952b, 1956) line judgement task. Psychol Bull 119:111–137

Cialdini R, Goldstein N (2004) Social influence: compliance and conformity. Annu Rev Psychol 55:591–621

Glossar

Adhärenz Einhalten von Standards

Agilität, agil Vitalität, Aktivität; hier: Eingehen auf schnelle Veränderungen, Wendigkeit

Alternativstil Führungsstil einer Person, der weniger häufig gezeigt wird als der dominierende Stil, aber häufiger als andere Stile

Ausstrahlung Wirkung auf andere; siehe auch Charisma

behavioristisch bezogen auf das Verhalten

Change Wandel, Veränderung

Charisma, charismatisch Ausstrahlung auf andere, persönliche Wirkung, wie man andere durch seine Erscheinung und sein Auftreten fesselt

Clusterung Zusammenführung von Dingen, die in einem logischen Zusammenhang stehen

Codex Regel, Richtlinie

Commitment Hohes Engagement für eine Sache, für ein Ziel oder für ein Unternehmen (siehe auch Identifikation)

Corporate Governance Grundsätze guter Unternehmensführung

Credo Glaubensbekenntnis

Cube Würfel

Diagogik Schulungsverfahren, bei dem die Konfliktüberwindung Teil der Aufgabenstellung ist

Dialektik, dialektisch Logische Methode der Gesprächsführung und Argumentation

Dreidimensionale Führung Führung unter Berücksichtigung der drei Ausrichtungen Leistung, Menschen und Werte

Ethik, ethisch Ausrichtung auf hohe moralische Werte; Beschreibung von sozial einwandfreiem Verhalten

Expatriat Mensch, der dauerhaft als Mitarbeiter für seine Firma im Ausland arbeitet

Feedback Rückmeldung zum persönlichen Verhalten

Fluktuation Menschen, die aus eigenem Antrieb ihr Unternehmen verlassen (kündigen)

Forecast Vorausschau, zahlenmäßige Planung

© Springer-Verlag GmbH Deutschland, ein Teil von Springer Nature 2019
A. Zankovsky und C. von der Heiden, *Leadership mit Synercube,*
https://doi.org/10.1007/978-3-662-58373-9

Gruppendynamik Verhaltensweisen einzelner, die sich in Gruppenprozessen zeigen oder sich durch Gruppenprozesse verändern

Identifikation sich mit seinem Unternehmen, mit dessen Zielen in hohem Maß in Einklang befinden (sh. auch Commitment)

Illoyalität, illoyal Einer Person oder Organisation, der man angehört ablehnend gegenüberstehen

immateriell nicht aus einem festen Stoff bestehend, geistig, hier: nicht mit Geldprämien oder Gehaltserhöhungen, sondern durch Anerkennung, Förderung, soziale Vorteile

Individualisierung Das Interesse an der eigenen Person, vor allem anderen

Individualismus siehe Individualisierung

Integration Einbeziehung

Integrität Verkörperung eines hohen Maßes an ethischen Werten, z. B. Offenheit und Ehrlichkeit

Interaktion Kommunikation, Austausch mit anderen

Intergruppen, Intragruppen Situation zwischen Gruppen, gruppenübergreifend

I-Zone Wichtiger Teil im Zusammenwirken in der Organisation, dort, wo die Interaktionen stattfinden

Konflikt Aufeinandertreffen unterschiedlicher Sichtweisen, ohne dass eine Einigung kurzfristig möglich erscheint

Konfliktogene Begriffe, Handlungen, Unterlassungen, die zur Entstehung eines Konflikts beitragen

Konformität Unbewusste Annahme von Gruppennormen durch die Gruppenmitglieder

konstruktiv aufbauend, beschreibend, nicht bewertend

Konvergenz Anpassung von Gruppenmitgliedern an Gruppennormen,

Kultur Besonderheiten, die von einer Einheit gelebt werden hier besonders Unternehmens- oder Organisationskultur; Bedingungen, Regeln und Traditionen, die typisch für eine Organisation sind

Leistungsorientierung Beschreibt die Handlungen auf dem Weg zum Organisationsziel und die Bedeutung, die das Erreichen des Ziels für die Führungskraft hat

Menschenorientierung Beschreibt die innere Einstellung gegenüber anderen Menschen, bis zu welchem Grad die Führungskraft bereit ist, Meinungen, Gedanken oder Gefühle der anderen zu begreifen und zu berücksichtigen

Mission Aufgabe, die ein Unternehmen hat oder sich gibt; kurzfristiger als die Vision; langfristiger als die Ziele

Opportunist Der eigene Vorteil steht bei allen Handlungen im Vordergrund

Paradigma Allgemein anerkannte, wissenschaftliche Leistung, die solange gilt, bis ihr wissenschaftlich fundiert widersprochen wird (Paradigmenwechsel)

Paternatlist handelt fürsorglich väterlich für andere; gibt vor, zu wissen, was für andere am besten ist

Person-Organization-Fit Anpassung der Werte und Ziele einer Organisation an die Werte und Ziele ihrer Mitarbeiter und umgekehrt

Pragmatiker, pragmatisch Auf leicht umsetzbare Ergebnisse und Lösungen badacht, ohne Nachhaltigkeit

Resilienz Fähigkeit, nach Fehlern und Misserfolgen nicht zu resignieren, sondern daraus zu lernen und mit neuer Kraft an neue Aufgaben zu gehen

Ressource Quelle, vorhandenes Wissen

situativ aus der Situation heraus

Snobismus Zurschaustellung von angeblicher Überlegenheit anderen gegenüber

Status Quo der bisherige Status, die bisherige Situation

Stil Art, Richtung, hier: persönliche Art und Weise des Verhaltens

Synercube auf neuesten wissenschaftliches Erkenntnissen beruhendes dreidimensionales Modell des Führungsverhaltens

Synergie Situation bei der das Ergebnis mehr ist, als die Summe seiner Teile

Synermanagement Art der Führung, bei der die Führungskraft sich auch als Trainer seiner Mitarbeiter versteht

Transaktionale Führung Führung im Sinne eines Austauschverhältnisses zwischen Mitarbeiter und Führungskraft; Delegation – Kontrolle – Belohnung (Bestrafung)

Transformationale Führung über die transaktionale Führung hinausgehende Veränderung im Verhalten des Geführten

Transformationszyklus Ablauf des Übergangs von einem Zustand zu einem anderen

Vision, Visionär Weitblick, weitblickender Mensch

Werteorientierung Beschreibt inwieweit die persönlichen Werte im Einklang stehen mit den Unternehmenswerten. Ermöglicht das Unterscheiden zwischen wesentlich und unwesentlich und verleiht dem persönlichen Verhalten Kontinuität

Win/Lose Situation, in der eine Seite gewinnt und die andere verliert

Win/Win Situation, in der beide (alle) Seiten gewinnen bzw. Nutzen ziehen

Zentrifugaltrend, Zentrifugalkraft von der Organisation weggerichtet; lässt den Menschen dem Orgnisationsdruck und der Zusammenarbeit ausweichen. Ziele werden nicht geteilt

Zentripetaltrend, Zentripetalkraft auf die Organisation ausgerichtet; regt den Menschen zur Zusammenarbeit und zur Suche nach gemeinsamen Zielen und Interessen an

Printed by Printforce, the Netherlands